現代語訳

仙境異聞

付・神童憑談略記／七生舞の記

平田篤胤［著］
武田崇元［解説］
山本　博［現代語訳］

八幡書店

目次

凡例 5

仙境異聞（現代語訳）……山本博訳……7

仙境異聞（上）一之巻 7

仙境異聞（上）二之巻 67

仙境異聞（上）三之巻 114

「仙境異聞　下」（外題）仙童寅吉物語一之巻 160

仙童寅吉物語二之巻 193

神童憑談略記 229

七生舞の記 254

仙境異聞　図版……267

解説　仙童寅吉から宮地水位へ……武田崇元……277

凡例

一、本書は、内外書籍発行・平田篤胤全集第八巻を底本とした。

一、翻訳にあたっては、次のような方針を採ったが、必ずしも統一をはからず、読解の便を旨とし、可能な限り原文との対応をとれるようにした。

1　適宜段落を設け、句読点を付した。

2　会話には「　」を付し、直接話法の会話体に改め、必要に応じて文を補った。聞書きの、問云……、寅吉云……は、私「……」、寅吉「……」とした。一部の問の文中における寅吉の返答については、通常の会話文の形にし、その問に対する寅吉云……の返答と区別した。

3　底本の二行割書や、○を冠した文中の覚書は、（　）を付して小活字一行組で記した。ただし、必要に応じて＊――を付けて小活字で記し、段落を分けたものもある。

4　訳註は〔　〕を付し、小活字で記した。

5　歌は、原文をそのまま引き、訳注の形で意訳を記した。

6　底本のルビは、必要に応じて（　）を付して記した。

7　誤字は、原則として訂し、必要に応じて原態を（　）〔　〕を付して注記した。

8　図版は、本文の最後にまとめて収録した。本文中において対応する図版は、〔図1〕のように示し、参照すべき頁数を〔　〕内に示した。

9　欠字は、原則として底本のままとした。

仙境異聞（上）一之巻

平田篤胤 筆記

文政三年〔一八二〇〕十月一日の日暮れ前、午後四時頃のことであった。屋代輪池《やしろりんち》翁〔屋代弘賢《ひろかた》。幕臣。国学者。塙保己一《はなわほきいち》門人。『群書類従』の編纂を助け、和学講談所の会頭を務めた。好事家としても有名〕がやって来られ、願ってもない誘いの声をかけてくれた。

「世にいう天狗の誘いを受け、長らくその従者になっていた童子が、山崎美成《よししげ》の所に来ているのをご存じかな。その子はあちらの世界でいろいろと見聞きしたことを話してくれるとのことだ。その話を聞くと、あなたが前々から考え記されてきた説と符合するところが多い。今から美成の所へ行って、その子に会ってみようと思っているのだが、どうですか、あなたも一緒に行かれませんか」

私はといえば、かねがねそういう人物とじかに会い、究明したいと思うことを、たくさん抱えこんでいた。渡りに船で、とても嬉しかった。ちょうど伴信友《ばんのぶとも》〔本居宣長の死後の門人。篤胤とともに天保の四大家と称された〕が来合わせていたが、「すぐに戻って来るから」と言い残して、私は屋代翁と連れ立ち、美成の所へと出かけた。

*――山崎美成は長崎屋新兵衛という薬商人である。以前は私のもとで学んでいたが、次いで高田與清《ともきよ》に師事し、今は屋代翁の門下生となっている。広く読書を好む男である。居宅は下谷《したや》長者町にある。私の住んでいる湯島天神の男坂下からは七、八町〔八百メートル余り〕ほどあり、屋代翁の家と美成の家とは四、五町〔約五百メートル〕ほどの距離である。

道すがら、私は屋代翁に訊ねた。

「神誘いにあった者は、話が曖昧でとりとめがなく、殊にあちらの世界のことは秘密めかしてはっきりと語らないものですが、その子はどうですか」

「大体世に知られている神誘いにあった者はそのようだが、

その子供は包み隠さず話すそうだ。美成の話では、先に蜷川家へ行ったときには、はるか彼方の西方浄土の国々にまで行き、迦陵頻伽《かりょうびんが》〔梵語 **Kalavinka** の音訳。好声鳥、美音鳥の意。極楽浄土に生息するという。阿弥陀《あみだ》経には、美女のような顔をし、美しい声で法を説くとある〕をさえ見たといって、その鳴き声をまねて聞かせたということだ。最近ある所で誘われたとかいう者も包み隠さず話していたと聞いた。昔はあちらの世界のことがこの世の中に漏れることを避けていたが、近頃はあちらの世界のことをそれほど隠さなくなったようだね。いろいろと質問して、忘れず書き留めなさい」

屋代翁は繰り返し言われた。私は頷きながら、またこう思った。こちらの世の中の様子も以前とかなり変わってきている。昔は全く秘密にされていた書物や物事も、今では公になったものが多く、知り得なかった神世の道のこまごまとしたことも、次々と明らかになってきている。また諸外国の事物やさまざまな器具の類も、年とともに世に知られるようになってきた。思うに、これはすべて神の御心であり、きっとあちらの世界のことも聞き知ることのできる、そんな機運が巡ってきた、ということではないだろうか。そんなことを考え考え歩いているうちに、いつのまにやら美成の家に行き着いていた。

幸い美成は家にいた。美成はその童子を呼び寄せて、屋代翁と私に引き合わせた。ところがその童子は、ただ我々の顔をじっと見つめたまま、挨拶の一つもしようとしなかった。「挨拶をしなさい」と、そばにいた美成がたしなめると、何とも不器用にお辞儀をした。これといって変わったところのない普通の少年であった。齢は十五だというが、十三歳ぐらいにしか見えなかった。眼は人相家が下《げ》三白《さんぱく》という眼で、常人より大きく、俗に「眼光人を射る」という、そんな光が眼にあり、顔付きはどこも全く異相であった。脈をとり腹部を診断してみたところ、腹筋は強く力があった。脈は三関《さんかん》〔身体の三つの主要箇所〕のうち寸口《すんこう》〔手首〕の脈が大変細く、六、七歳の子供の脈のようであった。

この童子は、江戸下谷七軒町の越中屋与惣次郎という男の次男である。名を寅吉《とらきち》という。文化三年〔一八〇六〕十二月三十日の夜明け前、午前四時頃に生まれたが、生まれた年も日も時刻も寅であったので、寅吉と名付けられたという話であった。父親は三年前に既に亡くなっており、その後は、今年十八歳になる兄の荘吉がささやかに商いをして、母と幼い弟妹らを養い、つつましく暮らしているという。

＊――寅吉の家族のことについては、後日、私自身が寅吉の生家を訪ねて聞き、記すところである。母親が言うには、

寅吉は五、六歳の頃から、時々これから起きることを言い当てることがあったという。

例えば文化□年□月、下谷広小路に火事のあった日の前日、寅吉は屋根に上って、「広小路で火事だ」と叫んだそうである。人々はその方角を見やったが、煙も火も見えなかったので、「なぜそんなことを言うのか」と、寅吉に詰め寄った。すると寅吉は、「あんなに火の手が上がっているのに、見えないのか。早く逃げろ、逃げろ」とわめいた。人は皆、寅吉の気がふれたのではないかと思った。ところがしかし、翌日の夜、寅吉の言葉どおり広小路で火事が起こった。

またあるとき、寅吉が父に向かって、「明日は怪我をしそうだから、気をつけてよ」と言った。父親は気にも留めなかったが、案の定、翌日大怪我をしてしまった。またあるときには、「今夜必ず泥棒が家に入るだろう」と言い出したので、父親は叱って、「そんなことを言うものではない」とたしなめたが、やはり泥棒に入られてしまった。

寅吉はまた、まだ立ち上がれず這いまわっていた赤ん坊の頃のことをよく覚えていて、その頃の話をしだすことも、ままあったという。しかし生まれつき疳症《かんしょう》で、幼い頃は顔色も悪く、いつも下痢気味で寝小便をし、とても無事に育ちそうになく思っていたが、大八車にひかれて怪我をしたことはあったけれど、喧嘩《けんか》一つせぬ良い子だったと母親は思い出話をし、そして今年旅から帰ってきてから、寅吉は大変丈夫になったと話した。

私は、まだ起こってもいないことがどうして分かったのか、何とも不思議で、後日寅吉に、どうして分かったのかと訊ねてみた。寅吉の答えはこうであった。広小路の火事のときは、前日であったが家の屋根の上から、結局翌日に火事の起きたその場所に炎が立って見えたので、そう言ったのだと。また父の怪我のことや泥棒の入ることは、何やら耳元でざわざわというような気がしたと思うと、どこからともなく「明日は親父が怪我をするぞ」「今夜、泥棒が入るぞ」という声が聞こえてきて、ただそのまま、思わず知らず口にしていたと、そういう答えであった。

さて寅吉は、口元に笑みを浮かべて、私の顔をしげしげと見つめていた。が、ついに抑えかねたという様子で、「あなたは神様です」と何度か繰り返した。寅吉の口ぶりがあまりにも神妙で、私には何とも答えようがなかった。

「あなたは神の道を信じ、学んでおられるでしょう」

私が黙ったままでいると、寅吉が話しかけてきた。

「こちらは平田先生といって、古学の神道を教授しておられる方だ」

傍らから美成がそう説明すると、寅吉は笑って答えた。

「間違いなく、そうだと思った」

この寅吉の返答に、早くも私は驚き、思わず問いかけた。

「どうして私のことが分かったのか、話してくれないか。また私のように神の道を学ぶことは善いことか、それとも悪いことか、どちらであろうか」

「何となく、神を信じておられる方に違いないと、ただそう心に浮びました。それでそう申し上げたまでのことです。無論、神の道ほど尊い道はございませんから、神の道を信じておられるのは、まことに善いことです」

「それでは、私の方はどうかね」

屋代翁が寅吉に訊ねられた。寅吉はしばらく考えてから、こう答えた。

「あなたも神の道を信じておられますが、その他にも、あれこれと広く学問をなさっておられるでしょう」
＊――神といはれ仏てふ名も願はずてただよき人になる由もがな〔篤胤のように神と言われることも、仏のようだと言われることも私は願わない、ただ人としてよい人でこそありたいものだ〕屋代翁
これが、この童子に驚かされた最初であった。

私はこうして寅吉と出会い、そして寅吉に、まず神誘いを受けたその当時の様子を訊ねた。次のような話であった。

文化九年〔一八一二〕、寅吉が七歳の時のことであったという。池之端茅町《いけのはたかやちょう》の境稲荷社《さかいいなり》の門前に、貞意という易者が住んでいた。貞意は、毎日自分の家の前で、八卦見《はっけみ》の商売をしていた。寅吉がじっと見物していると、貞意は「乾《けん》の卦《け》が出ました」「坤《こん》の卦が出ました」などと言う。それで卜筮《ぼくぜい》というものは、さまざまの獣の毛を集めておいて何かになぞらえる決まりがあり、その毛を探り出し、熊の毛が出ればかくかく、鹿の毛が出ればしかじかと、探り出した毛によって物事を占う術のことだろうと思った。それでもう寅吉は、卜筮が習いたくて習いたくて、仕方がなくなってしまった。

ある日、寅吉は、貞意の周りに人がいないのを見計らって、「どうか卜筮の術を教えてください」と頼みこんだ。貞意は寅吉が子供だったので、からかってみたのだろう、「卜筮はたやすくは教えられない術だ。だから七日ほど、手の平に油をため、火を灯す行を勤めてみろ。それが終わったらまた来るがいい。そうすれば教えてやろう」と言った。

実際、気安く教えられるものではなかろうと、寅吉は貞意の言葉を真に受けた。寅吉は家に帰ると、父も母も誰も見ていないときを見計らい、そっと二階などに上がったりして、ひそかに手灯の行を始めた。その熱さは耐えがたかったが、何とか七日の行を成し遂げて、貞意のもとへと勇んで出かけた。

「ほらこのとおり、手が焼けただれてしまったぐらいです。でも言われたように、七日の手灯の行を勤めあげました。どうか卜筮の術を教えてください」

寅吉は頼んでみたが、貞意はただ笑ったばかりで、教えてはくれなかった。寅吉は何とも悔しくてたまらなかったが、どうしようもなく、いよいよ卜筮への興味をかきたてられただけであった。寅吉は募る思いを抱えたまま、日一日を過ごしていた。

＊――この貞意という易者は、後に上方〔京都大阪〕方面へ流れていったという。

同じ年の四月頃、寅吉が東叡山《とうえいざん》〔上野寛永寺《かんえいじ》のある山〕の麓に遊びに行き、黒門前の五條天神《ごじょうてんじん》界隈をぶらついていたとき、年格好は五十歳ぐらいで髭が長く、総髪をくるりと櫛巻のように結んだ旅装束の老人がいた。その老人は、口の直径が四寸くらいの小壺から、丸薬を取り出して売っていた。

＊――『平兒代答《へいじだいとう》』〔山崎美成著。篤胤と出会う以前の寅吉の話の聞き書き〕には五、六寸とあるが、寅吉は四寸〔約十二センチ〕であったと後に語っている。

やがて老人は商いを終えたとみえ、前に並べてあったものを、小つづら〔蔓草で編んだ籠〕から敷物まで、何もかもその小壺の中にいとも簡単にしまい込んでしまった。それから老人自身も、その小壺の中に入ろうとしていた。寅吉は、どうやって小壺などの中に入ることができるのだろうと思い、じっと見ていると、老人は片足を踏み入れた。と、見えたその瞬間、たちまち老人の身体全部が、小壺の中に吸い込まれてしまった。そしてその壺は大空に舞い上がり、いずこともなく飛んで行った。

寅吉には何が何やら不思議でならなかった。それで寅吉は、後日また五條天神へ行き、夕暮れまで老人の様子を見ていたが、この前と全く同じであった。その後また寅吉が五條天神へ行って見ていると、老人の方から、寅吉に声をかけてきた。

「おまえもこの壺に入ってみないか。面白いものをいろいろ見せてやろう」

何とも薄気味悪くて、寅吉は遠慮した。すると老人は、近くで売られていた菓子などを買い与え、寅吉の関心をかきたてるように誘ってきた。

「おまえは卜筮のことを知りたいんだろう。だったらこの壺に入ってわしと一緒においで。教えてあげるよ」

常日頃から卜筮の術を知りたかった寅吉は、老人にこう誘われると、それなら行ってみよう、という気になってしまった。それから壺に入ったように思うその間もなく、寅吉はとある山の頂に至り着いていた。まだ日も暮れていなかった。その山は、常陸国《ひたち》〔茨城県〕の南台丈〔難台山《なんだいさん》〕という山であった。

＊――南台丈は加婆山《かば》と我国山《わがくに》との間にあり、獅子ヵ鼻岩という岩の突き出た山である。いわゆる天狗の行場であるという。

しかし寅吉はまだ幼かった。夜になると、寅吉は無性に両親が恋しくて、泣き出してしまった。老人は手を替え品を替え、あれこれと慰めたが、寅吉はただ声を上げて、泣きじゃくるばかりであった。慰めかねた老人は、寅吉に向かって言った。

「そんなに家が恋しいならやむを得んな。家に送り帰してあげよう。だが、決して今日起きたことをしゃべってはいかんぞ。無論、家の人にも内緒にして、毎日五條天神の前においで。わしが送り迎えして、卜筮を習わせてあげるから」

老人はこう言い含めると、寅吉を背負い、眼を閉じさせて、大空に舞い上がった。風が耳に当たって、ざわざわと鳴ったかと思うと、もう寅吉の家の前に来ていた。

「いいな、わしと会ったことは決してしゃべるなよ。もし一言でもしゃべったら、おまえの身に災いが降りかかってしまうぞ。分かったな」

家の前で、老人は寅吉にいま一度念を押すと、消えるようにいなくなってしまった。寅吉は老人のこの戒めを固く守り、後々まで、父にも母にも、老人とのことは何も話さなかった。

さて翌日の昼過ぎ、約束どおり、寅吉が五條天神の前に行くと、あの老人が来ていた。老人は寅吉を背負って、山に連れて行った。しかし老人は卜筮のことは何も教えず、ただ寅吉を、さらにあちらこちら周辺の山々に連れて行った。そして寅吉にいろいろなものを見覚えさせ、花を折り鳥を獲り、渓流では魚釣りなどをして、寅吉を楽しく遊ばせた。そして夕暮れ時になると、老人は同じように寅吉を背負って、家に送り帰した。寅吉はこの老人との山遊びが面白くて、毎日欠かさず約束の場所へと出かけた。いつも下谷広小路の井口という薬屋の男の子と遊びに行くようなふりをして、寅吉は家を出かけ、老人と一緒に過ごす日が長く続いた。

またいつのことだったか、七軒町のあたりを、鼻の高い赤い面をかぶり、袴を着けて太刀を差した男が、「わいわい天王じゃ、わいわい天王じゃ」と唱えながら歩いていたことがあった。わいわい天王は、赤い紙に「天王」という二文字を刷った小札をまき散らし、周りに子供を集めては、囃《はや》したてていた。

「天王様は囃すがお好き、囃せや子供。わいわい囃せ。天王様は喧嘩が嫌い、喧嘩をするな。仲良く遊べ」

囃しながら進むわいわい天王の行列が、寅吉には面白かった。寅吉も大勢の子供たちに交じって、一緒に囃しながらついていき、家から遠く離れてしまったことにも気が付かなかった。今思えば、本郷の先の妙義坂《みょうぎざか》あたりまで行ったようであった。もうあたりは暗く、日も暮れていた。他の子供たちは皆帰っていった。寅吉の他に誰もいなくなると、札をまいていたわいわい天王は、道の傍らに立ち止まり、面を取った。見てみると、寅吉をいつも連れて行く老人、その人であった。

「今日も家まで送って行ってあげよう」

老人はそう言って寅吉の手をとった。二人で連れ立って家路についたが、茅町の榊原殿の表門の前あたりで、父親が寅吉を探しに出て来ていたことが分かった。

「おまえの父が探しにやって来た。わしとのことは、決してしゃべってはならんぞ」

老人はそっと寅吉に念を押し、寅吉の父親に行き逢うと、話しかけた。

「探しているのはこの子ではないのかね。遠くで迷子になっていたから、連れて来たんだが」

父親は寅吉を引き取り、とても喜んで、老人に名前と住まいを訊ねた。老人はどこそこの某だと、適当な名を告げて去っていった。翌日、父親はその住まいを訪ねて、礼をしようとした。しかしもとより出任せの住所であってみれば当然のこと、そこにそんな人はいなかったと、むなしく帰ってきた。

＊――諸社の札配りや、わいわい天王といった類のものに、山々の異人もまれに出ることは、下巻の詳しく記した箇所を参照せよ〔下の一之巻参照〕。この出来事について母親に聞いたが、その日寅吉は昼飯前から午後八時頃まで帰ってこず、連れて来てくれた人は神田紺屋町の彦三郎と名乗ったという。翌日与総次郎が酒をもって紺屋町を訪ねたが、そういう人はいなかった。そのままというのも気掛かりで、同町の酒屋に知り合いの人がいたのを幸い、頼んで詳しく捜してもらったが、やはりそのような人はいないということであった。

寅吉がほぼ毎日のように連れられて行った山は、初めは南台丈であった。それからいつのまにか老人は、寅吉を同じ常陸国にある岩間山に連れて行き、そして現在の師匠に付かせた。寅吉は、まずは百日の断食行を課せられ、それが終わると、師弟の誓状を書かせられた。

*——老人の行方や師匠の名など。弟〔古呂明〕のこと。

これを機に、寅吉は「卜筮の術を教えてください」と頼んだ。それが寅吉のかねてからの念願であった。

「卜筮を教えることは簡単だ。しかし易卜には好ましからぬところがある。だからまずは卜筮以外の、その他のことを学びなさい」

師匠はそう言って、寅吉に、武術一般の修行の仕方や書き方などを教えた。また神道に関わるもろもろの事柄を、例えば祈祷呪禁《きとうじゅきん》の仕方や、符字《ふじ》の記し方、幣《へい》の切り方、医薬の製造法、武器の作り方など、そしてまた易卜以外のさまざまな種類の占い方、仏教諸宗派の秘事や経文ほか、ありとあらゆることを教えてくれた。

この間いつも変わることなく、あの老人が寅吉を送り迎えしていたが、誰一人気付いた者はいなかった。無論、寅吉も、父や母や、まして他人には、今まで一度も話さなかったし、また師匠から学んだいろんな事柄を漏らすこともなかった。それにまた寅吉の家は貧しかったから、毎日遊びに出かけても、世話がかからず結構なことだと、誰も何も聞かなかった。寅吉がときに十日、二十日、五十日、そして百日余りも山に籠って家に帰っても、不思議なことに両親をはじめ家の者たちは、寅吉がそれほど長く家にいなかったとも思わずに、過ごしていたようであった。

こうして寅吉が家と山とを行き来していたのは、七歳の夏から十一歳の年の十月まで、足掛け五年のことであった。その間に、寅吉は、ときに師匠の供をして、またときには同門の兄弟子たちにも連れられて、諸国各地をあれこれと見聞しても歩いたという。

*——母親にこの頃のことを訊ねると、寅吉は筆や独楽《こま》、凧《たこ》などの遊び道具を持ち帰ってきたという話であった。

さてその後、寅吉が十二、三歳の頃には、寅吉が山へ行くことはなく、ただ折をみて、逆に師匠の方が寅吉のもとを訪れ、あれこれと教えていかれただけであった。それに寅吉の家では、寅吉が十一歳の年の八月から、父が病に倒れ、床に臥《ふ》せっていた。この父の病中に、師匠は寅吉に「禅宗や日蓮宗などの宗派の様子をも見覚えるがよい」と教示した。

*——飯食わぬ病気。まずは和尚や比丘尼《びくに》に祟《たた》られ、気違い和尚の気に入ること。寅ならでは飯も食わず。幽霊をうつ。禅僧問答に来る。囲い者のこと。後見は藤寺、根岸《ねぎし》円光寺《えんこうじ》。

寅吉は師匠の命を受けて、父と母にこう申し入れた。

「私は体も病弱で、商いをすることも何だか不安です。お寺に奉公に出た後で、出家したいと思います」

仏を信じていた父と母に、ともに否やはなく、その年の秋、寅吉を池之端の正慶寺《しょうけいじ》という禅宗の寺に預けた。寅吉はこの寺で禅宗の宗旨の経文などを習い、禅宗の宗派の様子もほぼ分かった。それで寅吉は、その年の十二月に家に戻った。次いで翌文化十五年〔一八一八〕の正月から、同じ池之端にある日蓮宗富士派の覚姓寺《かくしょうじ》に奉公に出たが、この年の二月に、寅吉の父は亡くなった。

寅吉がこの覚姓寺にいたときのことであった。ある人が寺にやって来て、「大切な品物をなくしてしまった」と、人に話していた。寅吉が傍らで聞いていたところ、寅吉の耳もとで、誰とも知れぬ声がつぶやいた。「盗人だ。盗人が、広徳《こうとく》寺《じ》の前の石の井戸のそばに隠している」。寅吉は、聞こえてきたそのとおりに話した。その人は驚いて帰っていったが、果たしてなくした品物はそこにあった。その人は「不思議なことだ」と、会う人ごとにふれてまわった。それからというもの、寅吉はあれこれと人から頼まれては、占いや呪禁加持などもやってみたが、ことごとく霊験あらたかであった。

その中には、富くじの当たり札の番号を言い当てたことも数度あった。誰もが皆、富くじだということを明かさずに、「千番まである品の中の最もよいものを、神社に奉納したいと思っているのですが、一体何番のものがいいでしょう。是非とも占っていただけませんか」と、頼んできた。寅吉は占って、何番がよいと教えてあげたのであった。かれこれ合わせて、二十二、三人の人に頼まれて占ったのであったが、十六、七人は当たったという。六、七人は当たらなかったが、そのうちの五人までは、ただ他の人が、寅吉のいう番号札をもう手にしてしまっていて、外れてしまったということであった。

寅吉の噂が広まり、多くの人たちがいろんなことを頼みにやって来た。寅吉は煩わしくなり、できるだけ人に会うのを避けていた。しかし寅吉が隠れていても、なお大勢の人が押し掛けてくるようになった。住職はこのありさまに驚いて、寅吉に言った。

「こんなに噂が広まってしまっては、困ったもんだ。おまえはまだ若い。わしが妖術か何かまやかしをおまえに教えているのだろうと、邪推されることになるかも知れぬ。わしにはそれが心配でたまらん」

そして覚姓寺の住職は、寅吉を家に帰してしまった。

寅吉は、その後一ヵ月余りは家にいた。しかし一昨年の四月から、また師匠の教示で、日蓮宗身延《みのぶ》派の宗源寺《そうげんじ》に弟子入りし、この寺で剃髪《ていはつ》した。日蓮宗身延派には、剃髪し真に弟子入りしなければ知りえない、多くの秘事があったからである。

ところが文政二年〔一八一九〕五月二十五日に、師匠が寺にやって来て、事情は一変した。師匠は寅吉に、「伊勢神宮に連れて行ってやろう」と言われた。それで寅吉は、母親にだけは「人に誘われて、お伊勢参りに出かけます」と話した。そして寅吉は、師匠とともにまず岩間山まで行き、そこから東海道に出て江ノ島、鎌倉あたりを見物し、そして伊勢に赴き、内宮と外宮の両宮を拝した。それからさらに足を延ばして、西の諸国の山々をも見て回り、八月二十五日に、寅吉はひとまず家に帰った。

九月になると、また師匠がやって来て、「今度は神社巡りに連れて行ってやろう」と言われた。やはりこの時も、母には「神社巡りに行く」と話して、寅吉は、師匠とともにまた旅立った。そして遠く諸越《もろこし》〔唐土。中国〕の国々まで飛んでいった。それから御国の地に帰ってきて、東北の諸国の山々を見て回った。

しかし、十一月の初め、どういうつもりであったのか、師匠は、妙義山の山奥の小西山の山中に、寅吉を置き去りにして、どこかへ行ってしまった。数軒の人家はあっても、人の気配一つしない、そんな寂しげな場所であった。

寅吉は途方に暮れ、やむなくその地の名主とおぼしい家を頼っていった。そして二、三日、その家で師匠を待ったが、師匠は戻っては来なかった。しかし五十ぐらいの老僧が、どこの人か、名前も分からなかったが、その家を訪ねてきた。所在なく、寅吉は老僧に話しかけた。

「私は江戸の者です。神道を学ぼうと諸国を回っていましたが、道に迷ってしまい、ここに来てしまいました」

「それはまた殊勝なことだ。わしの知り合いに、神道に通じた人がいる。行くあてがないのなら、その人の所に連れて行ってあげるが、どうじゃな」

老僧のこの話は、寅吉には願ってもないことであった。老僧は、言葉どおり、寅吉を知り合いの人のもとに連れて行ってくれた。その人とは、筑波山の代々の神職、白石丈之進であったが、老僧は親切にも寅吉のことを依頼してくれた。

「この子は、神道を熱心に学んでいるそうじゃ。しばらく預かって、いろいろと教えてやってくださらんか」

そして白石丈之進に寅吉を託して、老僧は去っていった。

この丈之進という人の神道は、蛭子《ひるこ》流神道であった。吉田流よりも、さらに仏教と習合した神道であり、あまり面白いものではなかった。しかし丈之進は、寅吉を養子として平馬《へいま》と名乗らせ、熱心にいろいろと教えてくれた。それで寅吉は、丈之進の教えも学ぶ気になった。こうして寅吉は、丈之進の家でその年を過ごし、蛭子流神道を学んだのであった。

やがて三月初めに、兄弟子の古呂明がやって来た。師匠のいる山に連れて行くということであった。寅吉は嬉しくてたまらなかった。寅吉は、「東国方面の神社巡りに出たい」と、丈之進に暇を請うた。丈之進は、自分の印を押した通行手形を寅吉に与えて、「無宿者の一人旅には宿を貸さぬのが定法である。だからこの手形を見せて、宿を求めなさい」と教え、その他こまごまと助言して、寅吉を出発させた。

丈之進の与えた手形は左記のようなものであった。

差出し申す一通の事

一、この度、私の倅《せがれ》、平馬と申す者、身元の確かな者でございますが、神前において、国家安全万民繁栄の御祈祷をせしめ、近国近林の巡行に差し出し申します。もし途中にて、御神職の皆様へお目にかかりました節には、私同様にお世話くだされますように頼み奉り上げます。さてまたこの者がいずれの方にて行き暮れましても、御心置きなく御一宿の程を願い奉ります。以上

文政三年三月日　　筑波六所社人　白石丈之進印

御神職衆中

村々御役人衆中

このように記した手形の上包みの紙には、「白石丈之進内同平馬」と、丈之進が寅吉に名乗らせた名前が書き記してあった。

こうして寅吉は古呂明に連れられて岩間山へ行き、師匠と再会した。そして師匠から、さらにいろいろなことを教えられた。しかし母親とは前年文政二年の九月に旅立って以来、今年三月まで、ついぞ一度も会う機会がなかった。足掛け七ヵ月もの間、母親と別れていた寅吉は、なじみぶかい岩間山に戻ってくると、今頃おっかさんはどうしているのだろうか、兄貴もまだ年が若いことだし、親父の死んだ後、皆どうやって暮らしているのだろうかと、家族のことがしきりと案じられた。はた目にもふさぎ込んでしまった寅吉の様子を見咎めて、師匠が言われた。

「おまえは母親のことが気掛かりなようだが、あまり思い煩うものではない。無事に暮らしている。これを見なさい」

師匠の声とともに、母と兄の無事な姿が、寅吉には夢とも現とも、また山とも家とも分からなかったが、まざまざと見えてきた。寅吉は、思わず母と兄に声をかけようとした。と、

突然、師匠の声が聞こえた。寅吉が驚いてふり返ってみると、寅吉はやはり師匠の前に立ったままであった。

「今からしばらく家に帰るがよい」

師匠が言われた。寅吉は黙って聞いていた。

「よいか、寅吉。里の家に帰ってよいが、その後もただひたすら神の道の修行に励みなさい。一意専心する心根こそが大切なのだ。邪《よこしま》な他の道に気をとられ、心を動かされてはいけない。神の道の修行から外れることのないよう、くれぐれも心を固めよ。だが、仏教をはじめ自分の好まぬ道だからといって、その道を非難したり、言い争うようなまねは決してするな。おまえの前世は、神の道と深い因縁がある。だからまたわしは、影のようにおまえに寄り添い、おまえを守護していく。そのことを忘れずに、わしが今日までに教えたことで、世のため人のためになることがあれば、施し行っていくがよい」

師匠はこんこんと寅吉を諭し、さらに言葉を続けた。

「ただし、本当に信じるに足る人以外には、いたずらに山で習い覚えたことを話してはいけない。また、師匠は誰かと訊ねられても、わしの本当の名を人に明かしてはいけない。世にいう天狗であると言っておきなさい。岩間山に住む十三天狗の一人で、名は杉山組正《そうしょう》という者だと。古呂明のことを話すときは、取りあえず白石丈之進と呼んでおくがよい。おまえもまた、私が与えた嘉津間《かつま》という名は名乗らず、白石平馬と称しておきなさい」

師匠は話し終わると、次いで寅吉に、平馬という二文字の花押《かおう》〔花字。花書。署名の下に付ける、自分の名の字形をくずして模様化した書判〕の書き方を教えてくれた。そして師匠自身が、古呂明、左司間の二人を引き連れて、寅吉を送ってこられた。

寅吉の家に向かう途中、一行は大宝村の八幡宮に参拝した。師匠は、八幡宮の神前に奉納されていた数多い刀剣の中から、一振りの脇差を選び取り、寅吉の守り刀として、寅吉に授け与えた。そこからしばらく空を駆けると、一行は、人通りの多い大きな仁王門のある堂の前に着いた。古呂明が寅吉に言った。

「おまえの家はすぐそこだ。後は一人で行きなさい」

師匠に伴われて一気に空を駆け、突然そこに降ろされた寅吉は、自分がどこにいるのか、すぐには分からず、戸惑ってしまった。

「ここは一体どこですか」

「浅草の観世音の前だ」

古呂明にそう言われ、寅吉が驚いてあたりを見回すと、確かにそこは見慣れた観音様の前であった。そこで寅吉は、師匠に別れの挨拶をし、古呂明と左司間にも別れを告げて、一人で家に帰った。三月二十八日のことであった。

さて寅吉が家に帰ってみると、母と兄は寅吉に、もう一度寺に入り、出家の修行を続けるように勧めた。けれども寅吉は聞き入れなかった。以前寅吉が剃髪したのは、師匠の命で仏教についても知るためであり、仏に帰依したからではなかった。寅吉は、生まれつき三宝《さんぼう》の道〔三宝は仏・法・僧、仏道のこと〕が嫌いであった。今はもうその必要もない以上、寅吉は還俗しようと思った。それで寅吉は、三月に下山してから六月まで、家の中にいた。というのも、寅吉の頭は、去年の夏に宗源寺で剃ったままの毬栗《いがぐり》頭で、髪の毛が伸びるまで、髷を結うこともできなかったからであった。

しかし寅吉の家は、一向宗の門徒であった。だから母も兄も、明け暮れには阿弥陀仏を唱え、神を嫌い、疎んじて、日々いつも抹香臭かった。それで寅吉は、母や兄に対抗して大神宮の御玉串を棚に飾り、柏手を打って拝んだ。兄は「穢《けが》らわしい」と、塩を撒き散らした。寅吉も負けずに、「仏壇の方が穢らわしい」と、唾を吐きかけた。そのため、寅吉と兄との仲は険悪になってしまった。そしてついには、母と兄は、寅吉が山から持ち帰ったものをすべて、天気を見る書も、そのほか祈祷呪禁や卜法などいろんなことを記した文書も、また薬方の書なども皆焼き捨ててしまった。そして師匠が授けてくれた寅吉の脇差も、古鉄買いに売り払われてしまった。

家にいても母や兄と折合いがつかなかったこともあり、六月の末に髪の毛も伸び、ちょんまげ頭に直したのを機に、寅吉はつてを頼って、七月からある人の家に丁稚《でっち》奉公に出た。しかしその歳になるまで、山の中で多くの日を過ごして育った寅吉であった。俗世間の奉公の仕方など、寅吉が知るよしもなく〔馬鹿馬鹿と言われたこと〕、また見よう見まねで身につけようともしなかったので、寅吉は馬鹿よばわりされ、役立たずと罵られて、八月の初めには暇を出されてしまった。

それからもう一度、寅吉は少しばかりの縁で上野町の下田家に奉公に出た。寅吉が下田家にいたときに、山崎美成が来て、寅吉のことをあらかた聞き、珍しがって「わしの所に来い」と、声をかけてくれたのであった。寅吉は、母にもことわらずに下田家を出て、そして九月七日から美成の家の居候になった。

こんないきさつから寅吉は、美成には少しは山のことも、自分の身の上のことも話した。美成がその話を他の人にもしたため、いろんな人が聞きつけてやって来るようになった。その中には、美成と同様に仏教を好み信じている、荻野先生

〔荻野梅塢《ばいう》。幕府天守番。仏学者〕のような人がいた。寅吉は、このような人には問われるままに、仏の道のことや印相のことなどを話した。しかし、師の戒めをよく守り、仏教のことを悪しざまには言わなかった。

「それほど仏法のことを知っているのに、還俗するのはもったいない。わしらが何とでも世話してやろう。僧になりなさい」と、荻野先生も他の人も勧めてくれたが、寅吉は断った。師匠の言われたとおり前世からの因縁があるらしく、寅吉は、どうにも仏教が好きになれなかったからであった。

寅吉には本心を話せる人もなく、それでろくに事情を知らない人々が、親切に勧めてやっているのに身の程を知らないとか何とか、あれこれと寅吉の悪口を言うようにもなった。その話が寅吉の耳にも入ってきたが、何にせよ世間一般の人との付き合い方も、身の立て方も知らない以上、一体どうすればよいのかと、わが身のことながら、寅吉には扱いかねる気持ちであった。寅吉はただ途方に暮れ、いつも火の見櫓に上がっては、岩間山あたりの空を眺めて日を過ごしていた。

その月の末日のことであった。美成の店の者が、所用で出かけるにあたり、寅吉を連れて出た。その道すがら、寅吉は同門の高山左司間に出会った。無論、店の者と一緒であったから、互いに声をかけることもなく通り過ぎた。しかし寅吉は、きっと師匠の使いで、左司間が自分の所にやって来たのだろうと、はやる気持ちを抑え、左司間の現れるのを待った。やはりその夜、期待に違わず、外で寅吉を呼ぶ声が聞こえた。寅吉がそっと外に出てみると、左司間がいた。

「師匠が言われるには、近いうちにおまえの頼りになる人が現れるとのことだ。だから何もそんなに思い煩うな、と。それからいまひとつ、今年は十二月三日が小寒で、寒の入りとともに、例年通り三十日の行が行われる。この行に間に合うように、十一月の末までに山に登ること。といっても、師匠がもし讃岐国《さぬき》〔香川県〕の山回りの番にあたれば、寒行は中止になる。そのときはまた里に帰ってよいとのことだ」

左司間は、師匠の言葉を寅吉に伝えると、その足で帰っていった。

寅吉は、おまえの頼りになる人が現れるという師匠の言葉に、気力がわいた。それで美成には、同門の左司間が師匠の使いでやって来て、十二月には例年のように寒行が始まるから、十一月の末までに山に登れとのことでしたと、ただそのことだけを話しておいた。その翌日の十月一日に、平田先生と屋代先生が訪ねてこられたのであったという。

寅吉は、後日詳しく、この日のことを次のように話した。

「先生がいろいろと問われた事柄は、他の方の質問とは異なり、私の心に染みました。特に先生が、美成さんを諌めて、『寅吉に僧になれなどと勧めるな。これまで学び求めてきた道を遂げさせてやりなさい』と言ってくださいましたが、それはとても嬉しく、ありがたいことでした。また『私の所にも来てくれ』と、何度となく言い残していかれたので、すぐにでもお伺いしたいと、心もはやりました。師匠が左司間をよこし、近いうちに頼りになる方が現れると伝えてこられたのは、きっと平田先生たちのことに違いないと、心強く思い、お伺いできる日の来るのを心待ちにしていたのです」

数日後の十月六日、屋代翁が、今日の夕方、美成が寅吉を連れてやって来ると知らせてくれた。私は、屋代翁の家へ行き、再び寅吉にいろいろなことを訊ねた。それから美成にこう頼んだ。

「この童子は、山風でも吹けば、山の匂いに誘われて、すぐにでも山に帰ってしまわないとも限らない。だから是非とも私の家にも、連れて来てくれないか」

「それでは明日、連れて伺いましょう」

美成が承諾したので、私は非常に嬉しかった。私は、寅吉に会いたいと言っていた佐藤信淵《のぶひろ》〔農政学者。篤胤門人〕や国友能当《くにともよしまさ》〔国友藤兵衛。幕府御用の鉄砲鍛冶〕らにも、その夜のうちにこのことを連絡した。彼らも皆、寅吉に会えると知って喜び、翌七日の日、早くから私の家にやって来た。

私たちは、子供の好みそうなお菓子や、その他いろんなものを取りそろえた。また小嶋氏からは寅吉をもてなすためにと、新鮮な魚などもいただき、いろいろと準備を整えて、美成が寅吉を連れて来るのを待っていた。だが、夕方になって、今日は連れて行けなくなったので、またの機会に、との手紙が美成から届いた。私の家に集まっていた人々は、気勢をそがれ、むなしく帰っていった。私の家の者たちも、今や遅しと待っていたのに、こんな結果になるとはとても残念だと、ひどく落胆した。

しかしよくよく考えてみれば、屋代翁の家で私が頼んだときから、美成は口では色よい返事をしたものの、寅吉を連れて行くことに、あまり気が進まない様子であった。たぶん、またの機会にとはいっても、美成が寅吉を連れて来ることはついぞあるまいと思った。こんなことをしている間に、もしも寅吉が山へ帰ってしまったら、弟子たちもがっかりするだろうし、それぐらいならば、皆でそろって美成の家へ押しかけるに越したことはないと思った。

それで翌八日の午前中に、私は妻と岩崎吉彦と守屋稲雄を引き連れて、美成の家へ押しかけた。

「昨日はずっとお待ちしていたのに、お見えになられず、残念です。そう思いましたので、今日は私の方から、家の者たちを引き連れてやってまいりました。どうか寅吉に会わせてくれませんか」

美成の母が応対に出てきて言った。

「美成はただいま外出中です。また寅吉も、今朝、母親の所へ行くと言って、出かけたままです」

やむなく私たちは、またとぼとぼと家路についた。

＊――後に寅吉に聞くと、このとき寅吉は奥にいて、私が表の店先にやって来たのが分かり、お会いしたいと思ったが、美成に「隠れていろ」と言われ、どうしようもなかった、ということであった。

その途中、連れの者たちが、誰からともなく口々に言い始めた。

「寅吉は母親の所へ行ったのでしょう。だったら我々もこの足で、寅吉の母親の所まで行ってみませんか。どんなものでしょう」

皆がしきりに勧めるので、私も、それもそうだと思った。七軒町まではそれほど遠くもなく、私は皆と連れ立って、寅吉の母親の家を訪ねることにした。

ようやく寅吉の母親の家を探し当ててみると、部屋が一間あるだけの狭い家であった。そして母親だけがいた。

「今日、寅吉がやって来ませんでしたか」

私たちが訊ねてみると、兄と喧嘩して下田家へ奉公に出たその後は、寅吉は一度も家に帰ってきていないということであった。母親の家にいるどころか、母親は、寅吉が今美成の家に厄介になっていることさえ知らなかった。寅吉が母親の所へ出かけたと言うのは、全くの嘘言であった。

このまま帰るのも、何とも情けない話であった。それで来たついでに、寅吉の生い立ちや、寅吉が異人に誘われたいきさつなどを、母親に訊ねた。母親は、生い立ちについては詳しく話してくれた。しかし神誘いのことは、母親も最近になって人の噂から、初めてそうと知ったという様子であった。

こうしてこの日も、ついに寅吉には会えぬまま、むなしく家に帰った。寅吉の生い立ちなど、いろいろと母親の話を聞き、ただより一層、寅吉にいろいろと訊ね聞いてみたいという思いが募っただけであった。そしてその思いが募れば募るほど、美成の仕業が小憎らしく思われた。

しかし、ここは美成の歓心を買うに越したことはなかった。それで美成に贈り物をし、また屋代翁にも依頼した。さらには母親に、寅吉に会いに出向いてもらいもした。手を尽した甲斐があってか、美成は心を翻し、明日の夕方に寅吉を連れて伺うと、手紙を書いてよこしてきた。十日の昼のことであった。ちょうどそのとき、佐藤信淵が来ていた。信淵も、私と一緒になって喜んだ。

「この前の六日の日は、国友能当も、私と一緒に四谷からかなりの距離を歩いてやって来ました。しかしわざわざやって来たのに、寅吉に会うこともできず、むなしく帰りました。気の毒なことです。明日のことは私の方から、明朝早くに能当に連絡いたします」

佐藤信淵は、そう言って帰っていった。

十一日の早朝、屋代翁の所に、夕方に美成が寅吉を連れて来ると連絡をした。また下総《しもうさ》国香取郡笹川村の須波《すわ》社の神主、五十嵐対馬が、江戸に遊学に出てきていたが、ちょうどこの日、私の家を訪れて来た。午後三時には、屋代翁が、孫の二郎を連れてやって来られた。国友能当、佐藤信淵も相次いで到着し、折よく青木並房も来合わせた。また小嶋氏は家族総出で来られ、塾生としては、竹内健雄、岩崎吉彦、守屋稲雄などがいた。

しかし午後五時を過ぎても、美成はやって来なかった。誰もが皆待ちあぐねた。屋代翁が待ち兼ねて、伝言を書き、使いをやろうとしたときに、ようやく寅吉を連れて美成がやって来た。これが、私の所へ寅吉のやって来た最初であった。

私はまず、寅吉に、先だって約束した石笛《いわぶえ》（石笛　二ノ十二丁〔下の二之巻参照〕）を見せた。自然のままの形で、高い音の出る笛であった。寅吉はその笛がとても気に入り、その喜びようといえば限りなく、よい音を鳴り響かせ、飽くことなくいつまでも吹き鳴らした。

この日、寅吉に、多方面にわたることをあれこれと訊ねた。寅吉の話はどれ一つとっても皆、驚くべきものばかりであった。中でも鉄砲の話には、何とも驚いてしまった。「あちらの世界にも鉄砲はあるのか」と訊ねたところ、寅吉は、次のように答えたのであった。

「鉄砲はやはり鉄砲で、こちらの世界にある普通の鉄砲と同じです。ただこちらのものと外側の飾り模様が少し違い、大きいものも小さいものもあります。また、風をこめて撃つ鉄砲もあります」

私も他の人も、ごく最近、国友能当の造った風砲〔空気銃〕（風砲の事　一ノ三十一丁〔下の一之巻参照〕）に、大変驚かされたばかりのところであった。そのため寅吉の返答に、なおさら驚き、唖然としてお互いに顔を見合わせてしまった。中でも国友は、殊のほか激しく驚いた。これが、国友と私と二人して、寅吉に仙砲のことを訊ねた最初であった。

＊――鉄砲のことに関しては、さすがに自分の専門だけに、

私よりも国友の問い方のほうが手際よく、理解も早かった。それで鉄砲のことについては国友に質問を任せたが、問うたことについては図解したとおりである〔図欠〕。実際、鉄砲に関しては、私にあれこれ疑問が浮かんでも、国友のように明確には究明しえないところであり、国友がいなければ、惜しくても仙砲のことは世に伝わらなかっただろう。

またこのとき、試しに奉書美濃紙《ほうしょみのがみ》などを取り出して、寅吉に何でもいいから書かせてみた。すると寅吉の筆遣いは並のものではなく、居合わせた人たちは、これにも驚いた。これが、大きな字を寅吉が書いた最初であった。

＊――これ以前にも、何かのついでにちょっと寅吉が字を書いたこともあったが、ただ半切などに小さな字を書いただけのことであった。それも下手くそな字であったから、寅吉が上手に大きな字を書くことができるとは、誰も思わなかった。寅吉自身も世の普通の文字はさほど知らず、山で習った字は普通の字と形が異なっており、それで人前で書いたら笑われるだろうと思い、書かなかったという。また細字を世の人のように書きえないのは、山で字を習うときは筆ではなく、手に砂をつまみ、砂で書いて覚えるので、まだそのような小さな字の書き方を習っていないからだという。何にせよ寅吉の筆遣いに、屋代翁をはじめ、書道に明るい人々は、誰も皆驚嘆の声を上げたのであった。この他にもなお次から次へと、このような驚くべきことが出て来るのを見られたい。

あれこれと寅吉の話を聞いているうちに、早くも午後八時前後になってしまった。美成が「帰りを急ぐから」と、暇を乞うた。まだまだ寅吉に聞きたいことがたくさんあり、心残りで、「もう少しの間、居てくれませんか」と引き止めたが、美成は聞き入れてはくれなかった。

「やむを得ません、今日はあきらめましょう。しかし、長笛を作らせて世に伝えたいと思う。そのためにも、是非ともまた近いうちに、寅吉をお連れいただきたい。何とかよろしくお願いする」

私が繰り返しそう頼むと、美成は承諾し、そして寅吉を連れて帰っていった。

翌十二日、私は、貸すと約束した『鉗狂人《けんきょうじん》』〔本居宣長著〕の書を持たせて、岩崎吉彦を美成の所に使いに出した。昨夜の礼を言い、そしてまた「笛を作る材料の竹を用意して待っておりますので、近いうちに寅吉をお貸しください」と伝えさせるためであった。

ところがしばらくすると吉彦は、寅吉を連れ、走って帰ってきた。

「どうしたのだ」

私が訊ねると、吉彦は、笑いながら答えた。

「先生のおっしゃったように申しますと、美成の母が顔を出し、『寅吉は有名になったので忙しく、今日も早くから美成と連れ立ってよそへ出かけた』と言いました。ところが美成の母が応対しているその間に、笛用の竹を用意するという私の声を聞きつけて、寅吉が奥の間から走ってき、『笛の竹を買うのなら、おれも一緒に行く』と言って、外へ駆け出したのです。美成の母はとても困ったような顔付きでしたが、それでもまだ再度『どこかへ出かけた』などと白々しく言うものですから、私も腹が立って、寅吉に、『だったら一緒に来い』と言って、連れて来たのです」

吉彦の話を聞くと、私もおかしくて、吉彦と一緒に笑ってしまった。

「いつもはおまえのずうずうしさを叱っているが、今日だけはそのずうずうしさが役に立ったようだな」

私と吉彦が話をするのももどかしげに、寅吉はお辞儀もせず、やって来るなり神前の石笛を吹き鳴らし始めた。「この音ほど、自然で面白いものはない」と喜ぶことしきりで、寅吉はやはりまた一度吹き始めるとやめる気配もなく、人の言葉など耳にも入らない様子であった。

それで私は、かねて用意していたお菓子などを差し出し、寅吉と一緒になってあれこれと子供の遊びに興じながら、頃合をみては、寅吉にいろんなことを訊ねた。どのようにして石笛ができたと思うかその由来や、石剣のこと、矢の根石〔石の矢尻〕のこと、石を造る方法、石をつなぐ方法、月に穴があると言い、星を気の凝縮したものであると言ったのはどういう意味か、また空行の詳しい様子や、人魂の行き先、鳥獣の生育のことについてなどであった。この日の午前中に、私の家にやって来ていたのは、五十嵐対馬、竹内健雄の母御などであった。

ところで私の家の一軒隣の家では、俗にいうはご〔はが〕猟をしていた。毎日背の高い木の枝に鳥もちを塗り、贋の鳥を囮《おとり》に鳥を捕る、その家のはご猟を、妻の母は、いつも無益な殺生すると嫌っていた。この日、寅吉が来ていたそのときに、ちょうど鵯《ひよどり》が鳥もちにかかった。私の家に居合わせた者たちは仰ぎ見て、「また鳥がかかったぞ」と口にした。寅吉が聞きつけて、こう言った。

「すぐにでもあの鳥を逃がして見せましょう。茶碗に水を入れて私によこしてください」

寅吉は、水を入れた茶碗を受け取ると、私の書斎の縁側に立って、太刀を振るまねなどをし、そして口に何やら唱えながら、茶碗の水を指先ではじき出しては吹き飛ばす、そんな身振りをした。私も対馬も、立ち上がって鴨の様子を見ていたが、体も羽も鳥もちがたっぷり塗られた枝にぴったりとくっつき、身動き一つしなかった。

私の書斎からはごの仕掛けの所までは、およそ三十間〔約五十四メートル〕あまりも離れていた。いかに神童であろうとも、この距離を越えてあそこまで呪言を放てるとは、私には思えなかった。そして心中ひそかに、鳥を逃がすことができなければ、恥をかくことにもなるし、何にせよ鳥を逃がすことはできるまいと思い、私はうまく収めようと、横から口を出した。

「その鳥を逃がしてしまったら、はご猟を仕掛けた人が残念に思うだろう。だからそのへんでやめなさい」

しかし寅吉は、ただひたすら呪り続けていた。それで私は近くにいた者たちに目配せをし、回りでせかしたりしないようにした。また対馬と私は、わざともう関心をなくしたかのようなふりをしていた。と、じっと見つめていた者たちがどよめいた。

「あっ、ほら、鳥の片羽が離れたぞ」

私も対馬も、はっとして鴨の方を見ると、確かに右の翼が枝から離れ、見ている間に左の翼も、鴨の体も枝から離れて落ちた。が、高い木のいたるところにはごの仕掛けがあり、鴨は中程の小枝の鳥もちにくっついてしまった。「惜しい」と思って寅吉の方を見てみると、寅吉は、なおも呪り続けていた。そのうちに鴨は、今度はさらにその下にある枝に落ちて止まると、羽づくろいをして飛び去っていった。

私は、寅吉の呪りによって鳥もちの力が弱くなったのだろうと思った。というのも、鴨が枝から離れて落ちるとき、鳥もちが蜘蛛の糸が引くように引いて見えたからであった。そこに居合わせた人々は、全く感心してしまった。しかし寅吉は、別に珍しいとも、何とも思ってはいない様子であった。

「さあ、笛用の竹を買いに行きましょう」

感心している皆を尻目に、寅吉は私に向かって言った。私はここぞと思い、寅吉に頼んだ。

「竹はすぐにでも、私も一緒に買いに行こうと思っている。しかしその前に、風神の御幣《ごへい》を切ってくれないか。私は常々風神を信仰し、その霊験を得たこともしばしばある。だからどうか私のために風神の御幣をつくってくれないか」

「明日にしましょう」

寅吉は聞き入れなかった。私はそれにかまわず紙と刃物を差し出し、寅吉に強いて頼んだ。寅吉はしぶしぶ紙と刃物を取り、切り始めた。しかし切りかけては何度か立ち上がって、はるか彼方の空を見、そして結局また言いだした。

「今日はやはり見合わせましょう」

「どうしてなのだ」

寅吉があまりにも気乗りしない様子なので、私は問い返した。

「風神の御幣を切ることは、安易にやってはならない大切な秘伝です。御幣を切ればそれだけで、東の方に雲がわき起こり、その雲が西へ動くや風が吹き始めて、ついには雨が降ります。そうすると、竹を買いには行けません。だから、明日にしてください」

「そのような霊験があるだろうと思えばこそ、頼んでいるのだ。たとえ雨が降り風が吹こうとも、心配することはない。私が自分で必ず買いに行く」

私は寅吉にそう請け負ったが、それでも寅吉は聞き入れなかった。だが私も引かず、どうしても頼むと詰め寄り、何とか納得させた。

寅吉はやむを得ず、右、左と、あらぬ空の彼方を気づかい見ながら、御幣を切り終えて神を宿らせ、用い方を私に教えて、神棚に納めた。と見る間に、雲一つなく真っ青に晴れ上がっていた東の空の彼方に、寅吉が話したように本当に雲がわき起こり、そして西へと動き始め、早くも風が吹き始めた。

「だから言ったんだ。早く切った御幣を出してください」

寅吉が慌てて騒いだ。私は一度は拒んだ。しかし寅吉に強く迫られて、神棚から御幣を取り出し、寅吉に手渡した。寅吉は御幣を手に、しばらくの間祈念した。それからまた私に御幣を神棚に納めさせた。そして寅吉は言った。

「夕暮れまで、御幣に宿した神の力を封じ奉りました。これで夕暮れまでは雨風にならないはずです。しかし日が暮れれば、きっと雨風が起きるでしょう」

こうしてその後、私は稲雄と一緒に寅吉を連れて、私の家の斜め向こうにある竹川岸へ、竹を見に行った。この行き帰りの間に、私が寅吉から聞いたのは、七韶舞《ななしょうまい》〔七生舞〕に使うリンという琴や短笛、羽扇のことなどであった。

＊――このわずかの道のりを遠いと言うのが不思議で、どうしてか問うたこと。

さて竹を買い求めて帰り、その日私の家に来ていた通いの大工に、竹を九尺〔約二・七メートル〕と一丈〔約三メートル〕の長さに切らせた。そして竹を洗わせていたところ、小嶋氏がやって来た。小嶋氏も、私や健雄、稲雄、対馬らとともに、寅吉に舞いのことを訊ねた。そして時を過ごしている間に、既に午後二時過ぎであったと思うが、美成の所から使いの者が来た。「急ぎの用があるので、寅吉をこの使者と一緒にお帰しください」とのことであった。

とても心残りではあったが、仕方がなかった。寅吉も、残念そうに「明日また参ります」と言って、後ろ髪を引かれながら帰って行った。

＊――こうしてこの日の日暮れに、本当に風が出てきて雹まじりの雨が降った。

この日の夜は言うまでもなく、翌十三日の夜も、門人たちは寄るとさわると、話題はただ寅吉のことであった。私もその輪に加わり、門人たちにこぼした。

「寅吉はまもなく山へ帰るという。それまでに何とか寅吉に笛を作らせたいものだ。何も趣味で集めたいというのではない。私は音曲のことには疎いし、もとより趣味であれこれ物を集めることも好きではない。しかし幽界にもそのようなものがあるということを人に知らしめたいのだ。またその笛は、幽界のありさまを隅々まで解き明かす手立てともなるものだと思うから、寅吉に笛を作らせたいのだ。けれども寅吉が私の所に来ることを、美成がこんなに渋っている以上、どうもやはり笛を作り上げることはできないだろうな」

健雄と稲雄は、私が溜め息をつくのを聞きながら、とりわけ私の心中を思い、気にしていたようであった。

十四日の朝、健雄と稲雄の姿が見えなかった。門人たちは、毎朝私の前にきて朝の挨拶をするのが日課であった。顔も出さずにどこに行ったのかと、怪訝に思っていると、午前八時頃、二人そろって帰ってきた。私は二人に、「どこへ行っていたのか」と詰問した。

「笛を作り上げることはできないだろうと、先生が嘆かれるのを聞き、私たちも、何とかならぬものかと思い、二人で相談しました。先だっての寅吉の母や兄の話では、寅吉が美成のもとにいることさえ知らない様子でした。ということは、美成は別に寅吉の主人というわけではありません。それで寅吉の母と兄に事情を話し、寅吉を先生の所に来させることにしようと考え、今朝早く、寅吉の母親の家に行きました。そして兄の荘吉に、美成の家まで寅吉に会いに行ってもらい、家でおまえに用があるから帰ってこい、と言わせました。けれども、もとはいえば、寅吉は家にいるのを嫌って家を出たわけですから、家になど帰らないということで、荘吉は用を果たさず、一人で帰ってきました。それで思惑が外れ、私たちもがっかりして戻って来たところです」

二人が答えている間に、今日も来ていた通いの大工が、戸口の所で言った。

「寅吉さんが一人でたった今、大層慌てた様子でこの家の門の前を七軒町の方へ駆けて行きましたよ」

　大工の報せを聞くや、健雄と稲雄の二人は立ち上がり、「それ、捕まえよう」と駆け出していった。寅吉は飛んでいくかのように、早くも半町〔約五十メートル〕ほど先に行っていた。二人も後ろから必死で追いかけて呼び止めた。

「寅吉、どこへ行くのだ」

「今から山へ行きます。それで急ぎの用があって、家へ帰る途中です」

「何だってまたそんな急に。とにかくまあ、ちょっと先生の家に寄りなさい」

　二人は驚いて寅吉に言ったが、寅吉は承知しなかった。二人は、そのまま駆け出そうとする寅吉を引き止め、左右から寅吉の手をとり、何はともあれ私の家の入り口まで連れて来た。そして私に事の次第を話した。私も門口まで出て、寅吉に訊ねた。

「以前は、十一月の末までに山に登ると言っていたではないか。どうしてこんなに早く出発することになったのか」

「急に異変が起き、それで今日すぐに出発したくなったのです。出発するにあたり、また山に登るときには必ず持って来いと師匠に言いつけられていた書状を一通、家に置いたままなので、取りに行くところです。放してください」

　私もあっけにとられて、寅吉の顔を見たが、こう答えた寅吉の顔は、目もつり上がり、気が狂っているかのように見えた。しかし私は笛を作っていないことがあまりに残念だったので、そのことを寅吉に話した。寅吉の左右の手をとっていた健雄と稲雄も、「まずは好きな石笛でも吹いて、気持ちを落ち着けて」などと寅吉の気を引くようなことを言って、寅吉をなだめようとした。だが寅吉は全く耳を貸さず、手を引き離し駆け出そうとした。それで健雄と稲雄が、二人がかりで寅吉を抱き上げた。寅吉も身動きできず、少し困ってしまった様子で言った。

「それなら、今こうしている間に笛を作りましょう。だから作り終わったら、すぐに帰してください。ただ、家に置き忘れた書状のことが心配です。先に書状を取ってきます」

「その書状は、私が行って取ってこよう」

　稲雄が、寅吉を下に降ろしながら、寅吉に言った。

「あなたは書状の置き場所を知らないでしょう。やはり私が行く」

　寅吉はそう言って、飛び出してしまった。健雄と稲雄は、寅吉がまたいなくなってしまうのではないかと思い、寅吉について出かけた。

　そして健雄と稲雄は、寅吉の家に着くと、寅吉の母と兄に、寅吉がまた山へ行くということを告げ、寅吉に暇乞いをさせた。兄は別れを惜しんで泣いていたが、母親は何とも思いきりがよかった。

「こんなふうにわがままに生まれついた子だから、しょうがない」

もっとも口ではそう言ったが、さすがに母親だけあって、母親は肌着や褌《ふんどし》などを取り出し、寅吉に持たせようとした。

「山へ行けば、われらなんぞは重ね着をしない。同じ物を二つ持ってはならない掟だから、何もいりません」

寅吉は何も受け取らず、懸念の書状だけを持ち出した。兄は別れの盃を交そうと盃を差し出したが、寅吉は、いらぬお世話だとばかりに振り返りもせず、ただ健雄と稲雄に「さあ行きましょう」と声をかけて家を出た、ということであった。

＊――この書状のことにとても興味がわき、頼んで見せてもらったところ、あの白石丈之進が授けた一通であった。
これを寅吉が大切にしていたことは、既に先に記した。

さて寅吉は、私の家に戻って来ると、早速笛作りにかかった。周りで見ていた人々は、一丈と九尺の雌竹の節をどうやって抜くのだろう、などと不思議そうに言いあった。寅吉は気にするふうもなく、茶碗一杯の水と火箸《ひばし》とを頼んだ。そうして寅吉は、竹の節の間に火箸を入れ、水を注ぎこみつつ、とん、と石に突き当てて、造作もなく竹の節を抜いた。それから長い篠竹を差し込んで上下に動かし、中に残っている節のかけらをきれいに取り除いた。そして穴の間隔を計って、鼠歯の錐《きり》で穴をあけ、たちまちのうちに長笛二管を作り上げた。

「では、出かけます」

初めの約束通り出かけようとする寅吉を、私の家の者も、またやって来ていた小嶋氏、佐藤信淵、五十嵐対馬、小林元二郎たちも、あれこれと機嫌を取り、引き止めた。石笛を吹かせたり、お菓子を勧めたりして、寅吉の気を引いたので、寅吉も少しは気持ちが和み、落ち着きかけたようであった。とはいえ、どうかすると駆け出そうというそぶりであった。

寅吉をなおしばらく引き止めて、短笛をも作らせたかったが、これではあきらめる他になさそうであった。そのときふと、伴信友が言っていたことを思い出した。私は、昨日やって来た信友に寅吉の話をし、寅吉が石笛をとても気に入っていることを話した。すると信友は、「それならば、あなたが以前私にくださった盧根石の笛を、寅吉に与えたらどうだろうか」と言ったのであった。私はこれだと思い、寅吉に言った。

「私の家にある石笛に比べるとかなり小さいが、音色は面白い石の笛がある。その笛は、去年私が上総国《かずさ》〔千葉県中部〕に行ったときに、浜辺で拾ったものだ。二つ拾い、屋代翁と伴信友の二人に贈ったのだが、おまえが石笛を好んでいることを信友に話したところ、信友は、おまえにその笛をあげようということだった。その笛を今取りに行かせるから、使いが持って帰ってくるまで待っていなさい」

「そういうことなら、しばらく待ちます。けれども、先生が得意とする足止めのまじないなどをかけたりはしないでください」

寅吉が承諾したので、私は、岩崎芳彦を急ぎ使いにして、信友の所へ走らせた。
＊――信友は、酒井若狭守《わかさのかみ》殿の家中の者で、名を州五郎という。私が特に親しく付き合っている友人である。牛込矢来下の藩の中屋敷に住んでいる。私の家からは一里半〔約六キロ〕ほどの距離の所である。
ところで私は、寅吉が十二日の夕方、私の家を出るまでは、私を慕っているようにみえたのに、今日はとても警戒しているようで、帰ろうとばかりするのが、どうしてなのか不審であった。また私が得意とする足止めのまじないをかける、などと寅吉が言ったことも、私には気にかかった。それで私は寅吉に訊ねた。

「今日のおまえの様子は尋常ではないぞ、何かわけがあるのだろう」

しかし寅吉は、曖昧に笑っただけで何も言わなかった。私がなおも強いて訊ねると、寅吉は答えた。

「先生はさまざまの呪禁を知っておられるから、私を足止めにして山へ帰すまいと、足止めの法を行っていると教えてくれた人がありました。そんな目にあっては、私の行の妨げになります。それで早くこの難を逃れて、急いで山へ行ってしまおうと思っているのです」

「私はそのような呪禁の法など、一つも知らぬ。誰がそんなことを言ったのだ」

私は詰め寄ったが、寅吉は、誰のことか明かさなかった。

「私の思いは、誰であろうと、その志した道が邪道でない限り、力を貸してでも、その道を成し遂げさせてやりたいということだ。だから最初におまえに会ったときから、美成が憎になれと勧めることをさえ、止めさせたではないか。それからも分かるように、私は決してそのような法をもっておまえの行を妨げようとは思っていない。何も心配をするな」

私が諄々《じゅんじゅん》と諭していったので、寅吉の心も、いくらかほぐれた。
＊――かなり後になって、稲雄がこの時のことを詳しく訊ね

たところ、寅吉は次のように話したという。

十月一日に、先生に初めてお目にかかったときから、不思議なことに、心の底から先生をお慕いする気持ちでした。それで美成さんに、平田先生の所に行きたいと申し出ましたが、拒絶され、行かせてもらえませんでした。美成さんは、「平田は神道を好み、世に広めようとしている。しかし私は、今の世において神社が衰え、寺が栄えているのを見て、神に御利益はなく、仏にこそ御利益があること、神道は仏道に及ばないということを知った。だから何としても神道をやめて、仏僧になれ」と勧められました。十二日に、用があるからと使いをよこして呼び戻されたときも、別に何の用もなく、「平田に神道を勧められるのが気の毒だから、呼び戻したのだ。笛を作りたいと思うなら、私がその竹を買ってやろう。平田の所へは決して行くな」と言って、『孝子善之丞物語』という、地獄の恐ろしさ、極楽の楽しさ、仏の尊さなどの書いてある本を読み聞かせられました。それで「また先生の所へ行って笛を作りたい」と言うこともできなかったのです。美成さんの言われることは、山で師匠から聞いていたことと全く違っていましたが、「争ったりするな」と戒められていましたので、わざと納得したように振舞っていました。

十四日の朝、兄が来て私を呼び出し、「平田様に頼まれて呼びに来た」という兄の声を聞いて、美成さんの家の人たちが、「平田という人は呪禁の法をも知っている。だからこれほどおまえを引き留めたいと思っているとすれば、きっとおまえを呼びつけて、足止めのまじないをかけようという算段に違いない」と言ったのです。そんなことになれば、私の行の妨げになります。それで平田先生の方には知らせずに、急いで山へ行こうと思い立ち、例の書状を取りに家へ帰ろうとして、はからずも先生の家の前を通ってしまい、無理やりに呼び止められたのです。しかし考えてみれば、これは師匠が左司馬をよこして、「おまえの頼りになる人が現れる」と伝えてくれたとおりのことであり、呼び止められたのは全く測りがたいことです。

寅吉の気持ちが落ち着いてからは、また寅吉のさまざまな話になった。空行のことにも話がおよび、対馬が「星とは一体どういうものなのか」と質問した。そこから、寅吉が星の○○を通ったこと、月には穴があること等々といった類の話にもなった。

また「文字を書いてくれ」と頼むと、寅吉は、こちらの世には類を見ない種類の字を、数多く書いてみせた。寅吉は、世間で一般に使われている字も多く書いたが、その中には「神風野福」「神野心鬼」「鬼野心神」などという語もあった。これはあちらの世界の熟語だろうと考えられ、その意を知りたいと思った。また「朝開《あさびらき》」とも書いた。これは万葉集に見られる言葉であり、寅吉がこのような語を書いたことは興味深いことであった。

しかし寅吉はいろんな文字を書きはしたが、書いたその文字の読み方を知らないと言った。そのわけを訊ねると、寅吉はこう答えた。

「あちらの世界で字を習うときは、まずありとあらゆる文字を、異体字まで含めてすべて習わせられます。そして文字を使うべきときがきたら、一度に読みを教えて覚えさせるという方法です」

寅吉の書いた多くの文字のなかには、異体字ではあっても、私にも読むことのできる文字もあった。私が横からその字を読むと、寅吉は、さも面白くないという顔付きで、「書いている本人でさえ知らない文字を、他の人が読めるというようなことがあるものだろうか」と言った。

いずれにせよ寅吉は、その後も最後まで、自分の書いた文字を読まなかった。このとき寅吉が書いた文字は、大体世にいう上代文字のように見えた。

＊――小嶋氏の意見では、あちらの世界の文字が、これほど上代文字に似ているのは、空海法師が早くも死解仙《しかせん》〔神仙の死を尸解《しか》という。もとは仙術を心得た者が身体を残して魂魄《こんぱく》だけ抜け去る道家の術が尸解〕となって、今でもその世界にいるというような話もあるから、空海法師が上代文字を伝えたのではないか、ということであった。そういうこともあるかもしれないと思ったが、後に寅吉は、「当然あちらの世界には、上代の書法が伝わっています。師匠が言われるには、弘法は世間では書の名人というが、それでもまだ上代の筆法の神髄を会得していたわけではない、ということでした」と語った。ところで寅吉は、後々になっても自分で書いた文字を一字も読んだことがなく、ただ「読みは知らないから」と言っていたが、本当に知らないのか、知ってはいるが何か理由があって読まないのか、私にはいまだに判断できない。

そうこうしているうちに、午後四時頃であったか、芳彦が石笛をもって伴信友の所から帰ってきた。石笛の譲り状に、信友は次のように書いていた。

石笛をご所望であるとのこと、承りました。石笛を篤胤よりもらい、所持しておりますので、進上いたします。万世、神界においてご重宝していただければ、本望でございます。謹言。

文政三年庚辰十月十四日　　伴信友花押

白石平馬君

寅吉はとても喜び、石笛を受け取ると、すぐに吹き鳴らしてみ、そして「では今から出発いたします」と立ち上がった。

「今日はもう午後四時も過ぎている。まもなく日も暮れるだろう。だから今夜はここに泊まって、明日出発しなさい」

居合わせた者は皆口々に勧めた。そのうちに誰からであったか分からないが、言い出した。

「今夜ここに泊まるなら、皆で目隠し遊びをしよう」

「そうしよう、それがいい」

全員が同意し、寅吉は手をたたいて大いに喜び、頷いて言った。

「それなら泊まることにしましょう」

その日の日暮れ頃から、私はもちろん、竹内健雄、佐藤信淵、五十嵐対馬、守屋稲雄、岩崎芳彦など、誰もが皆寅吉の歓心を得ようと、午後十一時過ぎまで、目隠し遊びをした。寅吉は何回遊んでも飽きることなく、「もう一度」とせがんだ。

「夜も更けたから、後はまた明日にしよう」

寅吉をなだめて、その夜は床に就かせた。

明けて十五日、寅吉は朝も早くから起き出し、食事を終えると、早速言い出した。

「目隠し遊びをしよう」

「目隠し遊びは、大の大人が一緒になって、昼間からするような遊びではない」

私がそう諭すと、寅吉はしぶしぶ聞き入れた。

「それなら、夜になったらきっとだよ」

寅吉のあれほどはやっていた気持ちが、十一月の末までに山に登ればそれでいいからと、目隠し遊びのために全く薄れてしまったのが、何ともおかしかった。

寅吉は、この日の昼前に、誰が勧めたわけでもなかったが、短笛を三管作った。そして七韶舞やその歌、長笛や短笛の吹き方まで、大変丁寧に教えてくれた。これを習ったのは、小嶋氏と守屋稲雄と私であった。

私は昨夜から寒気と熱っぽさを感じていたが、この日の昼過ぎから、高熱が出て、悪寒もひどくなってしまった。この苦しさは、たぶん疫病ではないかと思い、私は床に臥した。寅吉が枕元で、熱冷ましのまじないを施してくれた。夜になって目隠し遊びをできるようにということであった。すると思いもよらないことに、疫病かと思われた熱がたちまち引いてしまった。

午後四時頃に、屋代翁と萩原専阿弥氏とが連れ立ってやって来られた。寅吉に会い、やはり七韶舞のことや、それに使う楽器のことなどを訊ねられた。私も病気をおして、お二人を出迎えた。

「どうして寅吉がここに来ているのか」

屋代翁が問われた。私は、昨日私の家の門前を通り抜けようとした寅吉を抱え入れ、笛を作らせたことを話し、事情を説明した。

「美成の家に世話になっている者を、勝手に引き止めたことは、義理に背いています。しかしそのような義理にばかり囚われていては、結局笛は作れないでしょうし、ほんの少しでも引き止めて、あちらの世界のことを聞きたかったので、このようにしたのです」

屋代翁は、笛の出来たことは喜んでくれたが、早く美成の所へ寅吉を帰しなさいと言われた。すると寅吉が、横から口をはさんだ。

「私は別に美成さんの所に奉公に出ているわけではありません。遊びに来いと言われたので、美成さんの所に行っただけのことです。今夜はここで遊んでいたいからここにいたと言えば、それで済む話です。明日、美成さんの家へ行きます」

寅吉はそう言って美成の所には帰らず、その夜も私の家の塾生や使用人らにねだって、目隠し遊びをして遊んだ。

翌十六日の午前中に、私は、健雄と稲雄の二人に付き添わせて、寅吉を美成の所へやった。そして寅吉を引き止めていたことを、美成に謝らせた。

ところがその日の昼過ぎであったか、寅吉が旅装束に身を包んでやって来た。「一体どうしたのだ」と、私は訊ねた。

「美成さんが、早く山へ出発せよと言われるので、出かけることにしました。しかし先生にもお別れの挨拶をしようと思い、立ち寄ったのです」

「それなら今日はもう遅いし、今夜は私の家に泊まりなさい。明日出発するとよい」

寅吉は私の勧めを受け、「それでは」と言って、私の家に泊まることにした。私は念のために、寅吉に訊ねた。

「常陸国へ行く道を知っているのか。また路用のお金は持っているのか」

寅吉は、八百文ほどのお金を懐から取り出して言った。

「お金は美成さんにいただきました。私は師匠に連れられて、大抵空を飛んで行き来していましたから、地上の道は知りません。けれども筑波山を目指して行けば、いずれたどり着けるでしょう」

寅吉は、道を知らないことを全く気にしていない様子であった。しかし何ともかわいそうな気がして、私は守屋稲雄に、筑波山の麓まで送らせようかどうしようかと、相談した。ちょうどそこに五十嵐対馬が、明日笹川へ帰るといって、暇を告げにやって来た。それで私は、対馬に依頼した。

「寅吉がまた山へ行くそうだが、道を知らないと言っている。だからどうか笹川まで、寅吉を連れて行ってくれないか。そしてしばらくおまえの家へ泊めて、幽境のことを聞くとよい。笹川から筑波山へはもう近いから、後は麓まで送ってやればよい」

「それでは明朝早くこちらに立ち寄り、寅吉を連れて出発することにいたします」

対馬は快く承知して、宿屋へ戻った。

その日の夕方、寅吉の兄の荘吉が寅吉に会いに来て、別れを惜しんだ。

「母さんはひどく思いきりがよいが、俺はそうはいかない。そりゃ兄弟は何人かいるにはいるが、男は俺とおまえの二人だけだ。だから二人で力を合わせて母さんを養っていこうと思っているのに、いつ会えるとも知れない別天地へ行くとは、本当に心細いかぎりだ。一体いつになったらまた帰ってこれるのだ」

荘吉は顔を上げることもできずに泣いたが、寅吉は瞬きもせず、目を見張っていた。そして兄が涙をぬぐうのを、何とも異様に思うかのように見つめて、

「男は泣くものではありません。どう考えようと、私には因縁があって、このような身になってしまったのです。今更どうしようもありません。私を死んだものと思って、母さんは兄さん一人で養ってください。母さんが生きている限り、年に一度は必ず戻り、力になれることがあれば手助けしますから」

それでも兄は、なおくどくどと恨み言を言って、別れるのを嫌がった。

「寅吉はこのように神に見入られた者だ。だから本人にも、どうにもならないことのようではないか」

私は見るに見かねて、傍らから荘吉をなぐさめた。荘吉はようやく納得し、涙ながらに帰って行った。兄の帰った後で、寅吉はこう告白した。

「私とて、親兄弟との別れの悲しさを感じないわけではありません。しかしあちらの世界のしきたりでは、泣くことを堅く戒めています。また未練を残して山入りし、それで後で泣

くようなことでもあると修行の妨げとなり、行をし損なうことになります。それでわざと兄につれなくあたったのです」

その場に居合わせた者たちは、兄弟のどちらにもそれ相応の道理があり、どちらが善いとも悪いとも判断できないと言って、中には涙ぐむ者もあった。

さて翌十七日の朝、対馬が約束どおり旅装束を整え、従者と二人で私の家に立ち寄った。寅吉は喜んで旅の仕度をした。私は、昨夜認《したた》めておいた山人への手紙と、寅吉へのはなむけの歌を記して、寅吉に手渡した。寅吉は、それを稲雄が与えた笈箱《おいばこ》に入れて背負い、自分の背丈をこえる藤の木の長杖をつき、伴信友から譲り受けた蘆根石の笛に紐をつけて腰に下げた。

私は寅吉の出発にのぞみ、今朝この子の行く末を祈って阿須波《あすは》神に奉納した神酒で寅吉の山入りを祝い、他の者たちと一緒に柏手を打った。家中の者たちも、笠だ、わらじだと世話をやき、涙ぐみながら門口まで見送りに出た。寅吉は振り返ってにっこり微笑み、旅立って行った。女連中は、寅吉の後ろ姿を見送り、涙を流しながら寅吉の話をしあっていた。

「寅吉が、別れを惜しんで泣いたりすれば修行の妨げとなると言っていたのを忘れたのか」

私はいつまでも泣いている女連中を叱ってみたが、私自身、胸に熱いものがこみ上げてきて仕方がなかった。

このとき山人に送った私の手紙の文面は、左のとおりである。

この度、思いがけず貴山の侍童に際会いたし、そちら様の御動静をあれこれ承り、年来の疑惑を晴らしえたこともあり、実に千載の奇遇とかたじけなく存じ奉ります。つきましては失礼を顧みず、侍童の帰山に便乗し、一簡呈上いたします。まずは皆々様、ますます御壮盛にして御勤行とのこと、万々恐縮し奉ります。そもそも神世より顕幽隔別の定めがありますれば、幽境のことは現世からうかがい知りがたいものでございますが、現世のことはそちらから委細お見通しのようでございますので、きっとご存じになっておられることと存じ奉ります。さて、私は、天神地祇の古道を学んで明らかにし、あまねく世に説き広めたく念願しており、不肖ながら先師本居翁〔本居宣長〕の志を継ぎ、長年その学問に刻苦勉励いたしてまいりました。しかし現世凡夫の身であってみれば、幽界のことはうかがい知りがたく、疑惑に感ずることも数多くあり、難渋いたしております。これ以後は御境へ相願い、御教誨をお受けして、疑惑を晴らしたいと存じ奉ります。このこと、何分にも御許容してくださり、時々疑問の事柄を祈願する節には、御教示くだされますよう、相成りませんでしょうか。侍童の下山の折に、右の件の御返答をしていただけますよう、ひとえに願い上げ奉ります。このことをもし御許容いただけますならば、賽礼として生涯にわたり、毎月私相応の祭事勤行をつかまつる所存でございます。さてまた、先だって著述いたしました『霊能真柱《たまのみはしら》』と申す書をご覧にいれます。これは神代からの古伝により、およばずながら天地間の真理、幽界のことをも考え記したものでございます。凡夫のふがいない覚悟で考えたことゆえ、貴境で御高覧なされれば、誤り相違する考説も多くあるだろうと恐れおののく次第に存じ奉ります。もし御一覧くださり、相違することなどを御教示くださるれば、現世の大幸、譴学の余慶と、生涯の本懐これに過ぎずと存じ奉ります。尊師へよろしくお取り成しいただき、御許容くださいますよう、ひとえに頼み奉ります。ただ一心に古道を信じ学んでおります凡夫の誠心から、貴界の御規定がどのようなものかということもわきまえず、書簡を呈します不敬の罪犯は、幾重にも御宥恕の程を仰ぎ願うところでございます。恐惶謹言。

十月十七日

平田大角

平篤胤　（花押）

常陸国岩間山幽界

双岳山人御侍者衆中

なお寅吉につきましては、私宅に度々来訪を受け、深く懇志を通じましたので、この度下総国笹川村の門人五十嵐対馬と申す者に、御山の麓まで送らせ申し上げますが、実に千載の奇遇と欣喜雀躍に存じ奉ります。このゆえに、遠慮することなく申し上げました。なおこの上一層寅吉の修行の功が相積もり、行道成就いたしますことを、私としても祈り望んでいるところでございます。

また寅吉に、はなむけとして詠んだ歌とその端書きは、左に引くとおりである。

車屋寅吉が山人の道の修行に山に入るにあたり、詠んでおくる。

「寅吉が山にし入らば幽世の、知らえぬ道を誰にか問はむ。

〔寅吉が山に入ってしまったら、この世にいては知りえぬ幽世の道を、一体誰に問えばよいのだろうか〕

「いく度も千里の山よありかよひ、言をしへてよ寅吉の子

や。〔何度も何度も千里の山から足繁く通ってきて、いろいろと教えてくれよ、寅吉や〕
「神習ふわが萬齢を祈りたべと、山人たちに言伝をせよ。〔神の道を学ぶ私の長寿を、いつまでも学びえるように祈ってほしいと、山人たちに言づけしてくれ〕
「萬齢を祈り給はむ礼代は、我が身のほどに月ごとにせむ。〔私の長寿を祈ってくれるそのお礼は、私の分相応に月ごとにいたしましょう〕
「神の道に惜くこそあれ然もなくは、さしも命のをしけくもなし。〔神の道に安んじこそすれ、安んじえないならば、長寿を願うこの命さえ惜しいということもない〕

このように記して、寅吉に読み聞かせ、そして与えたのであった。

寅吉が山へ帰った後、私は平静に戻り、十日ほどは、いろいろと寅吉から聞いたことを書き記しながら日を過ごしていた。二十七日に、笹川村の門人高橋正雄（字《あざな》を治右衛門という）がやって来た。

私はまず「寅吉はどうしたか」と訊ねた。

「寅吉は対馬と一緒に十九日の朝早く、舟で笹川に着きました。対馬が私の所にも連れて来ましたので、私も寅吉に会いました。寅吉は対馬の家に二十三日まで逗留し、対馬に呪術祈祷のことなどを話して聞かせ、膏薬《こうやく》を練ったり、丸薬のことを教えて、作ってみたりしていました。二十三日の夜に外から呼ぶ声がし、寅吉は聞きつけて外へ出ていき、しばらくして家に戻ったようです。寅吉が家に入る物音を、夢うつつに聞いていた使用人がいます。その翌二十四日の朝、寅吉は対馬に向かって、昨晩師匠のもとから使いが迎えに来ましたので、今日、筑波山へ参ります、と告げました。そこで対馬が、それでは麓まで連れて行こうと言いましたが、寅吉は、今日また迎えが来るから、といって断りました。そしてしばらくの間とりとめもない話をしていましたが、そのうちに、寅吉は何ということもなくふっと外へ出、そのままいなくなってしまいました。きっと迎えの者と一緒に山に登ったのに違いないと、このことを先生に申し伝えるよう、私は対馬に言われて、やって参った次第です」

私は、このいきさつを聞き、今更のように驚いたのであった。

ところでこの頃には、寅吉の噂も非常に高くなり、人々はあれやこれやと思い思いに噂話をしあっていた。同じ江戸に住んでいても、毎日来ない弟子たちは、その多くの者が、寅吉が私の家にいる間に来なかったことを悔しがっていた。

十一月一日には、私は自らに誓約したとおり、双岳山人と、また寅吉にも心ばかりの供物を手向けて、出発の時に託した願い事を聞き届けてくれるように祈った。

その頃、巷では火事が頻発し、騒然としていたが、二日の深夜四時頃にも火事があった。家中の者を起こして、私も火の見櫓に上って見てみると、火事は本所の外れのようであった。そのあたりには知り合いもいなかったので、夜が明けるまでもう少し寝ていよう、などと言っていると、家の門をたたく者があった。

使用人を出して誰か問わせると、何と寅吉であった。すぐに脇の小門を開けて、寅吉を内に入れたが、入ってきた寅吉の格好は、旅装束とはとても思えない装いで、竹の笈箱を背負っていた。寅吉の格好に、家の者たち、とりわけ女たちが、幽霊ではないかと恐れ戸惑ったのも、全く無理はなかった。

「今頃また、一体どうして来たのだ」

「笹川に行き、五十嵐氏のもとに二十三日までいましたが、師匠が迎えによこした左司馬に連れられて、二十四日の朝、山に登りました。しかし私の師匠が、今年の讃岐国の山回りの当番くじを引き当てられ、寒行は中止になったのです。それで先に申し渡されていたように、また里に出よ、とのことで、古呂明と左司馬とに送られて、たった今降り立ったばかりです。初めに世話になったいきさつがありますから、まず美成さんの家に伺って呼び起こしたのですが、夜は金門を開かないという家訓だから、明日来なさい、ということで、中に入れてくれませんでした。そんなわけでこちらにやって来ました」

「そうか、何はともあれよく来た。ところでどうした、『霊能真柱』と手紙は、ちゃんと師匠にお見せ申し上げたか」

「先生に言いつけられていたとおりに師匠に申し上げますと、師匠は書物のことも手紙のことも、既に知っておられた様子でした。師匠は、ただよしよしと言って頷かれ、私が先生にいただいた神代文字の書を手に取り、残さず目を通して、こう言われました。『よく集めているが、三字ほど、これとこれの異体字を掲げ漏らしている。そのことを伝えなさい』と。また七韶舞のことについても、『おまえが短笛の持ち方を図〔欠〕のように教えたのは間違いだ。図〔欠〕のように教えなさい。舞の足さばきも、おまえは右足から踏み出すように言ったが、それも違う。七韶舞は左足から踏み出す舞だ。本当に切実な志があって問われたのなら、間違うことなく教えなさい。また七韶舞に使う臥龍笛《がりょうてき》の浮金のことも伝えるがよい』と、私に臥龍笛の中のしかけをも見せ、詳しく教えてよこされました」

この他あれこれと山のことを寅吉に訊ねているうちに、その夜は明けた。

いつものように神への朝の参拝を済ませてから、私は屋代翁の所へ、寅吉がやって来たことを話しに行った。また健雄を美成の所へ行かせて、寅吉のことを伝えさせた。寅吉が私の所に来たいきさつを考えてのことであった。この日、私の家にやって来て寅吉のいろいろな話を聞いたのは、小嶋氏、伴信友、中村帯刀、青木五郎治、笹川の正雄らの人々であった。

また国友能当にも、寅吉が再び戻って来たことを連絡した。仙砲のことを訊ねきらないうちに寅吉が帰山したことを、能当がとても嘆いていたからであった。能当は、五日に自作の風砲を持ってやって来た。そして寅吉にそのしかけを見せ、仙砲のことを質問した。二人は互いに質問しあい、理解しえたことも大変多かった。

このときにも小島氏、屋代翁、萩原専阿弥氏らが来合わせて、寅吉と話をした。そして話の中で寅吉の書を褒めたので、その夜、寅吉はたくさんの飛白体〔書体の一。まだらにかすれ書きにしたもの〕の字を書いた。そうしているところに寅吉の兄の荘吉がやって来て、勝手口から声をかけた。

「今日、広小路の名主何某の所から、私の町の名主の何某の家に言いよこしてきたとかで、家主を通して、寅吉を連れて来るよう言いつかってきました」

寅吉はそれを聞きつけ、落ち込んでしまった様子であった。私がそのことを屋代翁に話すと、屋代翁は私に向かって言われた。

「それならばわしに考えがある。荘吉には、屋代殿の方から寅吉に訊ねられることがあり、毎日みえておられるので、それが終わり次第、連れて参りますと、家主に言わせるようにしてください」

私は、屋代翁の言われた口上を荘吉によく言って聞かせ、荘吉を帰らせた。寅吉は喜色満面で言った。

「この世に大名の門番と名主と家主ほど、恐ろしい者はありません」

居合わせた者は誰もなぜか分からず、その理由を訊ねた。

「私がまだ幼かったときに、大名屋敷に行って門番にこっぴどく叱られたことがありました。また何某という家主に店を追い出されたことがありました。ところがその家主を名主が叱っていました。それで門番、家主、名主ほど恐ろしい者はないと思うのです」

寅吉の答えに、誰もが皆大笑いしてしまった。それから三々五々帰っていかれたが、時刻は既に午後十一時を過ぎていた。

こうして寅吉は、この日は終日、やって来た人々の対応をし、また多くの書を書いた。私が寅吉の背中をさすり、「今日は疲れたろう」とねぎらってやると、寅吉はすがりついてきて、「蜜柑をください」と言った。

「何個、欲しいのだ」

「尻に針のある虫の名ほどください」

「とすると蜂〔八〕か」

私がそう言って蜜柑を八個与えると、寅吉は大層喜んだ。そして寅吉は、面白い遊びを思いついた、というふうに言い出した。

「身近にあるもので謎かけを作ってください。解いてみせましょう」

家の者たちが思いつくまま謎をかけると、言い終わるやいなや即座に、寅吉はすべて解いてみせた。その中の五つ、六つをここに記しておく。

燭台の蝋燭《ろうそく》　昼の九ツ時　その心は、ひが高い

広島薬罐《やかん》　草津　その心は、湯が出る

破れ障子《しょうじ》　憎い子の頭　その心は、はってやりたい

砕け擂鉢《すりばち》　小野小町　その心は、する事がならぬ

人魂　雷　その心は、光って恐い

土の団子　断食の行　その心は、食いたくても食えぬ

狸の陰嚢《いんのう》　押さえた盃　その心は、また一ぱい

寅吉には、このような世俗的な才能もあった。

その夜、「早く風呂に入りなさい」と言ったにもかかわらず、寅吉は謎かけに夢中で、立ち上がろうともしなかった。やむなく無理に入らせると、形ばかり湯につかって体も洗わないで出てきた。それで健雄が、「烏の行水とはこのことだな」とからかいながら、いやがる寅吉をおさえて体を洗った。私はこれを見て、寅吉に謎をかけた。

「山人の行水とかけて、何と解く」

「月夜と解く」

「その心は」

「十五日にはえる」

寅吉はこう答えたが、私にはその心が理解できず、寅吉に詳しい説明を求めた。

「山で行う月ごとの行のときには、毎日湯に三度、水に三度入りますが、身体を洗う行水は、いつも毎月十五日だけなのです」

寅吉のこの夜の謎かけの幾つかを書き記して、翌六日の朝、屋代翁への手紙に添えて使いに持たせた。屋代翁も、寅吉にはこんな俗世の才能もあったのかと感心された。

　この六日の日来合わせて、寅吉と問答したのは、松村平作（大阪の人間であるが、私の門人になるべくわざわざ大阪からやって来ていた塾生である）、野山種麿、佐藤信淵などであった。寅吉の見解の高尚さに、彼らは皆舌を巻いてしまった。

　七日の夕方、屋代翁が、秘蔵する帖本を持ってやって来られた。その帖本は、唐の則天武后《そくてんぶこう》の書で□□□□という帖本であったが、屋代翁は、寅吉にその帖本を見せ、「この字をどう思うか」と訊ねられた。

「これは位の高い女性の手になる書ですね」

　寅吉は、初めの一枚を見てまず答えた。屋代翁はもうこの答えに驚き、さらに訊ねられた。

「では何歳ぐらいのときの書だろうか」

「七十歳前後のときの書であろうと思います」

　寅吉はそう答えながら、その帖本をざっと終わりまで繰って見ていたが、ふとつぶやいた。

「どこかに男性の書いた字が混じっていました」

　そして寅吉は、その帖本をもう一度初めから順にめくっていき、ある一行を見つけて、指さしながら言った。

「この行は男性の書いたものです」

　この寅吉の指摘に、私は言うまでもなく、屋代翁も大変驚かれた。というのも、そもそもこの帖本は、則天武后の鳥虫飛白体〔字の頭部を鳥の形に作ったりする鳥虫体の特徴をあわせもつ飛白体〕の書であったが、屋代翁以外に所有する人はなく、寅吉がかつて見たことのないものであった。それを、寅吉が初めて見て、このように正しく見分けたからであった。

　周知のように則天武后は唐の王、太宗の妻であったが、夫の死後にいろいろあり、ついには国号を周に変えて別の国を建てた。この帖本は、その□□□□の年に、則天武后がみずから書いた書であり、そのとき則天武后は□十□歳であった。

　そしてまた、寅吉が男の手になると指摘した行は、中国の慣例として、そのように作るところであり、本当に臣下の男性が書いた行なのであった。

　翌八日には、小嶋惟良氏、屋代翁、そして私の三人で、寅吉を連れて山田大円の家に行った。大円が、以前から寅吉に会いたいと、小嶋氏に伝えていたからであった。またこれを機に、大円がいろいろと所有している珍しい器物の数々を見てみようと思ってのことであった。

　この日、山田氏の家に集まっていた人々は、十人ほどであった。寅吉は書を求められると、今日まで書いてみせたことのない縄を結んだような字や、篆書《てんしょ》のようなあちらの世界の字などを、非常に数多く書いた。それから大円の所有するいろんな物品を見ながら、いろいろと話をしていると、寅吉が突然こう言いだした。

「山で見た楽器に、これと似たようなものがある」

オランダ渡来のオルゴールという楽器を見てのことであった。

＊――このときのことは、巻の六十五丁、六十六丁〔上の二之巻参照〕にもある。

「山のそれは、どのような作りのものなのか」

「鉄の箱に、笛を六本しかけ、水をはって上蓋の肘金《ひじがね》〔扉の開閉などのために取りつける鉤型の金属〕をまわすと中の水が沸いて湯になり、その湯気で笛が鳴り出すものです」

いぶかしげに訊ねた山田氏に、寅吉は、湯を沸かす鉄の箱を利用した楽器のことを話した。そして事のついでにその後で、水を入れて鉄棒でかきまわし、湯を沸かす鉄の器具のことを、寅吉は詳しく話して聞かせた。

このとき大円の家に集まった人々の中に、臼井玄中がいたが、玄中は寅吉に山人のことを訊ねた。寅吉が答えたのをしおに、屋代翁が切り出し、大円の家を後にした。それから屋代翁、小嶋氏、私、寅吉の四人で連れ立って、桑山左衛門の家へ行った。

左衛門の家でも寅吉は書を求められ、たくさん書かされた。次いで左衛門が、「屋代翁も筆をとってぜひ一筆」と所望したことには、何とも意表をつかれた気持ちであった。

九日の日は、ある人〔松屋のことである〕が来ていろいろと話しかけ、寅吉もあれこれと受け答えた。このとき居合わせていたのは、松村平作、竹内健雄、守屋稲雄、岩崎芳彦たちであった。松村には、これ以前から折に触れ聞いた寅吉の話を、故郷へのみやげにしようと書きとどめた著作がある。

＊――松村の著作を、屋代翁は『嘉津間問答《かつまもんどう》』〔『嘉津間答問』〕と名付けられた。

十日には、今井□□〔呼名を仲という〕〔後の大国隆正。篤胤門人〕、伴信友、岩井中務、山崎篤利、笹川の正雄らが来て、あれこれといろんな話をしあっていたが、寅吉があゝだこうだと言った。誰もが皆、寅吉のそのしっかりした見解に感心してしまった。

この日、屋代翁の紹介状を持って、倉橋与四郎氏が初めてやって来られた。寅吉と易について話をし、また印相のことを訊ねられたが、寅吉は実際にその印の形をすべて結んでみせ、教えて差し上げたのであった。

次の日、十一日にも今井仲がやって来た。昨日のような見解をもっと聞きたいということで、寅吉に会い、いろいろと話を聞いていった。十二日には、倉橋勝尚氏がやって来られ、やはりまた印相のことを訊ねられた。このとき寅吉は、印相についての一大見解を披露した。

またこの日、美成が使いの者を立てて、「岩間山の近くからやって来た知人が寅吉の噂を聞き、会いたいと言っています。どうか寅吉を会いに来させてください」と言ってきた。それでそのまま使いの者と一緒に寅吉を行かせた。その知人は呪術などを行う人で、美成が間に立って、寅吉にいろいろな呪術を教えさせたという話であった。その夜は美成の家に泊まり、十三日に寅吉は帰ってきた。

十四日、松村平作が大阪へ帰るにあたり、塾の者たちは短冊などを書いて別れを惜しんだ。寅吉も日頃親しく付き合っていたので、しょんぼりしていた。

「歌の詠み方を教えてください」

寅吉が、突然私に向かって言った。

「一体何を考えて、急にそんなことを言いだしたのだ」

「歌を詠んでおられる皆さんがうらやましくて、それで私も同じように歌を詠んで、松村さんに贈りたいと思いますから」

私は思わず笑って、寅吉に言った。

「歌というものは、そう急に詠めるようになるものではない」

寅吉はそれであきらめたのか、「では短冊を一枚ください」と、短冊を求め、とだけ書いて平作に贈った。人々はそれを見て「花という字か、どうだ」などと言った。

「裏返して見てください」

寅吉がそう言うので、短冊を裏返して裏から見てみると、松という字だった。

「これはどういう意味なのだ」

「また返して〔帰って〕来られるのを待つ、という心です」

寅吉の言葉を聞き、平作もとても喜んだ。それから平作は、皆に別れの挨拶をして立ち上がった。皆は平作を見送りに出た。寅吉も一緒に出たが、なおも別れが惜しい様子で、門の外まで出た平作に「ちょっと待って」と声をかけて、呼び戻した。どうしたのだろうと戻ってきた平作に、寅吉は両手を差し出した。そして平作の顔をおさえ、平作の鼻に自分の鼻をすりよせて、寅吉は言った。

「これが本当の鼻向けです。ご無事でお帰りください。また春には早く来てください」

これを見て誰も皆大笑いしたが、かえってまた別れの寂しさが身に染み、平作も涙を浮かべながら旅立っていった。

寅吉の日常の振舞いは、大抵このように幼く、おかしなところがあり、集まってくる人たちが寅吉をいとしく思うのも当然である。しかしその反面、むちゃくちゃで、いたずらの度合いは全く比類のないものであった。

それも私に思うところがあり、寅吉に少しも逆らわず、したいようにさせていたからであるが、私の膝にもたれ、肩にぶらさがって学問の邪魔をするくらいは言うに足りない。机の前に座れば、机のふちをかんでぼろぼろにし、錐で穴をあけ、筆の穂先をもみつぶし、小刀をとって硯屏《けんびょう》（硯《すずり》の前に立てる多くは玉製の衝立《ついたて》）の上におき、その雲根石や孔雀石などを破損し、筆墨を削り、墨滴をこぼし、灰を吹き散らし、そばにあるものは何であれ、手当たり次第すべて疵をつける。庭に出ては草木の枝を折り、庭中どこでもいつも裸足で歩き、高い所に登っては下に何があろうとかまわず飛び降りて壊す。また竹馬に乗って泥溜まりに落ちても体を洗わず、座敷を泥だらけにし、張り替えたばかりの障子や襖を引き破る。

それだけではない、小さな子供が紙《（豆か）》を撃って遊ぶ竹製の鉄砲の威力を強めた、強力な鉄砲を自分で作り、小石を拾って弾にして襖を穴だらけにし、天井板をさえ撃ち抜く。さすがに「危ないからやめなさい」とたしなめると、そのときはおとなしく止めるものの、すぐに忘れて人を的に撃ち当てる。実際、健雄が書きものをしていたとき、そのそばから健雄の耳の中に小石を撃ち込み、非常に困惑させたことさえあった。

また寅吉は工作が好きで、あれを作る、これを作ると言っては、鉈《なた》や鋸《のこぎり》などの道具類をほとんどだめにし、はては台所用の器具類まで壊し、捨ててしまったものも数多い。家族の者たちもいささかうんざりしているようであるが、私が寅吉をかわいがっているので、何事も我慢している様子である。

他方寅吉は、帯も結ぶことができず、くるくると胴にまわして、端を帯のあいだに挟むだけである。それで誰かが毎朝それを見つけ、帯を結んでやろうとするが、いつも結び終わらぬうちに寅吉は駆け出していく。またいつも寝床から帯も結ばずに駆け出しては、すぐに誰にでも組みつき、「相撲を取ろう」とつかみかかる。わざと負けると喜ばず、だからといって投げ飛ばしていると、自分が勝つまでは何度でも取ろうといって止めることがない。そのかわり、たまにでも勝ったときの寅吉の喜びようといえば、もう限りがなかった。

また寅吉は、誰であれ初めてその人に会ったときには、いつもしばらくじっとその人の顔を見つめているが、気に入れば、初対面の人であっても、甘えて肩車に乗ったりもする。世の諺に、むちゃくちゃなやんちゃ小僧を指して、「天狗の巣立ちのごとし」と言うが、寅吉にうかがえるようなこんなありさまから、きっと言われ始めたものであろう。

またこのほど、高貴な方の侍医として知られている、三、四名の著名な医師の中のお二人が、寅吉に会いたいと、私の家へやって来られた日があった。寅吉に一体どんなことを質問されるのだろうかと思っていると、初めに来られた医師（木村玄長の子息）は、寅吉に、身の上はどのようか、病気にかかったことはないのか、といったことを訊ねられた。寅吉は全く気乗りしない様子であったが、それなりに返答をした。

しかし後から来られた医師（太田玄達）もまた、同じように身の上のことや病気のことを訊ねられた。すると寅吉は、今度はどう訊ねても何も答えずに、席を立ってはいたずらをしていた。私はそばにいて申し訳なく思い、「とにかく座ってお答えしなさい」と、無理やりに座らせた。寅吉は仕方がないといった様子で簡単に答えると、さっさと立ちあがり、あの竹鉄砲を取り出し、所構わず撃って遊び始めた。「危ない、おとなしくしておれ」と注意したが、その矢先、狙いが外れて柱に当たった無患子《むくろじ》の実（羽子《はね》突きのたまに使う）ほどの小石がはねかえり、医師の後ろ首に当たってしまった。

医師はびっくりして、手で首筋をさすっていたが、私は全くもって恐縮してしまった。私は謝罪し、寅吉を叱りつけて、奥に追いやった。医師は苦笑しながら、「本当に噂どおりの奴ですな。それをよくもまあ家に置いておられることで」と言って、帰っていかれた。後で寅吉にその振舞いについて詰問すると、寅吉はどうだこうだと言った。

十七日の夕方、私は屋代翁の所へ寅吉を連れて行った。阿部備中守《びっちゅうのかみ》殿（幕府老中。福山藩主）が、近習の家臣二人を、寅吉のことを訊ねによこしてこられたからであった。寅吉は、十六味保命酒の徳利一本と百花鏡をいただいた。二人の使者はいろいろなことを訊ねたが、寅吉は一つ一つすべて答えた。また私と屋代翁が是非にと勧めたので、寅吉は使者二人に七韶舞を教え、また太刀打ちの型を自分の方から進んでやって見せた。

十九日にも屋代翁の所へ寅吉を連れて行った。この日は大久保加賀守《がのかみ》殿（幕府老中。小田原藩主）が、近臣二人を寅吉に会わせによこしてきたからであった。寅吉は酒中花、蜜柑などをいただいた。この二人の使者もいろいろと質問したが、寅吉は大抵は答えた。

二十日の夕方、荻野梅塢君がやって来た。そして寅吉のことを話して、こう言った。

「寅吉は、これまで神仙に仕えていたと言っているが、それは嘘だ。あれこれと熟考してみたが、寅吉は頭がずば抜けて良く、あちらこちらに出入りしている間にいろいろと聞き覚え、それらを幽境で見聞したといって言いふらしているのだ。疑問の余地はない」

「寅吉の言っていることの中には、そういう又聞きに過ぎないこともあるだろうが、すべてがすべてそうだとは思えない。例えば七韶舞のことや、仙砲のことなどは、決してこの世のこととは思われない」

私は反論したが、荻野氏は畳みかけてきた。

「それもこれも皆妄想だ。頭の良い子供のすることには、妖魔の仕業でそういうこともあるのだ。私も子供の時分は、世間で神童と言い囃されたほどのことがあった。目に見えないもののありさまをしゃべり、晴か雨かを予知し、リクト（気）さえも見えたのだ。それを大人は賞賛した。それがうれしくて、今思えば嘘偽りとしか言いようのない、いい加減なこともたくさんしゃべったものだ。寅吉も同じで、人から聞いたことを山人に習ったと言いふらしているのだ。実際、私が初めて会ったときには、寅吉はまだ印相のことなどは知らなかった。私がすべて教えてやったのだ。寅吉は早速すべて覚えて、後にある家に連れて行くと、その家の主人に、私が教えた印相のことを、もとから知っていたかのように詳しく話したのだ。このことだけをもってしても、寅吉がこの世で聞いたことを、幽境で見聞きしたかのように言っていることが、あなたにも分かるだろう」

そして荻野氏は、「寅吉を早く追い出しなさい」と、私に勧めてきた。私もこの話には少しく戸惑い、何も言えずにいた。すると寅吉が控えの間から私を呼んだ。控えの間にいき、「何の用だ」と訊ねると、寅吉は怒りもあらわに、こう言った。

「今ここで話を聞いていましたが、荻野さんの言うことには全く承服できません。私はこれまで、嘘偽りの類を言ったことはない。またあの人に印相のことを習ったこともない。美成さんの所で初めて出会ったとき、あの人は印相の尊いことを言い、あちらの世界でも印を結ぶことがあるか、と聞きました。それで私は、『尊いとは聞いていませんが、これも世にある技だから、知らないと不自由することもある、覚えておくがよいと、師匠から教えられました』と答えて、あの人に望まれるままに、知っている限りの印を結んで見せました。あの人はとても感心し、懐紙を出してその印形を書きとめ、その後でもしばしば印のことを質問してきました。そして私に、『印相のことをこんなによく知っているのに、もったいない、ぜひ僧になりなさい』と、勧められたのです。このことは美成さんが詳しく知っていることです。先生のお客さんだから黙って聞いていましたが、もう聞き捨てにできません。この事実を明らかにして、あの人に恥をかかせてやります」

寅吉は眼つきを変え、激しく憤慨した。私はもとより家中の者が、あれこれと寅吉をなだめ、何とかその場をおさめた。後にこのことを美成に訊ねると、事実、寅吉の言うとおりであった。梅塢がどういうつもりで右のようなことを言ったのか、私には今もって理解しがたいところである。

二十一日には、寅吉が自分から言いだしてリンという琴の模型を作った。出来上がった模型を屋代翁のもとに送った後、私は寅吉を松下定年の所へ連れて行った。そこに瀧川主水とかいう神道家が居合わせていた。主の定年は、寅吉に書を書かせ、またいろいろと幽界のことを訊ねていた。主水は、寅吉が答えるのを聞き、流し目であざ笑って、近くにいた人に、「高津《たかつ》鳥《とり》の災難にあった子さ」と、声高に言った。寅吉はその声を耳にし、笑いながら応じた。

「あなたは神職にある人のようですね。だから中臣祓《なかとみのはらえ》の詞にある高津鳥を、天狗のことだと思い、私が高津鳥にさらわれたのだと思ったのでしょう。しかし私はそんな卑しいものにさらわれたわけではありません。それに中臣祓の詞の高津鳥というのは、鷲《わし》の類のことだと、山で聞きました」

寅吉にこう切り返されて、主水は赤面し、返す言葉もなかった。同じく幽界に誘われたといっても、神にか山人にか天狗にか、その違いがあることを知らない者は、どれもすべて天狗の仕業というが、瀧川主水とかいう神職もそう思っていたようだ。ことに天狗を高津鳥と勘違いしていたとは、何ともおかしな話であった。

さて家に帰ると、私が留守にしていた間に、吉田尚章〔呼び名を太左衛門という。内藤紀《き》伊守《いのかみ》殿の側近で、私の古い弟子である〕が、若い医者を連れ、寅吉に会いたいといってやって来たという。私がいなかったので、家の者が出て挨拶をすると、その医師も、寅吉のことを天狗の子と思い込んでいる様子で、「鼻の形はどうなっているのか、翼もいくらか生えかけているのか」と質問したそうである。家の者たちは答えに困り、おかしくて仕方がなかったという。「今日は外でも内でも同じようなことがありましたね」と、寅吉も大笑いした。

二十三日には、藩屋敷〔備中松山藩。当時篤胤は同藩士であった〕に赴き、目付役所に、寅吉を私の家に置くことを届け出て帰った。というのも世間に寅吉の噂があまりに広がり、目付役からその旨の内意があったからである。

この日再び吉田尚章が来て、寅吉に会った。尚章も寅吉に書を望み、またいろいろと質問をした。このとき、内藤殿の御領地越後《えちご》国〔新潟県〕□□で、□□□□という産土神《うぶすながみ》に□年ほど仕えさせられて、帰されたという童子の話が出た。その子は今から□年前に帰ってきているが、産土神に習ったというその子の書く字は、寅吉の書く文字に似ていると尚章は言った。尚章が後に人から借りてよこしてきた、その子の書を二枚見てみたが、確かに非凡なものに見えた。その子は今はもう二十歳ぐらいで、生まれ故郷にいるという話であった。

この日の夜、屋代翁と美成がやって来た。また越後国浦原郡小関村の上杉六郎篤興がやって来た。屋代翁が寅吉に向かって、おまえは病気を治すには、呪術を用いるより薬を使ったほうがいいと言うが、わしはどうとかこうとか、あれこれ言われ、寅吉も感服していた。

「では今夜も、また皆様と相撲を取りましょう」

寅吉が希望した。酒が入っていたことでもあり、私は無論のこと、屋代翁も美成も寅吉の相撲の相手をした。

二十五日の午後四時頃、寅吉は兄の荘吉に連れられて、東叡山前の広小路の名主、岡部何某の所へ出かけた。当初岡部何某は、寅吉の噂が世間で高く、何の事情も知らない連中が寅吉のことをはなはだ怪しげなものに言い囃していたので、事の真偽を明らかにしようと、度々荘吉に寅吉を連れて来るように命じてよこしていたのであった。その度ごとに荘吉は私の所へやって来ていたが、以前に屋代翁が言われたように、いつも荘吉に「屋代殿の用が終わり次第」と言わせていた。それで後には名主も寅吉を呼びつけがたく、荘吉の機嫌を取り、物などを与えて、何とか連れて来てくれと一心に頼み込まれて私の家にやって来たと、荘吉が言うので、今日はもうやむを得ず、寅吉を名主の所へ行かせたのであった。

しかし寅吉は、日頃から名主をこの上なく怖いものと恐れていた。加えてまた名主は、「寅吉の来る日をその前日に知らせてほしい」と荘吉に頼んでいたという話だから、きっと大勢の人を集めて待っているはずであった。その中にどんな馬鹿者がいて、寅吉をなじらないともかぎらない、と私は心配でたまらなかった。それで寅吉が出かけるや、私はすぐに岩間山の方に向かって、「寅吉がもし人に恥をかかされれば、私もまた、とてもくやしく思います。どうか寅吉が恥をかかされることのないよう、お守りください」と、しばらく祈念し、そして寅吉の帰りを待っていた。

すると午後七時頃に、寅吉が、腹を立ててはいるものの、しかしまた気分爽快といった顔付きで、駆け戻って来た。寅吉の後を追って、荘吉も帰ってきた。私が「どうであった」と訊ねると、二人して話し出したが、次のような話であった。

侍ではあるが袴をつけていない人たちと名主など、かれこれ二十人ほどの人が二階に集まっており、寅吉はその中に呼び出された。そして思い思いにいろんなことを訊ねてきた。もっともそれらは、総じて言えばいつもと同じで、「何を食べているのか」「雨が降っているときにはどうするのか」といったたわいのない質問で、ただ煩わしいだけであった。

しかし二十人ほどの人の中に、重々しく三衣《さんえ》〔僧侶の着用する袈裟《けさ》・上衣・下衣の三種の衣類〕を着飾って来た、真言宗の僧と思われる仏僧がいた。その僧は、初めは寅吉を卑しむようにものを言っていたが、そのうちに進み出てきて、話が印相のことになった。「何の印相はどのように結ぶのか、あれの印相はどうか」と聞かれ、寅吉は山で習い覚えたとおりに、あれこれと結んで見せた。仏僧はその印をいかにも既に知っている、というように頷いた。

寅吉にはそれが少しおかしく、「摩利支天《まりしてん》の印はどうか」と問われたとき、ふと思いつき、わざとありもしない印を結んでみせた。が、仏僧はそれでも同じように頷いた。それで寅吉は、この僧が印相のことを全く知りもしないのに、知っているふりをしているだけだと分かった。というのも、山で習い覚えた印相は、世間の僧や修験者の結ぶ印相とほとんどが異なっており、この仏僧が知っているはずがなかったからである。

その仏僧は、それから祈祷のことも聞いてきたが、寅吉はもう適当に答えた。するとこの仏僧はついに寅吉をなじり始めた。

「おまえの知っている印相は皆、道家の印相だ。祈祷に関することなどは、おおかた荻野梅塢が教えたと、以前に聞いた。またおまえが仏を嫌い、神を尊んでいるということも聞いたが、仏ほど尊いものはないのだ。神を尊ぶことをやめて仏者になりなさい。私は初めから神が嫌いであったから、伊勢大神宮や金毘羅《こんぴら》でさえ、大いにけなしているが、罰など当たったことはない。このことから、神を尊ぶことの無益なことをわきまえなさい」

寅吉もついに激昂し、自然と声を荒らげて言った。

「おまえは僧衣だけはそんなに荘重に着飾っているが、全く物の道理を知らない、ただの売名僧だ。なぜかといえば、先に私に印相のことを聞いたから、私が山で習い覚えたとおり印を結んでみせたとき、おまえはすべてはなから知っているかのように頷いてみせたな。しかし私が結んでみせた印相は、ほとんどがこの世の僧や修験者の結ぶものとは異なっている。私は太古の真の形がそのままに伝わる印相を習ったのだ。だからおまえたちの知らない形だ。それを道家の印相だと言うのは、語るに落ちるというものだ。この世でおまえたちが結ぶ印相は、元の真の形を知らない代々の僧たちが、次々に誤り伝えたものだ。本来の真の印を結ぶことのできる僧や修験者など、一人も見たことがない。それどころか、人それぞれに皆印の結び方が違う。しかしどれも誤り伝えられたものだから、そのどれが真の印相か、判断しえる根拠などありはしない。そんなおまえたちの結ぶ印相と同じつもりで、元の真の形である私の習った印相を違っていると言うのは、このように人がたくさんいるものだから、私をだしにして、自分が物知りであることを人に自慢しようと思っての魂胆だろう。だが、私がたった今、摩利支天の印だといって結んでみせた形は、真の印ではない。おまえが知りもしないのに知っているような顔で頷くのが小憎らしくて、ありもしない形を結んで、試してみたのだ。それをおまえは知っているかのように頷いた。ということは、真の印を知らないということは言わずもがな、おまえと同じ世の仏僧たちがいつも結んでいる、誤り伝えられた印相のことさえ知らないということだろう。また、祈祷のことを私が荻野氏に習ったと聞いたと言ったが、一体誰がそう言ったのだ。先日、平田先生の所に荻野氏が来て、ぬけぬけと私に印相を教えたなどと話すのを聞いたが、おそらくそのあたりから、そんな法螺《ほら》話を聞いて、そう言っているのだろう。話は全く逆だ。荻野氏のほうが私の印相を見て、何度も何度も私に訊ねていったのだ。山崎美成という人に聞いてみるがよい。加えてまた、私が神を尊ぶことを間違っているかのように言ったが、仏はもとはこの国のものではなく、神がこの国のものだ。私も他の人もその末裔なのだから、筋道どおり、神の道を第一とすること、それが私の師匠の教えであり、これこそが真の道だ。おまえの方こそ自分の拠って立つ仏道のことをさえよくは知っていないのだから、早く還俗して神の道に戻るがよい。おまえはまた神を嫌いだと言っているが、おまえも仏の子孫ではない。神国に生まれた人として神が嫌いと言うことは、この国が嫌いだと言うのも同じことだ。それならこの国にいなければよい。僧という者は、大体がおまえのように素直ではなく穢らわしい者だから、私は初めから僧が嫌いなのだ。また天照大神《あまてらすおおみかみ》や金毘羅神をけなし申しても、罰など当たらないから、神には御利益がないと言ったが、神はおおらかにましますから、おまえのような穢らわしい者には罰を与えたりなさらないのだ。もし本当に、どんなことを言っても神罰など当たらないものだと思うなら、試しに今、大神宮や金毘羅宮を罵ってみろ。私がここで、大神宮や金毘羅宮に祈り訴えて、ただちに神罰を被らせてやろう」

寅吉は、その仏僧をさんざんに罵倒して帰ってきた、という話であった。

私はさらにその後のことを訊ねたが、寅吉ははっきりとは答えなかった。それでまた荘吉に訊ねた。

「私は玄関にいましたので、詳しくは知りません。ただ二階で激しく人を罵る声がし、しばらくして寅吉が階段を駆け降り、玄関に出て来て、帰ろうと言いました。寅吉の後を追うように、家の主人と、他に二、三人の人が見送りに来て、『またもう一度』と言ったのですが、寅吉は聞き入れず、『こんな面白くない家にどうして二度も来るものか』と、すげなく言って、飛ぶように走って帰ったのです。私は後ろから、落ち着け、と声をかけました。けれども寅吉が走っていくので、後を追いかけました。私は途中で盛土につまずき、膝をこのように擦りむいてしまいました。名主の所で寅吉のように怒り狂った者を、今まで見たことがありません。きっと後で私にお咎めがあるでしょう」

荘吉はびくびくしながら話した。後でどうなるかは知らないが、まずは寅吉が恥をかかされずに帰ってきたことを、私は喜んだ。

二、三日すると、佐藤信淵が、その場にいた何某という人から聞いたのだがと言って、わざわざやって来た。

「先だって二十五日の夜、広小路の名主の家で、寅吉が僧侶をさんざんに罵ったそうですね。その話をしてくれた人は、寅吉に全く感心していましたが、こんなことをしてはますます人に憎まれ、悪口を言われることになるでしょう。今後はあんなことをしないよう、注意されたほうがいい」

信淵が私にそう言うので、「どのように聞いたのだ」と訊ねると、始めと終わりは兄弟の話と同じだったが、その間の話は次のようなものであった。

寅吉は、その僧が神を罵っても罰は当たらないと言ったのを咎めて、「今私の前で罵ってみろ。大神宮、金毘羅神に告げ、たちどころに罰をお当てなさるように祈ってやる。さあやってみろ」と迫った。これにはその場にいた者全員が、さすがに興醒めし、また恐れおののいて、僧にとりなして言った。

「この子はあちらの世界の従者だから、本当にこの子が言うとおり、この子が祈ればたちどころにその験が現れるかもしれません。ここはひとつ出直してください」

「こんなふうに揚げ足をとられるのは迷惑な話だ。私も神の道について知らないわけではない。今おまえにその道を説いて聞かせてやりたいとも思う（神は悪魔であると言ったこと）が、三衣を着たままでは三宝に対し恐れ多くて、説いてやることができぬ」

その僧は、負け惜しみを苦笑でごまかしながら言った。これを聞き、寅吉はますます怒って、その僧に詰め寄った。

「確かにそんな穢らわしいものを着て、神のことを話すのは恐れ多いことだ。しかし、おまえは自分の帰依している仏道のことをさえよく知らないのに、どうして神の道を知っているということがありえようか。おまえがそう言うのは、ただの負け惜しみだ。もし負け惜しみではないのなら、どうだ、何か一つでも説いてみろ。おまえのような売名僧が、どうして本当のことを知っていようか。大勢の人の前でこんなふうに言われて、くやしいとは思わないのか。さあ、神の道について講釈してみせろ」

その僧は、顔を火のように真っ赤にして、何やらぶつぶつとくだらぬことを言い、それでまた寅吉が、なおさら激しく罵った。主人ともう一人、寅吉のそばにいた男が、「あの僧侶は、格式の高い寺の僧だから、そんなふうに言うものではない」と、寅吉をなだめ、おさえようとした。しかし寅吉は聞き入れず、家の主に矛先を変えて言った。

「僧の徳というものは、三衣の荘重さや寺の格式などによるものではない。この僧は頭を丸めて、三衣は立派に着飾っているが、自分の拠って立っている仏道のこともよく知らず、まして神の道のことなど何も知らないくせに、神の悪口を言い、私に恥をかかせようとしたなまぐさ坊主だ。こんな穢らわしい坊主に何をどう言おうと何ということがあるものか。大体この世の出家という奴は、世俗の家を欺いて物をとり、衣服を着飾り、寺の格式を誇って人を見下している。それが憎らしくて、私はもとから坊主が嫌いなのだ。私が坊主が嫌いだということは、前々から聞いて知っているだろう。たっての願いだと私を招いておきながら、なぜこんな売名僧を呼んでおいて、私に恥をかかせようとするのだ。私の師匠は、釈迦よりはるか前から生きておられるが、師匠が常々言われるには、仏道というものは愚か者を欺くものであり、釈迦の妄想が生み出した道である、ということであった。思うに、ここに集まっている人々は、おおかたが仏教好きの人ばかりで、神の道を知らず、世間の誤った風評を聞いて私を怪しげな者だと思い、試してみようと、この坊主を呼んでおいたのだろう」

「そんなことはない。この僧侶は、今夜突然やって来られたのだ。まあそう怒らずに」

人々は澄まして言い、寅吉に果物などを勧め、紙と筆を差し出して、書を頼んだ。出された筆は普通の小さな筆で、添えられた紙は半紙であった。

「紙も筆もけちなものだ」

寅吉はぼやきながら筆を強く硯に突っ込み、根元まで深くおろした。だが、それでも筆が細く、何といっても寅吉はまだ腹を立てたままであったので、うまくは書けないようであった。

「私はどこに出かけても、こんなひどい筆で字を書いたためしはない。もう少し大きく良い筆を出してください」

主人は、家中探しまわって一番大きな筆を差し出したが、それでもまだ小さかった。寅吉はやむなくその筆を取り、めちゃくちゃに六、七枚書きなぐった。

「紙も筆もどちらもひどいし、おまけに坊主がいるから、今夜は出来が悪い」

寅吉がぼやいている間に、主人はお膳を用意して、まず寅吉に勧めた。

「あの坊主がいては、穢らわしくて飯も食えない」

寅吉が文句を言うので、主人をはじめ他の人々は、やむなく僧にお帰りを願った。

「この子が出家を嫌っているということを、かねてより聞いております。貴僧がおられては、この子の怒りは静まりそうにありません。申し訳ありませんが、お帰りください」

この僧は、そう言われてしぶしぶ立ち上がり、出された食事を食べもせず、捨てぜりふに負け惜しみを言いながら階段を降りて帰っていった。寅吉はなお怒りもあらわに、世間の人が神道を知らず仏道におぼれていること、出家の行状の悪さなどをぼやきながら、茶碗一杯の御飯で、おかずをすべて平らげてしまった。それから物に憑かれたように、御飯を九杯もおかわりした。人々は言った。

「非常に大食ですね、食べ過ぎではありませんか」

「食当たりなどすることはない」

また主人が傍らから、「何か気に入った料理があれば、おかわりはどうですか」と聞くと、寅吉は鯛の焼き物のおかわりを要求した。主人はこの追加には大いに弱ったが、しばらくしてひそかに料理して差し出した。

また柿と蜜柑を、お盆に三、四十個ばかり盛って出していたが、寅吉は僧と問答をしている間に、これをやたらと取ってすべて食べてしまった。それで柿と蜜柑を同じように盛って出したところ、それをも二十個ほどは平らげた。そして僧と問答をしている間の寅吉の目は、異様に大きく光り輝いて、別人のように見え、居合わせた人々は背筋がぞっとして、肝を冷やしたという。

寅吉は食事が終わると、早速帰ろうと立ち上がった。人々は慌てて機嫌を取り、「もう少しいてくれ」と引き止めた。しかし寅吉は「こんな面白くない家に長居をしたくない」と言って、別れの挨拶もせずに、階段を降りて帰ってしまったと、その場に居合わせたある人はもう感心しきって話してくれた、ということであった。

私は、信淵から初めてこのときの様子を詳しく聞き、これはきっと双岳山人が、幽界から寅吉を守護して、そんな振舞いをさせたのだろうと悟った。そしてその僧が何者なのか知りたいと思い、美成に話した。美成がつてをたどって僧の素姓を調べたところ、その僧は下谷金杉町に住む、真成院《しんじょういん》という真言宗の修験者であり、昨今流行している江戸風の仏学を専門とする才僧であるという話であった。

さて同月二十六日に、荘吉がやって来て言った。

「名主の所では、昨日寅吉が来たのに、機嫌を損ねて帰ったことが残念でならないと、それでどうかもう一度連れて来てもらいたいと頼まれてまいりました」

「私は、決して二度とあの家には行かない」

寅吉が聞きつけて即座にそう言うので、荘吉は溜め息をつき、私に言った。

「弟がこのように言う以上、私にはどうしようもありません。しかし私は名主の支配下で生活している者ですから、弟の言うようには言えません。だからこの際、どうか弟を先生の弟子奉公という形にしてください。そうすれば名主からお呼びがかかっても、そう言って断れます。そうでなければ、名主の支配下にいる私ですから、断ることは無理です」

荘吉の言うことももっともだと思い、私はこの件について屋代翁に相談した。屋代翁が、「何も気にせず荘吉の依頼のようにしなさい」と言われたので、そうすることにした。

私は通常のしきたりどおり、荘吉に必要な物をそろえさせ、弟子奉公の証文をとった。そして今まで着ていた汚い衣類を脱がせ、新しい袷《あわせ》、羽織袴、大小の刀なども与えて、寅吉を私の家に置くことになった。寅吉はそれらを身につけ、侍の姿になったと、とても喜んでいた。

その日の夕方、美成が「寅吉を連れて行きたい」と言ってやって来た。

「寅吉が私の家にいたときに、大関侯〔大関丹後守増業。下野黒羽藩主〕の奥方に、たった一度ですが、まじないの符を差し上げたことがあります。その奥方は七年あまりも癪《しゃく》〔さしこみ、胸や腹が急に激しく痛み、痙攣《けいれん》をおこす病気〕の持病に悩まされていたのですが、その符で治ってしまった。それでその奥方が、寅吉にしきりに会いたがっておられるのです。また水戸家の立原水謙《すいけん》〔翠軒〕翁も寅吉のことを聞き、会いたいと言ってわが家を訪ねてきておられます。それで今日、寅吉を連れて行きたいのです」

私は寅吉を美成と一緒に行かせた。立原翁は寅吉に会ってとても喜び、書もたくさん書かせ、そしていろいろなことを訊ねたが、寅吉の答えに感心されていたということであった。

それから美成は寅吉を大関侯のもとに連れて行き、夜遅く私の家に連れて帰ってきた。
水謙翁は、後に屋代翁に次のように話されたという。

世間の生半可な儒者たちは、この童子のことを疑うが、わしは幽界に誘われたという事件を、わし自身が数多く見聞きしているから、毫《ごう》も疑う気はない。また、誘われてあちらの世界にまで行ったわけではないが、神仙に薬の処方を教わったという者にも、実際に会ったことがある。水戸の上町に住む鈴木寿安という町医者の子に、精庵という者がいるが、その男のことだ。

今三十歳ぐらいであるが、十五、六歳頃のあるとき、世の人と明らかに容貌の異なる異人が突然やって来て、「某日に下総国の神崎社の山に来なさい。方書を授けよう」と言ったという。「ありがとうございます」と頷いたが、本当のこととは思えず、その日は行かなかった。するとまたある日、その異人が来て、「なぜ約束を破り、某日に来なかったのだ。某日には必ず来なさい」と告げて帰った。それで精庵は不思議に思いながらも、約束した日の前日に家を出て、神崎社の山に行くと、その異人が待っていた。異人は精庵に一巻の方書を授け、繰り返し「人には見せるな」と禁じて、持ち帰らせた。

その方書は○○病の薬の処方であり、その薬を用いる度ごとに効き目があった。それで藩政府の聞き知るところとなり、役人から「その一巻を差し出して見せよ」との命令があった。異人に禁じられていることを申し上げたが聞き入れられず、やむなく役所に差し出すことになった。その前日、家の中で紙の焼ける匂いがしたので、家中あちらこちら見て回ったが何事もなく、「近所で燃やしているのだろう」と言って済ませた。ところが翌日、精庵が役所にその一巻を持って行こうと、納めておいた所を見てみると、その方書は完全に焼けて少しも残っていなかった。しかしそれ以上に不思議であったことは、反故紙に包んでおいたのに、その包み紙の方はくすぶっただけで、少しも焼けずに残っていたことであった。家の者はとても驚き、この事実を申し上げても、嘘を言っているとしか思ってもらえないのではないかと、ひどく心配したが、他にどうしようもなく、その焦げた反故紙の包みを持って役所に差し出し、ありのままに事の次第を述べ、申し開きをしたということがあった。

神仙のなすことはこのように測りがたい。だから寅吉童子のことも疑うべきではない。

さすがに水謙翁は彰考館《しょうこうかん》〔徳川光圀《みつくに》が『大日本史』編纂のた

めに設立した編纂局〕の総裁をつとめた人だけのことはあり、よく物事の道理をわきまえておられることだ。

二十七日に伴信友がやって来た。夜になるまで、信友は私と一緒にいろいろなことを寅吉に訊ねた。それは何やかやのことなどであったが、この日は、山で師匠が夜に学問をするときに用いられる器具のことに話が及んだ。

「山には月夜木といって、十五、六町〔約千六百メートル〕ほど離れて見ると、光って見える木があります。その木を細くして、のような形に吹き出したガラスの中に入れ、机上に置くと、夜光の玉のように光ります、そういう器具です」

寅吉は説明し終わると、「今その器具を作りましょう」と言い出した。

「そんな木は、この世でいまだかつて見たことがない。夏になって光木が生えるのを待って作りなさい」

私は寅吉に言ったが、寅吉は何事であっても言い出したらそのことにのみこだわり、すぐさま実行せずにはおれない、性急なたちであった。寅吉は、今はないものと分かっていながら、「山では夏に限らずいつでもありました。だからこの世でも探せばないことはないでしょう」と、私の家にやって来る人ごとに訊ねた。私にはそれが何とも煩わしくてならなかった。

ところでこのことに関係して、面白いことがあった。その十日ほど後、寅吉があまりに光木を欲しがっていたので、稲雄が寅吉をからかったのであった。

「おぬしは光木で夜光灯をこしらえようとしているが、私はもともと神の御霊により、この体に、夜光るものを持っている。だからそんな器具はいらないのだ」

「一体どんな光るものを持っているのですか」

寅吉が訊ねた。稲雄はわざと驚いたふりをして言った。

「おぬしほどの者がこれを知らないのか」

「本当に知りません。それはどういうものなのですか」

「これは軽々しくは言いにくい」

稲雄は澄まして言った。寅吉が何としてでも教えてくださいと迫ったので、稲雄はいかにももっともらしく、居住まいを正してからかった。

「産霊《むすび》の大神は、わが先生がいつも説き諭されているように、この上もなく尊い神であり、その産霊の徳によって、このように人間をお造りになられた。すなわち人体の上の方には眼をつけて昼の用に役立たしめ、下の方には金玉をつけて夜の用に役立たしめられている。何と尊い御徳ではないだろうか」

「金玉はどのようにして、夜、物を見るのに役立つのですか」

寅吉がにっこり笑って訊ねた。それで稲雄は適当な説明を始めた。

「その用い方は、例えば暗闇の中で物を探そうとするときなど、褌をからげて金玉を手に握り、ゆらゆらと揺らすのだ。すると小さな電光のような光がきらめき出る。その光を役立てて物を見るのだ。これは誰もがそうすることだぞ」

「それは嘘でしょう。私の金玉は今まで光ったことがありません」

稲雄は、笑いながら寅吉に訊ねた。

「それなら、振って試したことがあるのか」

「まだ試したことはありません」

「このことを教えなかったとは、何とも山人たちの手抜かりだ。それとも山人の金玉は光らないのだろうか」

稲雄が真顔でいぶかるように言った。寅吉は真に受けて答えた。

「それなら、夜になったら試してみます」

その夜、寅吉は日の暮れるのを待って暗い所に行き、しきりに振ってみた。しかし寅吉の睾丸は光らなかった。寅吉は腹を立て、稲雄につかみかかっていった。

「嘘をつくことは神がひどく嫌われることなのに、よくも私を騙したな」

稲雄は、なおとぼけて言った。

「それは納得のいかぬことだ。男ならば夜に金玉が光らぬ者はいないはずだが、おぬしの金玉だけが光らないということはありえない。もしかするとまだ毛が生えていないのか」

「毛が生えないうちは光らないのですか」

寅吉は顔をやわらげて訊ねた。

「金玉が光ると言ったが、実は毛にも光があり、その光と互いに反射しあって、光を放つのだ」

「そういうことですか。私の金玉にはまだ毛は生えていないので、光らないように見えたのですね。そうとは知らず、あなたが騙したと思ったのは、私の間違いでした」

寅吉はそう言って、その後、毛が生えるのを待っている様子であったという。これは後で聞いたことであるが、寅吉はこのように見事に騙された己の愚かさについて、「この愚かさをよくよく考えてみれば、実は自分の頭が非常に良く、理屈を追って考え過ぎるから、こんなふうに騙されてしまったのだ」と説明した。

というのは、この少し前、人々が寄り集まって、人の髪の毛から火花が出たり、また火気の強い人はその衣服からも火花が出るということ、また黒猫の毛を暗闇の中で逆なですると火花が出るということなどを、話し合っていたことがあった。寅吉は、このような話を聞くと、必ず試してみる性格であった。寅吉は、私の家で飼っていた黒猫を捕まえて、暗闇の中で毛をかきなでた。すると話のとおり火花が飛び散ったので、寅吉はとても喜んだ。それからというもの、私はいつも寅吉を制止したのだが、わざと戸を閉めて屏風《びょうぶ》をひきまわし、逃げようとする猫を捕まえてはなでていた。寅吉は、猫の毛から火花が出ることを、山人や天狗が体の中から火を出すことなどと思い合わせて考えていたのであった。それで寅吉は自分の考えに囚われて、騙されてしまったのである。

二十九日に、越後国から戸田伴七国武という男が、私の家にやって来て宿泊した。私の教説を信ずる男で、神の道について教えを乞うたが、とても粗野で粗暴な男であった。髪や髭は伸ばし放題で、髪はかきあげてかんざしと櫛を挿していた。寅吉はその男の顔の形をつくづくと見て、「古呂明の顔から柔和さを取り去ったような顔だ」と言った。

この男は、いわゆる武者修行に諸国を巡り歩き、勝ったり負けたりしたことや、また神主や僧侶たちと数々の議論を交わしたことなどを、大声で話した。そして腰に下げた煙草入を取り出して自慢した。

「この根付《ねつけ》〔巾着《きんちゃく》や煙草入、印籠《いんろう》などを帯にはさんでも落ちないようにその紐の端に着けるもの〕は、とある修験者と議論して勝ち、巻き上げた本尊の聖天〔大聖歓喜《たいせいかんぎ》天《てん》の略。インドでは商業または文学の神とする〕だが、ろくろ錐で穴をあけて根付にしたのだ」

私はあまりに非道なことに思い、このような鼻柱は挫いておこうと、わざと手には取らずに、伴七に話した。

「君は、よくもそんな穢れたものを腰に着けていることだ。私は手に取ることは無論、目に見るのさえ穢らわしく思うぞ。なぜというに、古学に志を定めてある者は、まずは心に真の柱を立て、常に神の御稜威《みいつ》を受け賜るべく願っているゆえに、いつも身体を清浄に保っていなければならないからだ。だからかりそめにも、神の嫌われるこのような禍々《まがまが》しいものなどは、身に着けておくべきではない。伊勢両宮の神事にあっては言うまでもなく、朝廷においても、重要な神事を執り行われるときは、仏法風のことを忌み、また異国の客が来られるときや帰られた後でも、塞神《さえのかみ》の祭をして異国の妖神《まがつかみ》を追い退けられた、古の道のことを考えてみなさい。それなのにこの古の道によりながら、このような妖しげなものを身に着けるというようなことが、あってよいものだろうか。

私にも覚えのあることだが、この道を求め始めた当初は、往々にして諸外国風の教えや考え方などが憎くて憎くてたまらず、君のようにしたいと思うものだ。しかしそれはただ猛々《たけだけ》しい心の憂さ晴らしでしかなく、長く続くものではない。

君もただ黙々と一人学問に励み、徳行を積んで、願わくば著作をなしなさい。そして自然とその徳化が広く世に及ぶよう、努力することが肝要だ。君のように力ずくで二人三人に勝ったとしても、その人たちも決して心から服従したわけではない。かえって謗《そし》りを招く原因になる。世間に、一升入る陶器に一升入れると鳴らないが、半分ほど入れるなら鳴る、という譬えがある。君のようにわめきちらしているならば、この譬えを引いて悪く言う人もあることだろう。さあ、その像を海にでも川にでも捨ててしまいなさい」

伴七は全く畏まってしまった。

「まことにありがたい御説諭です。それではこの像は、祟ったりせぬようによく申し含めて、捨ててしまいます」

私は聞いていておかしくなり、伴七に言った。

「君はとても剛の者だと思っていたが、そんな気の弱いことを言う。古学を学ぶ者が、こんなものに祟られはすまいかと恐れる、そんな情けないことがありますか。特にその聖天というものは、もともとは有名無実のものであり、そんなものに祈って験がありもするのは、妖魔遊魂が寄り憑いてなすことによると思われる。すべて妖物は、こんなことがあれば寄り憑こう、人の心に隙があれば付け入ろうとうかがっているものなのだ」

私が伴七と話しているとき、傍らに田河利器や竹内健雄、寅吉も控えていた。それで私は、「皆はどう思うか」と問いかけた。利器と健雄とは、戸田と初対面であってみれば、いささか遠慮して答えかねていた。だが、寅吉は少しも遠慮せずに言った。

「まことに先生の言われるとおりです。もともとは存在しないものであっても、形を作って祈りたてれば、妖魔の類が寄り憑き、さまざまな異変を見せることになると師匠も言われました。でも、その像を海や川に捨てることは好ましくありません。像は鋳潰《いつぶ》すべきものです。なぜなら物を海や川に捨てても、いずれまた陸に上がるときがあり、網にかかったりして地上に出てくると、霊像だ何だと、世間の人は信じて騒ぐものである、ということも聞きました。こうなるとまた後世の愚かな人を惑わすことになりますから、鋳潰すのが最良の方法です」

伴七もなるほどと思い、「それなら鋳潰して捨てましょう」と言って帰っていった。

十二月一日に、塙氏〔塙保己一〕の塾生、佐藤甚之助が、私と内密に話し合いたいと言ってやって来た。この人は去年の夏以来の知り合いであり、内密にというので、私は家の外に出、他の場所で甚之助と話し合った。

「最近、温故堂〔塙保己一の設立した和学講談所付属の文庫。温故堂は塙保己一の号でもある〕で時々屋代氏の話を聞くと、不思議な童子がいて幽界のことなどを話すという。その子の話は、貴君が常々説いている趣旨と符合するところが多いと聞いたが、屋代氏の話は本当だろうか」

甚之助が訊ねたので、私は「本当のことだ」と答えた。すると甚之助は「実はそのことについて申し上げておきたいことがあるのだ」と言って、話し始めた。

「というのは、先だって私の神学の師、大竹先生のもとに教えを受けに伺っていたとき、何某という神職がやって来て、貴君のことをさんざんに誹謗していったのだ。その者が言うには、幽界のことを語る童子のことも、平田は山師だから、あれは平田が教えて言わせているのだと。また石笛のことにもふれ、あの笛は神感によって得たなどと平田は言っているが、それは嘘だ。私の知っている古道具屋が長く持っていた笛を、平田が譲り受けて、そう言いふらしているのだ。だからその古道具屋はものすごく怒っていると、何某はしゃべっていった。大竹先生はそれを聞いてとても心苦しく思われ、何某が帰った後、私に向かってこう言われたのだ。『わしは、平田とはいまだ面識がないが、今の世の神の道を盛んにし、教え広めることのできる人といえば、この人だ。それがこのような悪評を受けるようであっては、同じ道を学び志す我らとしても、やはり恥ずかしく、またとても残念なことだ。君は平田氏と面識があるのだから、平田の所へ行って、わしの思っているところを伝えなさい』と。石笛のことは、以前に聞いていたので分かっていたが、童子のことはまだ何も聞いていなかったので、このことを申し上げるためにやって来たのだ」

私は、甚之助の話を聞き、居住まいを正して答えた。

「まことに同志の方々というのは、このようにこそあるべきものなのでしょう。大竹氏が私のことを思ってくださっていることは、本当にありがたいことです。しかし、話に出た童子は、私が最初から知っていた者ではありません。以前、その子が山崎美成のもとにいたときに、その子の話が私の説とよく符合することを屋代翁が聞き知り、私を美成のもとに同行し、その子と問答させたことが、事の始まりです。諸般の事情から、今ではその子を私のもとに置くことになりはしましたが、何某のようなひねくれ者が何と言おうと、事情を最初から知っている人は知っていますから、私にはいささかも恥じることはありません。誰がどう誹謗しようと何ということはありません。このことをよく大竹氏にお伝えし、御礼を申し上げてください」

佐藤氏は承知して帰っていった。

私はどういう因縁の生まれなのだろうか。藁《わら》布団の上に生まれ落ちたときから、親の手によってだけでは育てられず、乳母の世話になったり養子になったり、多くの人の手にわたり、二十歳を過ぎるまで、苦しい境遇に追いやられてきたことは、今更言うまでもない。江戸に出て、今の今に至るまで、世間に言うありとあらゆる苦労のすべてを、わが身に被らないということはなかった。これこそは現世を寓居としての修行ではあるけれども、世の辛苦を当たり前のものと思い定め、志を古道に立てて書を読み、書を著して、世に正道を説き明かそうとするにあたり、目に見えぬ幽界は無論、鳥獣虫魚、木にも草にも心を配り、憎まれまいと努力してきた。まして世の人々には、私の力の及ぶかぎり、世に言う陰徳を積むことを常に己に課して、人がたとえどう言おうとも、いささかも心に恥じることはするまいと心掛け、仮にも人のためによろしからぬことをしてしまったと思うこともない。

それにもかかわらず、前述のように作り話をしてまでも、私を誹り憎む人も多いというのは、一体どうしてなのであろうか。特に□□という人は、いまだかつて名も顔も知らない人であり、憎しみを受ける覚えもないのだが、あんな作り話をして私を誹謗するとは、一体どういうことなのか。またこの後で、上総国中原村にある玉依姫《たまよりびめ》社の神主、弓削《ゆげ》春彦がやって来て話すには、春彦が私の家に来る前に、かねてからの知人であった□□のもとに立ち寄ったところ、話が私のことになり、□□は、大竹氏の所で話したと同じように私のことを激しく罵り、先日あの童子は召し捕られ、平田もそのことでお咎めを受けたと言ったという。春彦は、それで慌てて□□の家を後にし、急いでやって来た、と私の無事な姿を見てとても喜びながら話した。

なぜ□□は、このように会う人ごとに私のことを謗って聞かせるのか、私には全くもって不思議でたまらない。私は、□□に対して何の罪も犯していないとは思うものの、長い道の上を這っている小虫を、知らずに足の下に踏み潰してしまうこともあるわけだから、あるいは□□に対しても、そのような類の過ちを犯していなかったかどうか、そこまでは定かではない。もしそうであるとすれば私の過ちである。どうか怒りを鎮め許していただきたいと、誰か言い伝えてくれないものだろうか。

この他にも寅吉のことについて、私を誹る人が多い。「平田は自説を広めようとして大法螺《おおぼら》話を作り上げ、故鈴屋翁《すずのや》〔本居宣長〕が幽界で天狗となられて、童子を使者に遣わし、日頃自分の説いている考えがよく幽界のありさまに符合すると伝えてよこしたと披露しているが、とても見苦しいことだ」と言いふらす。あるいは「神代文字の書を著したが、その文字を本物と思わせようとして、幽界の字のことも童子に教えて言わせているのだ」などと言いふらす者もいる。また友人や弟子たちがこういう悪口を聞き伝え、このような人の浅知恵から、私に思わぬ災難があるのではないかと心配し、「早く童子を追い出しなさい」と勧める人も多い。また、いつも私のもとに学びに来ていながらも、漢意《からごころ》がなくならず、幽界の理がよくは理解できない者は、寅吉の話を疑い、世間の物知り顔の言葉に惑わされる者も多い。私自身でさえ、時には心が揺らぐこともある。まことに人の口ほど恐ろしいものはない。

二日に、ここしばらく音沙汰のなかった鈴木敬貞（呼び名を吉兵衛という商人である）が、久し振りにやって来た。敬貞の妻は、名を常石《とわ》という六十過ぎの老女である。しかし世の老女には珍しく、夫と同じように初めから仏道を嫌って神を尊び、私の説を信じて、何年来私の講説を聞きに私のもとに通ってきていた。性格は大変気が強く頑固であったが、また機知に富み、話も上手く、夫の心を和らげる才もあり、私がふざけて於須女老媼《おずめおうな》とあだ名をつけた老女である。最近、常石は重病を患い、明日をも知れぬ容体であったが、病の床で、私のもとに幽界に仕えていた童子が来ており、その童子がいろいろと話すのを私が信じ込んでいると聞き、とても不思議に思い、危惧し始めた。そして常石は、私のことが気掛かりでならず、「先生に私の危惧を伝えてほしい」と、わざわざ今日、夫の敬貞を私の家によこしてきたのであった。

「妻の常石が申しますには、『もしかすれば妖魔が、先生の学問が今世に広まろうとしていることを妬み、そのような童子を遣わして、まずは先生の説に合うことを話させ、それから徐々に災難に遭わせていこうという魂胆なのではなかろうか』と。私には妻の言うことにも一理があるように思われます。先生はいかがでしょう。そうかも知れないと、思いあたられるような節はございませんか」

常石の言葉に、私は大層心を動かされた。

「私も早くから、そういうこともあるかもしれないと思い、今でもいつも心に留め、注意して見ています。だから妖魔などに私が欺かれることはありません」

私はさらに敬貞に、私の思っていることを詳しく説明した。そして「ゆめゆめ心配し過ぎないようにと、常石に伝えてくれ」と言って、敬貞を帰した。

このような危惧は、老女の言うことではあるけれども、全く物の道理にかなった考え方であった。私は、敬貞が帰った後で、門人たちにこのことを話して聞かせた。寅吉も聞いていて、こう言った。

「前にも申しましたように、師匠に親しく従っている私でさえ、師匠が本当に正しいのか、それとも正しくないのか、判断することができません。また、私がこうなったことが善いことなのか、それとも悪いことなのか、それも本当のところ分かりません。ですから、ましてこちらの世の人がそのように疑うのも、もっともなことです」

＊――このとき初めて於須女老媼の病気のことを聞き、見舞いに行こうと思っているうちに、四日の日、死亡したと知らせてきた。今わの際まで、このことを気にかけていたということであった。

三日に、伊勢内宮の内人《うちんど》〔禰宜《ねぎ》の次に位し、宿直や神饌のことを司る神職〕である荒木田松壽神主が来た。私の古くからの知人である。

＊――通常の呼び名を益谷大学太夫といい、故鈴屋翁の弟子である。いわゆる檀家回りに江戸にやって来たのであった。

「行く先々で童子の話を聞いたが、いよいよ理解できず、わけが分からない。詳しく聞かせてもらいたい」

荒木田がそう言ったので、私は寅吉が最近書いたものを見せ、また実際に寅吉が書を書くところをも見せた。荒木田も深く感心してこう言った。

「この童子が仕えている山人は、本当に神仙の正しい者だと思われる。話は全く穏当に聞こえる。しかし山人も、国や地域によっては荒々しく人を驚かせ、たぶらかすものであるようだ。というのも、駿河《するが》から遠江《とおとうみ》、三河《みかわ》〔静岡県から愛知県東部〕あたりで噂されている天狗の類は、多くはいつも松明《たいまつ》を灯して人をおびやかす、いまいましい者だ。文化七年〔一八一〇〕の夏頃、用があって夜半に下僕二人を連れて秋葉山を越えたことがあった。そのときは、噂話のように峰から峰へと松明の火をたくさん灯し、今遠くの山に見えたかと思うと、突然目の前に現れたりして驚かせ、また山鳴りや大木を引き倒すようなざわめきを起こして脅かしてきた。下僕たちは恐怖におののき、進むことができなくなってしまった。それで私は小さな箱に腰をかけ、大声で、『安国《やすくに》と安らけき世に蛍なす、かかやく神は何の神ぞも〔平安な国の平安な世に、狼煙《のろし》のように火をかかげ、輝かす神は、一体いかなる神であるのか〕』と詠み、『我は伊勢大御神の内人であり、神の御用でここを通るのが、分からないのか』と呼びかけると、松明はたちまち消え、林のざわめきも止んでしまった、ということもあったのだが」

仙境異聞（上）二之巻

平田篤胤筆記

○私は寅吉に初めて会ったとき、寅吉の脈をとり腹部を診断した。そのときに気付いたことであるが、寅吉は、何であるのか紐のついたものを大切そうに懐に入れている様子であった。お守り袋だろうと思っていたが、その後も時々懐の隙間からその紐をのぞかせていた。あるとき、寅吉がそれを落としたので見てみると、黒い木綿の布きれを畳んだもののようであった。それで私は訊ねた。

「とても大切なもののように見えるが、それは何だ」

寅吉「これは古呂明の頭巾です。私が下山するとき、『おまえはしばらく世間に出るのだから、私が長年かぶっていた頭巾をやろう。寒風の吹く季節でもこれをかぶっていれば、邪気に当たることもないだろう』と言って、古呂明が私にくれたのです。それで今日までいつも大切に、肌身はなさず持っているのです」

寅吉が取り出したものを見ると、俗に言う山岡頭巾であった。大変古びた頭巾であり、油がこびりついているように見えた。髪に油をつけて髷《まげ》を結ばない山人の頭巾に、油がついていることが、私には不思議であった。それで私はさらに訊ねた。

「これとはまた別の頭巾があるのではないか」

寅吉「これは髪の油ではありません。全身の精気が上がって凝縮し、しみ出てきたものです。おしなべて精気というものは、滝にうたれると一度は下がりますが、下がりきるとまた上り、上ってはまた下がるものなのです。修行を積み上達した者ほど、上る精気は強いものなります。それゆえにこの頭巾は、私らのような未熟者の邪気除けともなるのです。ついでに言えば、水行のときには必ず手拭いか何かを頭の中央に当ててかぶっていないと、寒気を引き込んでしまいます。またこの他、こちらの世には見ない頭巾として、寒風の吹くときにかぶる、図〔欠〕のような芒《すすき》の穂で作った頭巾があります」

○私「杖は神代から由緒のあるもので、神にも奉り、古い神楽歌にも、『此の杖は我がには非ず山人の、千歳を祈り切れる御杖ぞ〔この杖は私自身が切ったものではない、山人が、千歳の長寿を祈って切った御杖である〕』とある。だから山人も、杖を大変尊いものとし、祝言を唱えて祈りながら杖を切るのではなかろうか、と思うが、どうだ、杖は用いてはいないか」

寅吉「杖は朴《ほお》の木を切って、棒のように太く作ります。また竹の杖もあります。けれども、杖をたよりに歩行するということではありません。しかし杖を切るときに唱える祝言があるのかどうかは、私は知りません」

○私「山人たちが法螺貝《ほらがい》を吹くことはないのか」

寅吉「あちらの世界では法螺貝を用いることはありません。しかし山伏が法螺貝を吹くことについては、魑魅《ちみ》〔山林木石の精といわれるすだまなどの山中の化け物〕や妖魔を払い除く技であり、上代からの慣習であるということを聞きました」

○私「男子の霊の行方については、古今の事跡にもいろいろとうかがえ、考察できることも多い。しかし女子の霊の行方は、男子のようには広く考察できるほどの古今の事跡もない。女子の霊の行方について、師匠から何か聞いたことはないか」

寅吉「女の霊の行方については何の教えも受けていませんが、いったん男に生まれてから神になるということを聞きました。このことから考えると、女というものは、もともと男の理非をわきまえない心から分かれて出来たものであり、女が死ぬと、理非をわきまえない心と魂とが混じって、愚かな男に生まれるか、また女になって生まれ、そしてこの世における修行によって男神となるので、女の霊の行方についてはあまり聞くこともなく、はっきりとはしていない、ということではないかと思われます」

○私「毎年十月には、出雲大社へ大小の天神地祇《てんじんちぎ》がすべてお集まりになるというが、あちらの世界においてもそういう考えであるのか」

寅吉「こちらでは十月一日に、神々が大社へと出立されるといいますが、あちらの世界では九月末日に出立され、十一月初めにお帰りになるといいます。それで毎年同じように、二度の祭があります。ところで神々が大社へお集まりになられるのは、大社の神が神々の司ですから、氏神は氏子たちの当年中の善悪を告げて来年のことを定めるために、また家内に祀る神々もそのために、お集まりになるということです。しかし神界に関することですから詳しいことは分かりません。

おおよそのところ、山人界にあって神界のことを知りえないのは、人間界にあって山人界のことを知りえないのと同じことです」

○私「その祭り方は、どのようにして祭るのか」

寅吉「清浄な場所の四隅《よすみ》に垂《しで》をつけた竹を立てて、注連縄《しめなわ》を張り巡らします。そして中央にいつもの祭のときと同じように切った幣《ぬさ》を立て、神体をよせて置き、大きな榊《さかき》に垂と麻とをつけていろいろなものを供えて祭ります」

○私「注連縄の形は、こちらの世界でするように、縄を七五三〔三筋・五筋・七筋と順に藁《わら》の茎を捻り放して垂らし、その間々に紙垂を下げる〕になうのか」

寅吉「そうではありません。刈り取った籾《もみ》のついたままの稲を図〔欠〕のようにない、垂をつけて引き張るのです。神事がすんだ後で、その籾を米にして食べます」

○私「榊は江戸の花屋で一般に扱っている榊のことか。それとも直賢木《まさかき》なのか。樒《しきみ》の木ではないのか。また榊には垂だけをつけるのか」

寅吉「榊といっても、今言われた榊だけに限るわけではありません。樒でも何であっても枝に葉が繁っている常葉樹であればよく、真っすぐな腕の太さぐらいの木を採ってきて、引き裂いた紙と麻とをつけるだけです。その他には何もつけず、それを左、右、左とゆさりゆさりと振って、神前の中央に倒れないように根じめをして、立て奉るのです」

○私「供物の品々は何と何か。覚えているものを教えてほしい」

寅吉「第一には水です。その他、海や川や山のもの、菓子であろうと何であろうと、食べ物の類は手に入る限りのものを、手に入り次第お供えします。すべて食べ物に限らず、木の葉であっても何であっても心を込め志をもって奉るならば、神に届くものであると聞きました」

○私「供物は、何に盛り、何に置いて奉るのか」

寅吉「供物は、土器にノタキの木の葉を敷いて盛り、クロモジの木で作った角盆、丸盆、また膳にも据えて奉ります。神の御座所には杉の葉か、または檜《ひのき》の葉などを敷き、ノデンの箸《はし》をつけて奉ります。しかし、いつも神祭に際し、あの枕〔貞治五年〔一三六六〕の年中行事、歌合わせの三十三番左「神今食深けぬとて今ぞ手向るいたまくら神もぬる夜の時や知るらむ」〕を神前に奉るのは、どうしてであるのか、私には全くわけが分かりません」

＊――神供はいつもノデンの箸であり、正月はなおさらである。

○私「二月初めの初午《はつうま》の日〔各地の稲荷で祭礼を行う〕に、今日は山でも初午だからきっと賑やかなことでしょうと言っていたが、その祭の様子はどのようなものか」

寅吉「まず二壇に神木の欅《けやき》を組み立て、上壇に稲荷神の神体に扮した髭のない若者を据え、次の壇にはその末社の神体に扮した五、六人の人を座らせます。そしていつもの神祭のときのように農具を供えます。それから師匠が装束を着て襷《たすき》をかけ、ご自身で供物を料理して供え、豊年を祈って祭られます。神壇に据えられている人々が、その供物をすべて食べます。そして食べ終わると壇を降り、稲荷の神体に扮している人が指揮を執り、末社に扮している人々が供えられた農具を手に取って、農民の一年間の耕作を順にまねていきます。つまり田を耕し、種をまき、田植えをして、草を取り、そして刈り取り、稲をかついで馬につけて帰るまでのしぐさを、まねて行うのです」

○私「稲荷神の神体に扮する人、また末社に扮する人々は、どのような装束をつけて扮するのか」

寅吉「神体に扮する人は、髪を図〔欠〕のように結い、〔図1〕〔二六七頁〕のような櫛を三枚、または笄《こうがい》を挿し、緑色でも白色でもいいのですが、狩衣《かりぎぬ》〔前身頃と袖がはなれており袖口に括《くく》り緒がある〕を着て括袴《くくりばかま》〔裾口に紐を通して括る袴〕をはきます。また末社に扮する人々は白い浄衣《じょうえ》〔多く神事に着用する狩衣形の衣服〕を着て袴をはきます。生霊祭のときには、髪を角髪《みづら》に結います」

〔図1〕 三枚挿す
柊《ひいらぎ》か黄楊《つげ》か、
分からない

〔図2〕 金の笄である
巴の紋がある

○私「襷は、どんなものをかけるのか」

寅吉「正月の神祭には、松葉襷といって、図〔欠〕のように松葉をつなぎ合わせたものをかけます。それ以外の神祭には、藤襷といって藤の蔓を用い、また、楮《こうぞ》の皮や麻なども用います」

○私「師匠がご自身で作られる料理とは、どのような料理なのか」

寅吉「野性の山芋を、わさびおろしで摺って浅草海苔《のり》の上におき、その上に塩を少しと山椒《さんしょう》を一粒入れて、図〔欠〕のように包み、わり菜〔里芋の茎を干したもの〕でしばります。または摺った山芋を、浅草海苔の上にまんべんなくのせ、塩と山椒の粉をふりかけ、真中に干瓢《かんぴょう》を入れて巻寿司のように巻き、両端をからげてわり菜でしばります。あるいはまた柏の若葉に海苔を敷き、その上に摺った山芋をのせ、塩をつまんで入れてわり菜で結ぶか、摺った山芋に、水でさっと洗った紫蘇《しそ》の実の塩漬けを混ぜて、一晩塩水につけておいた大きな紫蘇の葉で包むかします。そして右の四通りのいずれの品の場合であっても、油で揚げて奉ります（姫百合・躑躅《つつじ》の花・さつき・桜の花・梅の花・山吹・桔梗《ききょう》・はつ茸・椎茸・筍《たけのこ》を塩焼にしても奉る）。ただし、柏の葉や紫蘇の葉などに包む揚げ物は、初午のときの料理ではありませんが、ついでに話しておきました。

　また魚の骨をきれいに取り除いて身をゆで、水に入れて何度もよく揉み洗うと、粉砂糖のようになります。それを布に包んで絞り、葛粉を入れて麻布に包んで塩ゆでにします。（よし子〔葦の若芽〕を筍のように煮て食べる）

　また、玉むすびという料理を作ります。これは白い槿《むくげ》の花〔夏から秋にかけて花が咲き、その日のうちにしぼむ〕を採集して紙の間にはさみ、陰干しにして蓄えておいたもので、使うときに酢に漬けます（芒の穂の盆）。次に干瓢・椎茸・蓮・慈姑《くわい》などをできるだけ細く切り刻んで、味噌のたれで煮込み、程よい色合いになったところで水気を切っておきます。そして糯米《もちごめ》八合に、餅米〔陸稲のもち米のことか〕二合ほどを混ぜ、醤油と水を加えて炊きます。水気がなくなった頃に、先程煮あげておいた干瓢や椎茸などを入れて炊きあげ、一寸五分〔五センチメートル弱〕ぐらいの長さに切った女竹の中に詰めて固めます。固めて取り出した一つ一つに、酢に漬けた槿の花をのせて供えます。これが玉むすびで、別名、花鮨ともいいます。花も一緒に食べます。この他、赤飯、汁、アリの酒〔自然醗酵の果実酒。下の一之巻参照〕も土器に入れて奉ります」

○私「揚げ物に使う油は、何の油か」

寅吉「松の実から採った油です。それは、南部地方〔岩手県〕に生えている松の実だそうで、松かさは両手の拳を合わせたぐらいの大きさがあり、葉の細い松であるとのことです。必要なときにはすぐに行って採ってきます。実の外側の硬い皮を取って蒸し、細かく砕いて、太い糸で荒目に織った布の袋に詰め込み、樫の木の厚い板を図〔欠〕のように削って両方から鉄の輪を二つはめて打ち込み、袋を搾《しぼ》ってたれてくる油を採ります。出て来ないときには何度でも蒸して搾ります。ただしこれは少量の油を搾り取る場合の方法です。多量に搾るときには、普通の搾木《しめぎ》〔油を搾るために用いる木製の道具〕の方が便利です。この油を使って麩《ふ》を作ることもあります」

○私「赤飯は、糯米をただ炊いたものか、それとも餅米を蒸したものか、一体どのような炊き方をするのか」

寅吉「赤飯は、糯米を普通の赤小豆と一緒に炊いたものです。炊き方は、まず小豆を水で煮たて、吹き出したときに、頬打ちといって水を〔飯を盛る麻の木の器のこと〕少し入れて静め、次に煮たったときに、洗った米を入れます。そして水加減に注意して、土壺に入れて固く焼いた塩を崩さず塊のまま、適量取って釜の真ん中に入れ、蓋をして炊きあげます。こうすれば、赤飯はとてもよい色合いに炊きあがります。また八重生《やえなり》〔緑豆〕や小豆の飯も炊きます。

ところで赤小豆飯のときは、必ず煮しめをおかずにします。その具は蓮根・胡蘿蔔《こらふ》〔ニンジン〕・椎茸・干瓢・山芋・慈姑などです。八重生飯には、必ず赤小豆の味噌汁をつけます」

○私「赤小豆の味噌は、どうやって作るのか。こちらで使う味噌はないのか」

寅吉「こちらの味噌を借用して使うこともありますが、大抵は、味噌は赤小豆の味噌を使います。この味噌を作るには、まず米を硬めの飯に炊き、干してから火にかけて膨れるほど炒ります。それを一度熱湯に浸して、よく水気を切ります。次に最初から味噌と同じ塩加減になるように塩を加えて、赤小豆を煮ます。大体よく煮えたら火を止め、冷してから水を切り、布袋に入れてさらに絞ります。それからすり鉢でよくすりつぶして、先程の干飯を炒って湯に通したものと混ぜ、竹の筒に入れて空気にふれないように密封して、三、四十日ほど醗酵するまでつるしておき、そして使います。米を用いるときはこのようにしますが、麹《こうじ》を用いても構いません。

また、糠味噌《ぬかみそ》というのもあります。糠の粉を炒ったものを、塩を入れた湯で煮たて、□□りとかきまぜて竹筒に詰め、つるしておきます。総じて豆の類であれば何であっても味噌にします。また橡《とち》の実、栗の実も味噌になります。さつまいもも味噌になりそうな類のものです。すべてこのような質のものは味噌になります」

○私が、神代において宇気母智神《うけもちのかみ》〔五穀をつかさどる神〕の身体から蚕と桑の木が生まれた、と講義していたときのことである。寅吉がそれを聞き、「山で桑の木の芽が二寸〔約六センチメートル〕ぐらいに伸びたとき、何もかもすべて桑の木を用いて祭る神事があります。これは宇気母智神を祭るのではないでしょうか」と言った。それで私は、その祭の様子を訊ねた。

寅吉「まず神壇に、葉のついた桑の枝を敷きます。そして桑の葉を細かく刻んで米に混ぜて炊いた飯を奉ります。汁も桑の芽をすりまぜた味噌で作って奉ります。

ところで、神に奉る汁を入れるお碗は、総じて土器ではありません。太さが一尺〔約三十センチメートル〕ぐらいの真っすぐに育った杉の木を、長さ三寸〔約九センチメートル〕ほどに切り、その切り口に、太さがほぼ七寸〔約二十一センチメートル）ぐらいの樫の短い棒を当て、その棒を木槌で打ちます。するとと杉の木の中心部が樫の木の棒の太さに抜けますが、抜け切らないところで止め、後は手を加えません。図〔欠〕のようにそのままお碗にし、もし隙間があれば紙を詰めて塞ぎ、これに汁を入れて奉ります。

およそ神具に用いる器具に、あまり手間のかかったものは用いません。このお碗と同じように、作って使い捨てにするのがよいと、師匠が言われました。この杉の木のお椀に汁を入れて食べたことがありますが、とても食べにくい器です」

○私「神降《かみおろ》しの神楽《かぐら》は、どのようにするのか」

寅吉「神降しの神楽をするときは、まず里の子供を集めて連れてきて、浄衣を着せ（国開の祭礼の舞）、髪を唐子《からこ》（唐子髷。唐輪。髪を頭頂で束ねて二つまたは幾つかに分けて輪を作り、その根元を残りの髪で巻く髪形）に結い、小竹をたくさん束ねて持たせ（磬《けい》のこと。布袋に藁を入れてたたく鳴り物のこと）、頭から水を浴びさせます。そして山奥の広い平地に、図〔欠〕のような竈《かまど》を築いて釜をかけ、炎で釜が隠れるぐらいに火を焚いて湯をたぎらせ、いろいろと神に供物を奉ります（生の魚を供える。供物を釜に入れて煮る）。連れてきた子供たちにもいろんなごちそうを振舞い、機嫌よく自由に遊ばせます。そうしておいて、湯の沸きあがる様子を見て、お迎えした神のご機嫌が善いか悪いかを占います（必ず神が願いをお聞きになられる法がある。火をおこし色を見て吉凶を判断し、また焼いてトう。こての事）。最後に、束ねた小竹を釜の湯に浸し、湯をふりまいて終わります。すべての行事が終わった翌日に、連れてきた子供たちは里の親元へ送り帰します。

これを神降しの神楽といいます。この神楽を行えば、いかなる神といえども、やって来られないということはありません」

○私「碁や将棋、双六などの遊びはないのか。また、若い山人たちがして遊ぶ珍しい遊びはないか」

寅吉「たまに碁を打つことはありますが、将棋を指すことはなく、双六もありません。碁石は木で作ることもあります。

しかし気晴らしにする遊びは、いろいろとあります。その中の一つに、土投げという遊びがあります。これは、大勢が東西の二組に分かれ、それぞれ泥を丸めて山のように積んで用意しておき、互いに泥団子を負けるものかと投げつけ合う遊びです。顔も体も泥まみれになった方を負けとします。また、薪投げといい、木こりが切って山に残しておいた薪を手に、互いに投げ合う遊びもあります。上手な者同士が投げ合うと、途中で木の切り口と切り口がぶつかって落ちることもあります。この遊びも、薪を打ち当てられて逃げ出した方が負けです。

それから、球打ちという遊びもあります。高い木の横に伸びた枝に、図〔欠〕のように人を一人つり下げ、長い紐に蹴鞠《けまり》のような球をつけて持たせます。その下に相撲の土俵ほどの大きさの輪を描き、その中に何人もの人が入ります。枝につり下げられた者は、手に持った紐の先の球を上げ下げして、下にいる人の頭に当てようとします。当てられた者は次に枝につり下げられますので、下にいる大勢の者は当てられまいと、輪の中を逃げ回ります。しかし逃げ回っている間に輪の外に足を踏み出しても、また枝につるされる、という遊びです」

○去年の卯の年、私は四十四歳になり、この歳を俗に厄年ということを思い、「四十《よそち》まり四《よ》つの齢を今年より、一とかぞへて万世《よろずよ》を経む〔四十とあまり四歳の厄年をむかえたが、この一回りの歳を今年から一歳と数えて、万世を過ごそう〕」と詠んで、書きつけた扇があった。寅吉がそばにおいていたこの扇を見て、「この歌はどういう意味ですか」と訊ねてきた。それで私がこの歌の意味を説明して聞かせたときのことである。寅吉が「山人が自分の寿命の年齢を定めるのも、それと同じ思いです」と言ったので、私は、どういうことなのか、そのわけを訊ねた。

寅吉「山人が自分の寿命を定めるにあたり、どのようにして定めるのかは知りませんが、まずは寿命を千歳とか一万歳とか定めます。そしてその数を百で割って求められる商の数を、一歳とするのです。例えば一万歳と定めたのであれば百歳を一歳とします。私の師は六百歳を一歳としておられますので、定めた寿命は六万歳であると思われます。このように寿命の年を定め、その一念を少しも揺るがせにせず、生涯を通して善行を積み、行を重ねて、その願いを通していきます。こうして定めた寿命の年を終えると、身を隠し真の神になるということです。また人によっては無歳として寿命を定めず、世のある限り生きてあろうと定めている人もいます」

○また右の話を聞いてからかなり後のことであるが、越谷《こしがや》に住むある男が、讃岐《さぬき》国の象頭山《ぞうずさん》に参詣して帰る途中、私のもとに立ち寄ったことがある。この男が寅吉に、「どんなものでも結構ですから、どうか金毘羅《こんぴら》神の尊い何かを書いていただけませんか」と懇願した。それで寅吉が文字を書き、「これは、金毘羅方面にいる山人がこの上もなく尊いものとして尊んでいる、金毘羅山の御神の文字です。あなたが是非にと請われるので、書いて差し上げることにしました」と言った。私は傍らから訊ねた。

「それは何という字なのか、また何に記してある字であるのか」
寅吉「これが何という字かは知りませんが、時々象頭山から回ってくる巻物の巻頭に、この字が光るばかりに黒々と記されています。この字を見ればそれだけで、象頭山から回ってきた巻物だと分かります」
○私「その巻物は何のために回すのか。象頭山の神がすべての山人の主であられる、といった理由などによるのか」
寅吉「象頭山の神が山人の主であられるわけではありません。山人は皆それぞれに、時々山を替えて住むことがあります。ですから私の師匠も、本山は信濃《しなの》の浅間山ですが、常陸国の筑波山、岩間山にも住み、あるいはまた中国その他の国々の山に住まれることもあります（杉山というのは大山にある）。すべての山人はこのようにしています。それゆえ、山々から互いに、この人は今この国にいないか、とか、あるいはどこの国の山に住んでいるのか、ということを知るために、巻物を回すのです。その回状が浅間山に回って来たときに、師匠がいらっしゃれば、師匠自身がその実名と、書判と、年齢とを記して返されます。山々の山人が名を書き連ねていきますが、すべて同じ書式です。

ところでまた、師匠の所から回す巻物には、巻頭にという、このような字を記されます。山々の山人がこれを見れば、すぐに浅間山の巻物と分かり、それぞれ名を書き連ねて返してきます。各地の山々からこのように回状を回しますので、一年《(月か)》に二十度も回ってきます」
○私「その巻物には師匠の名だけを署名して、つき従う人々の名前は記さないのか。また師匠は、歳を何歳と記されているのか」
寅吉「どの山でも、ただその頭領である山人の実名、花押〔書判のこと〕、年齢のみを書き記して、つき従う人々の名は記しません。師匠と古呂明の歳は、いつも七歳と記されています。先に話した無歳と定めた人は、名前の下に無歳と記しています」
＊――もしかすれば無歳と記す人は尸解仙《しかせん》ではなかろうか。
○私「金毘羅様の御実名、年齢はいくつと記されておられたか」
寅吉「御名前は、何という字か私には分からない字が二文字書かれてありました。年齢は八歳と書かれてあったように記憶しています」

またこのときからかなり後のことであるが、皆川氏から寅吉に、書状でものを依頼してきたことがあった。皆川氏はその書状を革の文箱〔書状を入れてやりとりする細長い箱〕に入れてよこしてきていた。寅吉は依頼の用件をすませて皆川氏のもとへ伺うに当たり、文箱の紐を図〔欠〕のように結び、首にかけて出てきた。山で巻物を入れて回す箱の紐は、このように結ぶという。また山ごとにそれぞれ結び方は異なるという話であった。

○私「おまえの師匠、杉山山人のことに関する話は、いつもおまえから聞いているが、弟の古呂明のことをあまり話さないのはなぜであるのか。もしかすると古呂明は師匠の分身であり、それゆえ古呂明のことは何一つはっきりとはしていないからではないのか」

寅吉「古呂明という人はとても温和な人です。いつも師匠の仕事を補佐し、師匠のすることや考えていることを、聞かなくても察知して分かります。師匠のもとにいるときには、古呂明はいつも机に向かって記録をとり、必要なものの工作をあれこれとこなし、いろいろなものを作ります。また、諸国の山々へ行って各地の山人と物事を相談するときにも、多くは師匠をわずらわせることなく、師匠の指示も待たずに、素早く師匠の心を読み取って、意見を述べられます。また、私らのような年少者の修行の世話もされます。だから私らがいたずらをしたり、過ちを犯したりしたときなどは、『今後はこんなことを決してするな。師匠がお叱りになられるぞ』と、ひそかに諭されることもしばしばあります。

しかし古呂明が師匠をさしおいて、私たちに物事を教えることはなく、師匠から『このことを教えなさい』と言われれば、そのときは古呂明が教えます。師匠は威稜《みいつ》〔神霊の威力〕厳しく、一度教えられたことを忘れるとお叱りになられますから、私たちも師匠から教えられたことは決して忘れません。ですが古呂明に教えてもらったことは、忘れてもまた教えてもらえるという気があり、忘れてしまうこともしばしばです。

私は、古呂明は師匠の分身ではないと思います。その理由は、まず第一にその顔付きが違います。また師匠は四十歳過ぎに見えますが、古呂明はまだ四十歳になっていないと思われます。そしてそれ以上に、時々師匠と意見が合わないこともありますし、ときには師匠を諫められることもあります。古呂明が諫めて、しかし師匠に聞き入れられないときには、『それなら私は、もうあなたのもとには居りません』と言って、よそへ逃げて行かれたこともありました。

またあるときのことですが、何であったか、師匠の代わりに書き記された書物のことで、兄弟互いに言い争いが高じ、古呂明が自分の記した数巻の書物を皆焼き捨てて、出て行ってしまったこともありました。けれども互いに情が通い合うのでしょうか、言い争いをして、ときにはしばらく別々に分かれていますが、いつの間にかまた古呂明は戻ってき、以前と変わることなく師匠を補佐し、そして互いに何一つ含むところがあるようには見えません。まことに不思議な間柄です。

古呂明は、師匠がなさろうとすることを何事であろうと気付き、代わりを務められ、仲がよいとともに、時にはこのように言い争いをすることもあるのですが、ただ一つだけ、全く理解しがたいことがあります。あるときのこと、師匠が何やら手の離せないことに取り掛かっておられたとき、古呂明が師匠の代わりに小便に立ったことがありました。このことだけは今もってどういうことなのか、よく分かりません」

○またあるとき、貧乏な門人が二、三人寄り集まって、お互いに溜め息をつきながら生活の苦しさを語り合っていたことがあった。そばで寅吉もしみじみとその話に聞きいっていたが、やがてこう言った。

「世の人間というものは、山でも言うように、世の中のことを思い煩うこともなく、自分一人のことだけをしていれば済む気楽なものだと思っていましたが、そうでもないのですね。自由はないし、長生きもできないし、借金があるとか、貸した金があるとかいって苦労するんですね。それにひきかえ山人は、長寿で、自由もあり、借金や貸した金のことで悩むような苦労もありませんから、気楽かと思えば、世の中の世話に忙しく、各地を訪ねて飛び歩き、無為に過ごせることも少なく、苦労します。そうすると、何になっても、苦労は免れ得ないものと見えます」

それで、その場にいた門人の一人が訊ねた。

「山人は、中国の仙人も同類のものだという話であったから、仙人と同じようにのどかで特に何をするということもなく、身の回りのことは神通力をもって思いのままにこなし、気楽に生きているものと思っていたが、何がそんなに忙しく、することも多いのか」

寅吉「山人というものが、自由自在の神通力をもち、山々に住んでいるという点では、中国の仙人と同類です。しかし山人は、何をするということもなくのどかに生きている存在ではありません。その理由を、まずは神のお立場から申し上げましょう。

師匠が言われるには、すべて神というものは、既に神と崇められているからには（「神となったからには」か）、世のため人のためになることは、何事であれ恵み与えてやるのでなければ、その名に値しないものであるということです。だから千日祈って効験がないときには、万日祈れば効験がある。万日祈っても効験がないときには、生涯かけて祈る、というように祈願すれば、たとえ邪な願いでも一度は効験をお与えになる。まして正道な祈願は、よく信心を徹しさえすれば、かなわないということはない。しかし人間の願うことは、道理にかなっていると思う祈願でもあっても、神の側から見れば邪な願いが多い。それゆえに後で思いがけずして、それ相応の罰を受けることになる。いわんや道理に外れていると知っていながら願うとすれば、最後には天道から永久の罰を下されることになる、という話です。

ところで、山はどの山であっても神のおられない山はなく、また山人のいない山もありません。もっとも山によっては秋葉山や岩間山のように、里の世でも山人がいることを知っている山もあります。この山のように、山人を天狗と呼んで祈り崇めている山にあっては言うまでもなく、山人のいることを知らず、ただその山に鎮座しておられる神に祈るだけの場合であっても、その山に住む山人が、世の人の神への願いを成し遂げさせているのです。例えば、私の師匠の本山は浅間山ですが、里の世の人は師匠の名前さえ知りません。だから祈願するときにはただ浅間神社に祈ります。それでも師匠がその願いを聞き、そして引き受けて神に祈り、その願いを遂げさせるという具合です。

ですから、象頭山の御神のように評判の高い神が、御多忙であられることは言うまでもありません。象頭山には山人や天狗が大勢いますが、それでも手が回りません。それで諸国の山々から山人や天狗が代わる代わるに行き、山回りをするのです。

それでもなお手が回らないほど祈願の数が多いときや、また人間の祈願は多種多様ですから、その山々では祈願を遂げさせにくい面倒な願い事が多いときもあります。そのようなときに、他の山の山人たちに、その祈願を遂げさせるにはどうすればよいかと、訊ねることになります。私の師匠であれ他の誰であれ、まずそれを聞き入れて引き受け、自分にできない場合には、また他の山人に託していきます。それゆえ面倒な願い事は次から次へと別の山人に言い送られ、ついにはもとの出所が分からなくなる場合もあります。しかしこのように言い送られていく間に、その祈願をかなえることのできる山人に行き会えば、次々にもとの出所へ送り返して、祈願を遂げさせることになるわけです。

山々から互いに巻物を回し合って署名させるのもこのためであり、各地の山々の山人が現在自分の山にいるのか、あるいは他の山にいるのかということを、そのつど確認しておき、それぞれが得意とすることを委託し合うためです。それゆえにこの巻物には、他の山にいて名乗る名前ではなく、実名を記す決まりなのです。

こういうわけで、山人は日々しなければならないことが多く、忙しいことは言うまでもありません。一つのことに係わって、数百里を何度か空行往来することもあります。また、いつどこからどんなことを委託されるとも限りませんから、世に起きていることぐらいはどんなことでも理解して記憶しておき、必要なときのために備えているのです。だから博学であればあるほど、各地からの委託も多くなりますが、自然と位も高くなります。

私の師匠は年齢も四千歳に近く、多くのことを知っているために、数多い山人の中でもとりわけ忙しいのです。それでもなお常に苦行を重ねられているのは、より一層霊妙自在の力を得て、世の人のために尽くそうとしてのことに他なりません。ですから山人というものは、世の人間よりは苦労が多いのです。それゆえ山人は、いつも世の人間は気楽なものだとうらやましがっています」

○私「山回りというのは、各地の山人がその山々に行って見回り、守護することかと思っていたが、そうではなさそうだ。山回りについて詳しく話してくれないか」

寅吉「山回りというのは、自分の山にばかりいないで、互いにあの山からこの山へと、代わる代わる回っていき、その山の世話をすることから、そのように言われる言葉です。去年の十二月三日から今年の正月三日までの寒の三十日間、師匠が象頭山におられたのも、山回りです。先に話しましたように、象頭山はもともと多忙な上に、寒の期間中はさらに祈願に来る人が多く、とりわけいろんな願いを聞き遂げてやらねばならない時期ですから、毎年寒中には、諸国の山々から大勢の山人が集まってきて手助けをするのです。山人だけではなく、鳥や獣の化身である天狗でさえ集まってきて手伝います。

金毘羅様は山人天狗すべての長のような方としておられますから、そうする掟なのです。しかし他の山々の場合とは異なり、山人が象頭山にいくのは毎年の寒の期間中だけであり、ふだん象頭山に山回りに行く者はいません。また金毘羅様は、他の山の山人のように自分の本山を出て、他の山に山回りに行かれることもありません。

師匠が回られた山々は、私の知るかぎりでは象頭山、烏山、妙義山、筑波山、岩間山、大山などです。大山におられたときは、師匠は常昭と名乗っておられました。大山の山人の頭領の名前が常昭です。常昭は僧の姿をした人で、いまだ人跡未踏の杉山という深山に、庵を結んで住んでいます。この大山の頭領の常昭が、他の山の山回りに出かけられていたその間、私の師匠が常昭の庵に住み、常昭と名乗っておられたのです。誰がどこの山へ行っても、自分の本来の名前は名乗らず、その山の山人の名を名乗るしきたりであるからです。その後で岩間山に住んで、杉山僧正と名乗っておられます。杉山の称号は大山の杉山の名を用いておられるのですが、僧正というのが岩間山の山人の名であるのかどうか、それは知りません。双岳という号は、師匠が中国の山に住んでおられたときの名前を用いているとのことです。

ところでまた、師匠が金毘羅様に行かれる件に関して、もう一つ話があります。まず師匠の配下の山人は、古呂明と左司馬を含めて十一人いますが、師匠も入れて数えると十二人になります。十二人がくじ引きをし、毎年くじに当たった者が六人ずつ金毘羅へ行きます。しかし寒の三十日は、山人にとって大切な行の期間で、一年の寒行を勤めれば位が上がっていきます。ところが讃岐へ行ってしまうと寒行ができず、一年を無駄にすることになります。それで誰もが嫌がって、他の人に交替を頼んだりしますが、師匠はくじに当たっても、今まで他の人と交替されたことはありません。古呂明と左司馬をつれ、他の三人の人と一緒に行かれます。師匠も寒中の行をなさいますが、既にかなりの行を積まれているので、自分より下位の人にその行を犠牲にさせてまで、自分の行をしようとはなさいません。しかし師匠がくじに当たらなかったときは、古呂明と左司馬が当たりくじを引いても、他の人と交替させ、二人を行かせません。それはこの二人が常に師匠の左右にいなければ、やりにくいことが多いからです」

○私「以前、師匠につき従う者は古呂明と左司馬の二人であると言い、これまでもこの二人以外の人のことは何も言っていなかったのに、師匠に従う山人が、古呂明、左司馬を入れて十一人いるというのはどういうことなのか。古呂明、左司馬以外の他の九名の人の名は、何と言うのか。彼らもまた、いつも師匠につき従っているのか」

寅吉「その九人は、いつも師匠につき従っているわけではありません。各自がそれぞれ小さな山を分担してもっており、神事やその他、多人数でなければならないときや、また師匠が講釈をなされるとき、あるいは金毘羅行きのくじ引きのときなどに寄り集まるだけです。ふだんは会わない人たちですから、私は名前も知らず、話すほどのこともありません」

○私「大山の常昭山人が僧形であるということも納得できない。というのも、常昭は新宿に住む藤屋正兵衛の所に来て逗留し、下総《しもうさ》の三社の神号を書いていったことがある。そのときの常昭は髪が長く山伏のようであったと、正兵衛が話していたからだ」

寅吉「それは先に述べたように、他の山から手助けに行った人が常昭と名乗っていた、そのときに、正兵衛の所にいったのでしょう。本物の常昭山人は、正真正銘の僧形です。その三社の神号の筆跡も、本物の常昭のものとは違います。間違いなくその人は、常昭と名乗っていた別人です。私は常昭山人の筆跡をはっきりと覚えており、見間違えることはありません。それにまた本物の常昭山人は、それほど軽々しく里の人の家に逗留などする人ではありません」

○私「僧形というのは、いつも剃髪していることを言うのか」

寅吉「あちらの世界で言う僧形とは、こちらの僧のように頭をきれいに剃っているということではありません。あちらでは頭の肌が見えるほど剃ることを嫌い、大体一年に三回ぐらい剃り、いが栗頭のような髪形を僧形と言います。ですから剃りたての間は住まいに引き籠っており、髪が二分刈りくらいに伸びた頃から人前に出てきます」

○私「ここから□の方角に、夜国とか言われている国があるという。そういう所に行ったことはないか」

寅吉「それはきっとホツクのジュウという国のことでしょう。いつぞやの夏の頃に行きました。太陽は拳ほどの大きさにしか見えず、寒かったのですが、雪はありませんでした。うす暗く、太陽が八割がた欠ける日蝕のときは、こんなかもしれないと思われました。そして太陽はちらちらと縦に揺れながら、西に沈むように見え、夜はとても長く感じました。しかし月の見えない新月の頃で、月の様子は分かりませんでした。この地面には幾筋もの溝川が掘ってありました。この国では太陽の見えない時期があり、水の光を利用するためであるということでした。

五穀〔一般には米・麦・粟《あわ》・黍《きび》・豆〕もそれなりに実る国であると見え、麦を刈っていました。また稲も出来るようで、畦道の間に藁がおかれてあるのも見かけました。木も草も生えていました。ほとんどの人が痩せ細っており、背が高くて頭は小さく、鼻も高くて口が大きく、手足の親指が二本ずつありました。衣服は何であるのか見当がつきませんでした。家はなく、穴に住んでいるように見えました。この国に何日もいたわけではなく、この国からすぐに女島へ渡りましたので、詳しいことは分かりません」

○私「女島はここからどちらの方角にある国なのか。またその国のありさまはどのようであったか」

寅吉「女島は、日本から東の方へ四百里〔約千六百キロメートル〕ほどの海上にあります。家屋は作らず、山の中腹に穴を掘って住んでいます。入口を狭くし、中を広く作った横穴で、入口の所にはわずかに木を渡して昆布で覆い、雨を防いでいます。

女島の住人の女も、日本の女性と変わりはありません。髪はくるくると巻いて束ねています。衣類は、海中に育つ箒草《ほうきぐさ》のようなやわらかい海藻を採集して、筒袖のように作ったものです。その着物を着たまま海に入って魚を捕り、昆布を採って食料にしています。海からあがって身体をふるうと、その着物の水は皆散って乾いてしまいます。またこの着物は、火にかざしてもあまり燃えたりしないということです。

この国の昆布は、茎の太さが人間の太股ほどもあります。その茎の中にはぬるぬるとした液体が詰まっています。茎を二つに裂いてその液体を採り、煎じつめて蕨餅《わらびもち》のようにして食べることもあります。また何といっても女島は女ばかりの国ですから、男を欲しがり、もし島に漂流してくる男があれば、全員が寄り集まってきて食べてしまうそうです。

子供は、笹の葉を束ねたものを各自が手に持ち、西の方に向かって拝み、女同志で互いに夫婦のように抱き合って孕むということです。ただし大体子を孕む時期は決まっているそうです。この国には十日ほども隠れていて、その様子を見ていました」

○私「この他に、どこか珍しい国に行ったことはないか」

寅吉「他にもどこにあるのか私には分かりませんが、多くの国々へ行きました。しかし見物に行ったわけではありません。師匠が必要なものを調えに行かれたときに、私はただついて行っただけのことです。そのような国へ行っても多くの場合は、人の住まない野山や、または海や川などで事が足り、用は済んでしまいました。それでその国の様子までは知らない所が多く、今思えばほとんど夢を見ていたような気のすることばかりです。

ただその中で、珍しく思った国もあります。そこには十日あまりもいましたので、少しは覚えています。

男女とも顔は普通の人間とそれほど変わりないのですが、言葉を解さず、キャンキャンと言うだけで、犬の鳴き声に似ていました。家ごとに犬をたくさん飼っており、犬の肉を常食にしていました。そして衣服といえば、生きている犬の腹を裂いて生皮を丸ごとすべて剥ぎ、生皮のまま犬の四足の部分に手足を入れ、裂いた腹のところを縫い合わせて着ている間に乾かし、犬の頭の毛をかぶっていました。国中の者がそのようにしており、まるで犬が立って歩いているように見えました。

白犬や赤犬などを各人がたくさん飼っており、赤犬の皮の着物を何枚、白犬の皮の着物を何枚もっているというように、犬の皮の着物をたくさん持っている者を裕福な者としていました。そして彼らの酋長への貢物も犬であり、酋長の着ているものもまた犬の皮の着物でした。また犬ぐらいの大きさですが、犬ではなく、馬のようにも見える獣を飼っており、魚や鳥などを捕らせていました。

この国の人々は海に落ちても死ぬことはなく、そのまま海中の生き物に変わるということでした。いろんな国をたくさん見ましたが、その中でもこの国ほど穢らわしく思った国はありません。しかし国の名も分からず、ここからどの方角にあたるかということも分かりませんので、書き留めることはご容赦してください」

○私「師匠に連れられて行った国々の中で、象や虎、獅子などの類や、その他この国にはいない獣を見たことはないか」

寅吉「象も虎も見たことはありません。獅子だけは見ましたが、こちらで絵に描くような獣ではありません。むく犬を大きくしたような、とても汚い動物でした。獅子をみた国は、天竺《てんじく》〔インド〕という国の近くであるということでした」

○私が門人たちに、古史のある段について講義していたときのことである。伊邪那美《いざなみ》命が、瓢箪《ひょうたん》をもって火神が暴れるのを鎮めよと水神に教えられる段であったが、その段について説明して聞かせたついでに、私は瓢箪に入れた酒には効能があることを話した。すると聞いていた寅吉が、「だからこそ山でも瓢箪に酒を入れ、また盃も椀も瓢箪で作り、猩々《しょうじょう》〔人語を解し、酒を好むという猿に似た想像上の動物〕も瓢箪で酒を飲むのだろうと思う」と言った。傍らにいた人が大笑いしながら、「猩々が酒を飲んでいるのを見たことがあるのか」と、寅吉に訊ねた。

寅吉「何も外国のことではありません。この国でのことです。といってもこの国のどこであるかは分かりませんが、海からさほど遠くない山の谷間で、猩々の瓶であるという、自然にできた瓶を見たことがあります。例をあげていえば禹餘粮壺《うよりょうこ》〔小さい石が酸化鉄と結合してできる岩石の一種で、中に空洞がある。岩壺ともいう〕のように、石の先っぽに自然にできた瓶で、その中には天然の酒がこんこんと湧き出していました。人々が飲むので私も飲んでみました。本物の酒より薄いとはいえ、香りもあり、飲めば酔うことも、本物の酒と何ら変わりありませんでした。

ところでその瓶には蓋があり、瓢箪を盃のような形に切り、瓢箪の先に藤蔓をつけたものが、蓋の上に添えてありました。『猩々という奴はよく人間のまねをする生き物だから、人間の使う盃をまねて作ったのだ』と、師匠が言われました。もっともこの酒は、飲んで酔っぱらってもその場所を離れると、すぐに醒めてしまいます。日本の国内であったことに間違いはないのですが、どこであったかは聞きませんでした。

何にせよ瓢箪というものは、酒を入れて長期間保存しておいても、香りを損なうことはありません。また瓢箪は、何であれ薬を保存しておくのにちょうどよいものであるということです。麝香《じゃこう》のような香りの高いものでも、瓢箪に入れておけば香りが消えないと聞きました。瓢箪で盃や椀などを作る場合には、内側に漆を塗って仕上げます」

○私「岩間山の天狗のことを、その近辺の知人に訊ねると、かなり以前は五天狗といっていたが、次々と祭るものをふやして十二天狗と称するようになり、その後さらに長楽寺《ちょうらくじ》が加わってその首領におさまり、それ以後は十三天狗と称しているという話であった。本当にそうなのか」

寅吉「以前のことは知りませんが、岩間山の天狗を世に十三天狗と称しますが、岩間山に十三人の山人がいるわけではありません。人間の亡霊が天狗になったものと、生身のままで天狗になったものを合わせて四人ほどと、後の多くは鷲《わし》や鳶《とび》や獣などが天狗に化けたものです。そのうち人間の姿形をしたものは長楽寺だけです。

そして長楽寺が首領となったのはこういう次第です。つまり十二天狗の連中が長楽寺を引き入れて手下にしようとしたのですが、長楽寺はその頃の岩間の別当〔一山の寺務を統括する僧侶〕の知り合いで、不思議な霊威もありました。それで連中は長楽寺をことさらに敬い、長楽寺こそ一番だと崇めたところ、長楽寺はもともと剛強な人でもあり、十二天狗を屈伏させてその首領となったという話です。およそ人間ではないものが化けてなった天狗は、言葉も話し、自在の業もなしますが、何といってもやはりとても愚かなので、屈伏させられてしまったのです。

長楽寺は、歳の頃三十くらいの山伏姿の人です。この長楽寺が首領ですが、師匠が岩間山におられるときは、長楽寺をはじめ誰も皆師匠の命令に従います」

○私「神前に季節ごとの花を奉ることはないのか」

寅吉「季節ごとの花も、美しいものは生けて奉ります。またいつも稲の苗を生けて奉ります。稲の穂が出ているときは言うまでもありません。もし稲の苗がないときには、神事のある前にあらかじめ種を植え付け、六、七寸〔約二十センチメートル〕ほどに成長した頃にそろえて束ね、根を切って、青くふさふさした苗を奉ります。

また新米がないときには、米を新米風に作りなして奉ります。その製法は、今述べたように植え付けて育てた青苗で藁《わら》苞《づと》を作り、その中に米を入れて一週間ほど蒸らしておくのです。こうすると稲の葉の香りが移り、新米のようになります。この米を奉ります。この米は炊いて飯にしても新米の香りがします」

○ある日、人々といろいろな話をしていたが、そのうちに、中村乗高が集めた奇談書に、ある人の娘が鉄を食べる病気を患ったという奇談があるという話になった。そのときのことである。

寅吉「鉄の採れる山に生育する、奇妙な生き物がいます。生まれたばかりの頃は山蟻くらいの大きさで、虫といってもいいような形ですが、鉄ばかり食べます。生まれたての小さなときは砂鉄を食べ、大きくなるにつれて釘や針、火箸など、何であれ鉄で出来たものを食べて育つ生き物です。〔図３〕〔二六七頁〕のような形で、毛はまるで針金のようです。師匠が試しにこの生き物を飼われたところ、非常にたくさんの鉄を食べて馬ほどの大きさになり、身体から自然に火が出て焼け死んだということです。名前は何というのか知りません。これが麒麟《きりん》であると言う人もいますが、どんなものでしょうか。

そういえばまたこんな話を思い出しました。猿は非常に歳をとると、とてつもなく大きくなって立って歩き、頭には長い髪が生え、目は異常に光り、自在の術を身につけるといいます。そうして数千年を経ると、身体から自然に火を噴き、それまでの身体をことごとく焼き尽くします。そしてその中から人間と全く変わりなく、体毛も無い身体になって現れてきます。しかしまた時々猿の身体に戻って、猿の群れと交わるそうです。師匠が、こういうものの化身も見ておけと、焼けた身体の中から人間の姿になって生まれてきた猿を見せてくださいました。この猿をもぬけというそうです」

〔図３〕鉄を食う物の図

○私「師匠は寝られるとき、夜具を用いられるのか、それともそのまま寝られるのか」

寅吉「寝間着も布団も枕もあります。師匠は、穏やかに十日も二十日も高いびきをかいて寝られます」

○私「寝間着や布団は何で作るのか。こちらのものと違いはないのか」

寅吉「婆《ばあ》が懐《ふところ》で織った織物を二重にし、しごきおとした芒の穂をたくさん入れてとじつけた寝間着や布団です。形はこちらのものとほとんど同じです」

○私「枕は何を材料にして、どのような形に作ったものか。例えば菰《こも》〔イネ科の多年草〕などで作った枕はないのか」

寅吉「枕は麻布をつなぎ合わせた枕で、中には何をつめているのか、ガサガサと音がし、藁のように思われました。頭の病気にかからない薬になるものであるということです。菰なのかもしれませんが、分かりません」

○私「婆が懐というのは、何であるのか」

寅吉「山にも野にも生えている蔓草ですが、茎や葉をむしると乳のような白い汁が出、小さな白い花が咲く草です。実は唐辛子《とうがらし》を四つほど合わせたような形をしており、秋になって熟すると、実が割れて中から綿のようなものが出てきます。この綿のようなものを、婆が懐といいます」

○私「婆が懐をどのようにして衣服のようにするのか」

寅吉「練り絹の太い糸を五、六尺〔約百五十ないし百八十センチメートル〕ずつに切って、竹に弓の弦のようにして張ります。これを芯にして麻糸か木綿糸で、大きく編み目を作ります。そこに糊をつけ、よく揉みほぐした婆が懐をたくさん絡み付けて干します。乾いてこちらの夏襦袢のようになったものを、極めて細く作ったことよりで、〔図4〕〔二六七頁〕のようにつなぎ合わせたものです」

〔図4〕亀甲なり

メリヤスのように婆が懐で
亀甲に組んでいる
まず足を入れ次いで手を入れて
後から人に縫い合わさせる

○私「師匠が幾久しく持ち続け、大切にしておられる着物は、何を素材にしてどのように仕立てた品か。またその着物の名称は何というのか」

寅吉「何という名かは知りませんが、素材は麻でも絹でもありません。何という名であったか、藤の木の皮に似た木を、例えば柔らかいアンペラ〔カヤツリグサ科の多年生植物、またはこの植物の茎で編んだ筵《むしろ》のこと〕のような厚い単《ひとえ》に〔「草で」か〕織って作ったものです。色は黄色味を帯びた白で、織り目は筋違いに見えます。背中には縫い目が来ないように、一巾を折り返して仕立て、前は裁ち裂いてかます縫い〔藁筵を二つ折りにし両端を細い縄で縫って袋状にする〕にし、図〔欠〕のように襟をつけてボタン〔こはぜ〕で合わせます。袖は広袖で、上の方は白い絹さなだのような糸で縫い、下は黄色と緑の太い糸で縫い、その先を垂らしています。そして腰に当たる部分の左右に、図〔欠〕のようなふくらみがあります。これは身体から離せないものを入れておく所で、これを袂《たもと》といいます。いろいろ数多くある衣服の中でも、とりわけこれを大切にし、安易に着られることはありません。これを着るときの帯は、紫色の丸ぐけ〔芯に綿などを入れて丸く縫って仕立てた帯〕です。帯を締めて着用した姿は図〔欠〕を見てください」

○私「師匠が僧衣を着たり、あるいは山伏の姿などをされることはないのか」
寅吉「師匠も大山や岩間山などに住み、その山の世話をされるときには、緋衣〔高僧の着る赤色の衣〕を着られます。しかしこちらの世の衣は、初めからひだをとって仕立ててありますが、あちらのは着てからひだをとります。素材はモジ〔麻糸をよじって粗く織った布〕のような布です。また妙義山の山回りに行かれたときだけは、山伏の装束をされました。装束はこちらの世の山伏のものとほとんど同じでしたが、頭巾が世の山伏の頭巾よりもかなり大きなものでした」
○私「師匠が座禅や静座などをして印を結び、呪文を唱えられることはないのか」
寅吉「座禅や静座などという行いを特になされることはありません。しかし重要な考え事などがあるときは、座を組んで目を閉じ、ナイの印を結んで何やら唱えて考えられることもしばしばあります」
○三月の節句の前日のことである。寅吉が「明日は山でも節句の祭があります」と言った。それで私は、「その祭のありさまはどのようなものか」と訊ねた。
寅吉「三月の節句は、イザナギ、イザナミの神の祭です。神壇をいつもの祭のときと同じように作って二神の霊代の幣をたて、いつもと同じようにいろいろな供物を奉ります。ただいつもの供物と異なるのは、浅葱《あさつき》と片貝の酢味噌あえと、榊の葉に甘酒をつけて奉ることです」
○私「甘酒はどのようにして造るのか。また榊の葉につけるとは、どのようにしてつけるのか。紙雛〔紙で作った略式の雛人形。もとは子供の遊び道具であったが、後には三月の節句に用いた〕や藁人形などを作って川原に流すことなどはないのか。また桃の花を供えたり、桃酒をそえたりすることはないか」
寅吉「甘酒はこのようにして造ります。米をかなり硬く炊き、熱いうちに麹をまぜ、空気が漏れないように蓋をしておきます。すると飯の熱さで麹が柔らかになります。それを挽き臼で挽き、神前に奉ります。そして榊の葉ごとにつけて供えるのです。紙雛や藁人形、桃の花や桃酒などを用いることはありません」
○国友能当《くにともよしまさ》が、「ある人に頼まれたのだが」と言って、寅吉に訊ねた。
「その人はとても雷鳴を恐れている人だ。雷鳴がとどろく前に、早くもその兆しが分かり、頭痛やめまいなどがして床に伏してしまい、雷が激しいときには気絶することも度々であるという。雷を恐れなくなる方法はないか」

寅吉「それには、なるべく高い山の上に穴を掘り、その中に一晩入っていることです。穴に入った後で穴の中の赤土をひとつかみほどと、どんな木でもかまいませんから、古い木の活《い》き根を切りとり、一緒に紙に包んで置いておきます。そして雷鳴がとどろいたときに、へその上にそれを当て、心を落ち着けていれば動じなくなるということです。

この方法は、雷鳴に対してだけではなく、極めて高い所に登るときや、馬や駕籠《かご》、舟に乗るときにも、へその上に当てれば、めまいがすることはありません。また気違いを治すのにも有効で、しばらくこのような穴に住まわせればよくなると聞きました」

○国友「信州松代のあたりでは、毎年痢疫《りえき》〔下痢または下痢をともなう伝染病〕が流行り、死ぬ人も大変多い。この災いを祓う方法はないだろうか、というある人の質問だが、どうだろう、何か方法はないだろうか」

寅吉「師匠ならばそのような流行を防ぐ方法も何かご存じかもしれませんが、私は知りません。しかしただ下痢にならないようにする方法ならばあります。生きている鰌《どじょう》の背をへらでなでると、ぬるっとしたものがたくさん出てきますが、それをとって白砂糖と混ぜ、毎日明け方に冷たい水で飲み、また鰌の黒焼きを毎日食べれば、下痢をしません。また腹を下している人でも、このようにすればよくなるということです」

○国友「これもある人に頼まれて訊ねるのだが、子供のできない婦人が妊娠する方法はないか」

寅吉「神社でも、川原であっても構いませんが、きれいな石をひとつ拾ってきておき、毎日、朝日に向かってその石を持って額に捧げ、天道に、『子を授けたまえ』と申し上げて祈ります。そして妊娠したら、その後は石の数を増やして、その石を拾った場所に納めます。またその石を生まれた子の生涯のお守りにするならば、その子は無事に育つと聞きました」

○国友「深い山奥やまた里であってもだが、悪鬼や妖魔、猛獣などが害をなすのを祓い除く呪術の類はないだろうかと、ある人が訊ねているが、何かあるだろうか」

寅吉「そのような呪術もあるでしょうが、私はまだ習っていません。しかし守札を認める法は習いました。これはみだりに伝授してはならない呪法ですが、平田先生には伝えて、私自身が守札を木に彫りました。怪しげな事態や、狼などのような悪質な獣に出くわしたとき、また山などで雲や霧が発生して困難に陥ったときに、この札を散らします。獣などのように目に見えるものには、この札を差し出します。そうすれば決して災難に遭うことはありません」

○国友「またある人に頼まれた質問であるが、金毘羅や秋葉《あきは》、道了《どうりょう》などの他、いずれの山人に対してであれ祈願をかけるときに、仏道のお経を口にしてもよいものだろうか。何か他に呪文の類でもあるのか」
寅吉「僧や山伏のやり方を見習って、俗世の人々は誰も皆、お経を口にし、祓詞などの類のものを唱えなくては何も通ずることがないように思っているようですが、本当はそうではありません。直接ただ祈願することを、ありのまま丁寧に、繰り返し申し上げるならば、それで通じます。お経や呪文、祓詞などにかかわりなく、祈願する信心さえ届けば、何をどう申し上げようと、神には通ずるものです。こういう心構えで神に祈願すべきであると、それが師匠の言葉です」
○私「私がまだ幼く、秋田にいたとき、ある木こりが来て、私の父にいろいろと話していたが、その中にこんな話があった。
三人の連れと一緒に、藤倉山《ふじくら》の山奥で木を切り、日暮れになったので帰ろうとしたとき、そこから北のさらに山奥の空に、稲光のような火がちらちらと見えた。そしてその火とともに、何であるのか、木の枝のようなものが見え、赤や青の花びらがたくさん散った。とても不思議に思い、立ちどまって見ていると、日が沈むなり、突然月が現れてきた。見ているうちに心細く、気味悪くなり、連れだって逃げ帰ってきたが、一体何だったのでしょうと。

木こりがこのように話すのを聞いたことがあるのだが、山でそのようなものを見たことはないか」

寅吉「それはきっと、山人たちの遊びで、ホロユというものを見たのでしょう」
○私「そのホロユというのはいかなるものか、知っているなら、詳しく話してくれ」
寅吉「それはこういう遊びです。まず竹を削って図〔欠〕のようなものを作り、目のつんだ麻布を、ふくらみが出るように張ります。そして図〔欠〕のようなしかけのものをつけ、一方の端に火縄をつけて、次々に火が移っていくように細工します。これを凧《たこ》のように糸をつけて吹き上げて立木に結わえつけ、遠くから眺めて楽しむのです。

いろいろなものを数多く出すには、それぞれに工夫があります。昼間であれば、五色の花のような雲を作ったり、雨を降らせるなどのしかけをし、夜用のものには、花火や電光、月などを出して見せるようにしかけるものです」
○私「月を出すしかけは、どのように作るのか」
寅吉「ガラスを丸く二重に作り、その間に水を入れます。そしてその下に蝋燭《ろうそく》を立てた箱を図〔欠〕のように取りつけ、火縄の火が次々に移って、蝋燭にまで燃え移るように工夫したものです。ガラスを二重にして水を入れたところに下の火が映り、本当の月のように見えます。十町〔約千百メートル〕ほど先の空に上げても、手の筋が見えるぐらいに明るく光ります。遊び事の中で、このホロユほど面白いものはありません」

○私「騰雲の話によると、天狗は食料として、松葉や竹の葉、その他の木の葉などを食べるという。また時々魚を捕って身だけを食べ、猿の子も捕まえて焼いて食べる。深い山奥などで天狗火と言われるのは、このときの火であり、この火は本物の火であるから、その跡には小笹の類が焦げており、人の目にも見えるものである。しかし狐火は本物の火ではないから、物が焦げることはないという。本当にこういうものを食べることもあるのか」

寅吉「松葉や竹の葉やその他の木の葉も食べることはありますが、いつも食べているわけではありません。たまに等量の塩に漬けて食べることもあるというだけです。何であっても等量の塩で漬ければ、食べられないものはないということです。

また魚や鳥は食べますが、猿を食べるなどということは決してありません。およそ獣を食べることは、もともと神が嫌われているというだけではなく、山は獣の持ち場であり、その山に住んで、獣を食べるなどということは、あってはならないことであると聞きました。けれどもこれは私のいた山でのことですから、騰雲は金毘羅方面の人ということですから、私のあずかり知らないところです」

○私「騰雲の話では、金銀や米、銭は、人が苦労を重ねて人の世の宝として作ったものであるから、金銀は言うまでもなく、米も一粒たりと自分の食用にはしないということであったが、これはどうであろうか」

寅吉「金銀や銭を用いることは前に言ったとおりです。米を食べることは言うまでもありません。しかし、金毘羅方面ではどうであるか、私は知りません」

○私「魚や鳥は、どのようにして捕るのか」

寅吉「魚や鳥を捕るには、一尺〔約三十センチメートル〕ほどの長さに切った篠竹の先に鉄の矢尻をつけ、魚や鳥に狙いを定めて投げ、投げ突きに突いて捕らえます〔豆鉄砲で鳥を捕る〕。鳥をはがのしかけで捕ることもあります。山伏の法に、魚や鳥を捕るには、神でも神よと奉り念ずると魚や鳥が動けなくなるので、『東山こうきの上の桃木にのぼりて見れば水となる、おりて結むでアビラウンケンソハカ』と唱えて九字を切れば、手で捕らえることができるといいますが、これはそのような効験のない呪禁です。

ところで鳥はどんな鳥であっても、世の人が鶏を料理するように、皮をまるごと剥いで身を取り出し、塩焼きにして食べます。また雉《きじ》などをたくさん捕まえ、塩に漬けて干物にしておき、焼いて食べることもあります。山人の食事には鳥が第一です。鳥肉は身体をすっかり軽くし、浮揚させるからです。私もあるとき、三十日ほど鳥ばかり食べていたことがあります。身体が本当に軽く、飛び上がれるかのように感じました。また特に鳥だけを食べる人は、長寿であるともいいます」

○私「俗世間では、兎は獣ではない、鳥の部類であると称して、高貴な人々も兎を食べておられるが、山人はどうか、兎を食べるのか」

寅吉「他の獣は全く食べませんが、山でも兎は鳥の部類であるといって、兎を食べます。特に兎の頭頂部には、人間にとても効く、薬になる肉があるとかで、その肉はとりわけ大事にして食べています」

○河野大助が訊ねた。「梅毒を患った二十五、六歳の男がいる。ほとんど治癒したけれども、咳が出て止まらない。多くの医者にあれこれと治療してもらったが、治せないのだ。何か咳に効く薬はないだろうか」

寅吉「咳には、生の松葉を刻んで焦げ色がつくまで炒り、等量の芥子菜《からしな》の葉と一緒に煎じて服用するのがよろしい。どんな咳にでも効きます」

○河野「ある婦人が消渇《しょうかち》〔糖尿病。また、俗に婦人の淋病をいう〕という病気で、痛みが耐えがたく、多くの医者が手を尽くしたが治せない。この病気にも何か薬はないだろうか」

＊——文銭〔葉が銭のようであることからいう連銭草・垣通《かきどおし》のことか。語義としては寛永通宝銭の異称〕とトウシミ〔燈心に用いるイグサなど〕を煎じて服用すると心下痞《しんかひ》硬《こう》〔むかつきなどの胃病〕に効能がある。

寅吉「六匁《もんめ》〔二二・五グラム〕の塩を四匁〔一五グラム〕になるまで焼き、水を一合入れて半分の五勺に煎じつめ、また二合入れて一合に煮つめ、それを一気に飲みます。しばらくすると痛みを感じますが、そのときに、明礬《みょうばん》十匁〔三七・五グラム〕に水六合を入れ、四合に煎じつめたものを飲みなさい。これが淋病・消渇によく効く妙薬です。また梅の木と松の木に生えた忍草《しのぶぐさ》〔シノブ・ノキシノブなどのシダ植物〕の類を煎じたものも、不思議と淋病・消渇に効きます」

＊——もし梅の木に忍草が生えていないときは、その苔でもよい。

○私がいつも著述関係の仕事で忙しいだけでなく、来客も頻繁で、毎日のように「一日も一年も短いものだ」とこぼしているのを、寅吉が聞いてのことである。

寅吉「それはとてもよいことで、長寿の相です。というのも、師匠がこう言っておられました。

　わしの過ごす二年の歳月は、常人が過ごす一日くらいの短い時間に感じる。それはわしの寿命が長いためである。虫や鳥は命が短く、中でもカゲロウなどという虫は、朝生まれて夕方死ぬが、命を短いとは思っていない。これは短命と決まっているからである。寿命が長く、世に功を立てる人ほど、年月を短く感じる。これは物事を成就するしるしである。たとえ五十歳で死ぬとしても、その本人が知らないだけで、実は四十歳ぐらいで死ぬはずであった本来の寿命より長生きをして、五十歳で死ぬのである。何にせよ、世に功を立てることが、寿命を延ばす方法であると」

○本当にそういうこともあるだろうと思われる考えである。

　木こりがあちらの仙境に行き、囲碁を見て一日を過ごしたと思ったところ、実は数年が経っていたという話がある。木こりが数年を一日のように感じたのは、寿命の長い仙境にいたからである。逆にあの槐安国《かいあん》〔蟻の国、唐の淳于棼《じゅんうふん》の故事〕に行った人が、一瞬を数年のように思ったのは、命の短い虫の世界にいたからである。この道理をよくよく考えてみると、寿命の長い人ほど年月を短く感じるというのも、実にもっともなことであろう。

　また私は、幼い頃から痩せており、太っている人がうらやましく、体をたくましくするような食べ物をできるかぎり食べてみたが、少しもその効果がなかったと、いつも嘆いていた。それを寅吉が聞いてのことである。

寅吉「師匠は、体の肉の少ない人の方が身も軽く、思慮も神明に通じ、長寿の相であると、いつも言っておられます。そして肉のつかない食べ物を用意して食べ、太ったと思うときには痩せる薬を飲み、酢を飲まれることもあります。ですから、痩せていることを嘆かれる必要はありません」

○また私は、鼻毛が長くなり、鼻の穴から外に出るのがうっとうしく、毛抜きをわきに置いて、時々鼻毛を抜いていた。寅吉がそれを見て、「鼻毛は抜き取るべきものではありません」と言った。それでそのわけを訊ねた。

寅吉「長い鼻毛が生えてくるのは長寿の相であり、絶対に抜くものではないというのが、師匠の考えです。師匠の鼻毛はとても長く、中でも髭と見分けがつかなくなるほど長い毛が、両方の鼻の穴から五、六本ずつ生え出ています。そして師匠はその鼻毛をとても大切にしておられます。また鼻息で寿命の長短を知ることもあります」

○私「師匠は信州の浅間山に住み、浅間山の神に仕え奉っておられるというが、浅間山に鎮座しておられる神の御名を何と申されるのか、聞かなかったか」

寅吉「師匠がその山に住み、その山を守護されるならば、その山の神に仕え奉っているということになります。鎮座しておられる神の御名は聞いていませんが、姫神であり、富士山の神の御姉神であられます。しかし御同体のようにもお見けした、ということも聞きました」

○高橋安左衛門正雄が、傍らにいて訊ねた。

「浅間山はいつも火が燃えているが、どうしてなのか。神の御怒りでそのように燃えているのか。何かその理由を聞かなかったか」

寅吉「燃えるのは、浅間山に硫黄がたくさんあるからです。燃焼すればするほど、硫黄はたくさん出来るものであるということです」

○私「師匠が外国の旅から帰られたときや、また穢れに触れたときなどに、禊祓いの神事をなされることはないのか。また、おまえのようにこちらの世に来ていた者が帰ったときに、俗世間で被った火を清める行いとか禊などをさせることはないのか」

寅吉「禊祓いの神事というものはありません。しかし不浄のものに触れられたときには、川に着物を流します。そしてまた図〔欠〕のような、溝萩《みそはぎ》にガラスの玉をつけて作ったものを持ち、『日向《ひゅうが》の御柱《みはしら》』と何度も唱えて、身体を払われることがあります。また瀉水《しゃすい》の法（水の字を書くこと）を行うときにも、溝萩で作ったものに水を含ませて用いられます（常の祓いに用いるのは、笹と神馬草〔ほんだわら〕と塩である）。また竹の枝を〔図5〕〔二六七頁〕のように細工し、赤い絹糸を籠のように編んでつけ、その中に神馬草と何やら明礬のようなものを入れた道具があります。神に供える水は、これでよくかきまわしてから奉ります。水をよく清めて澄ませる道具です」

赤い絹糸で編む

水を清める道具の図〔図5〕

○私「正月元日に、神事や祝事を行い、門松を立てることなどはないか」

寅吉「大晦日から元日にかけ、その時期の食物を供えて、年神を祭ります。門松というものはありませんが、山に生えている松の木に、食物であれ何であれ供物を奉り、拝み祈ることはあります」

○私「山人たちも酒を酌み交わして、祝うことはあるのか」

寅吉「他の山のことは知りませんが、私のいる山では、師匠をはじめ、付き従っている人々も、誰も決して酒を飲むことはありません。酒は人の心を敗り、行を損なうものであると、師匠はいつも諭されています。しかし正月二日には酒宴があります〔瓢《ひさご》に酒を入れ、また瓢を盃や膳などにする〕。皆が集まって土器に酒をつぎ、昆布を肴にして、少しずつ飲みます。そしてこのとき弓の射初《いぞ》めに、蟇目《ひきめ》〔ひびきめの略。鏑矢《かぶらや》の一種。朴や桐の木で作り、中を空洞にし数個の穴をあけたもので、射ると高い音がする〕の舞があり、各人が皆舞います」

○私「五月の節句の祝いはどんなものか。菖蒲《しょうぶ》などを用いたりはしないか。また幟《のぼり》に似たようなものを立てることはないか」

寅吉「五月の節句は、天王祭といって須佐之男命《すさのおのみこと》を祭ります。これは悪魔除けであるということです。供物にいつもと異なるところはありません。ところでこの日に、必ず剣改《つるぎあらた》めということをします。それは、剣一式をすべて取り外し、剣に磨きをかけるものです」

○私「蟇目の舞のときには、どのような装束を身につけるのか。また弓矢は、どのようなものを用いるのか」

寅吉「色は萌黄《もえぎ》でも花色〔薄い藍色〕でも何色であってもよく、素材はモジのような肩衣《かたぎぬ》〔武士が小袖の上に着用した上衣。袴と合わせて上下という〕に近いものですが、普通の肩衣よりも肩幅が広く、袖のないものを着て、蟹目霰《かにめあられ》〔模様の一種。かにめは扇のかなめのこと〕の括袴をつけ、木で作った〔図6〕〔二六七頁〕のようなものをかぶります。弓は桑の木をそのまま用いた木の弓で、萩で作った矢に、雉の羽を三枚つけて用います。この矢を二手〔矢を二本一組として数える数詞〕つごう四本、左の腰に差し、作法どおりに舞いながら、四隅に向って『エイヤアエイヤア』と高く声をかけて射放ちます」

冠り物の図〔図6〕

○国友能当が「ある人に頼まれたのだが」と言って、訊ねた。「中風《ちゅうぶう》〔脳出血などによって起こる半身不随や手足のまひなどの症状〕・労咳《ろうがい》〔肺病〕・膈噎《かくえつ》〔かくやみ。胃ガンなどの病気〕・癩病《らいびょう》などは、医学書にも不治の病いであるというが、何とか治す薬はないだろうか、という質問だが、どうだろうか」

寅吉「中風には、梅の木に生えた茸《きのこ》を黒焼きにして服用します。労咳には守宮《やもり》を雌雄別々に黒焼きにし、本人にはそれと教えず、食べ物に入れて食べさせます。膈噎には鶴の活肝が効きます。癩病の場合は、焼酎を含ませた綿で、火をつけて燃やしながら何度もたたけば治るということです」

○ある人「痛風で苦しんでいる人がいるが、何か治療法はないだろうか。また火傷《やけど》や痔の薬、血止めの方法を知らないか」

寅吉「痛風には、梅の木に生えた平苔《ひらこけ》を黒焼きにし、飯粒で作った糊で練って貼ると効能があります。火傷は、冷飯と杉の若葉をすりまぜたものを貼ります。度々貼りかえれば、患部の熱を吸いとり、痛みもたちまち消えて、跡も残らずに治ります。痔には、海辺に打ち寄せられた藻くずを干し、黒焼きにして用います。血止めには熊野火口《くまのほくち》〔蒲《がま》の穂で作った火口〕が効きます。

それで思い出しました。山から下るときに、薄黒く丸い小石を一個もらってきたのです。これを手に握ると、どんなにひどい出血でもたちどころに止まったのですが、どこかに置き忘れてしまいました。今思うと惜しいことです」

○ある人「私は何年も疝癪《せんしゃく》に苦しんでいるが、疝気〔下腹部や腰などがひきつって痛む病気〕や癪〔胸や腹部がさしこんで痛む病気〕の薬は知らないか」

寅吉「疝気には、またたびの粉と橙《だいだい》の黒焼きとを等量ずつ混ぜ合わせて、頻繁に服用します。癪には、寒烏《かんがらす》〔カラスの一種。背に白色の部分がある〕を屎壺《くそつぼ》に三十日漬けておき、それから洗って内臓をとらずに黒焼きにし、等量の赤螺《あかにし》の貝殻を焼いた粉と混ぜ合わせて服用します。これはげっぷや胸焼け、その他すべての腹の病気に効きます」

＊――癪を治すエレキテルのようなもの。

＊――垣通草《かきどおし》〔シソ科の多年生つる草〕は癪を治す。

○ある人「流行性の眼病・逆上眼《のぼせめ》〔目の充血〕・風眼《ふうがん》〔膿の出る結膜炎〕・血眼《ちめ》などの眼病には何を用いればよいだろうか」

寅吉「平たくてきれいな小石を拾い〔赤土の効能のこと〕、表と裏に虎目と書き、火で焼いて水につけ、程よく冷してから目のふちに当てて何度か蒸すと、大抵の眼病は治ります」

○ある人「何か常備しておけるよい膏薬《こうやく》はないか」

寅吉「山で使う膏薬はこうして作ります。まず杉の葉・甘草《かんぞう》・青木の葉をごま油で煎じます。黒くなったら滓《かす》を取り除いて、丹〔硫黄と水銀の化合した朱色の鉱物〕と白蝋とを加えて煮つめ、適当と思うときに少量の水をたらして、ちょうど程よく固まるときに止めて冷せば、膏薬になります。腫れものにでも何にでも用います。これは本当に便利な膏薬です。

また腫れものであれば、鉛を薄く打ち延ばし、酢で四時間ほど煮て、貼ってしばっておくと、何か分からない腫れものであっても散るものは散り、つぶれるものはつぶれて、すぐに治ります」

○ある人「のどにとげが刺さったときに効く、よい呪禁はないか。また舌が腫れたときはどうしたらよいのか」

寅吉「古歌にの字の□□□□□□□□□□□□□□□□□□□□□□□□。舌が腫れたときは、うなこうじ〔蛆〕の黒焼きを足の裏に貼るとよく効きます」

○ある人が、とある山里で女が一人昼寝をしていたところ、女の陰門に蛇が入って出て来なくなり、ついに死んでしまったそうだと話をしていたときのことである。

寅吉「蛇が陰門や肛門などに入って出て来ないときは、鉄漿《かね》〔おはぐろに使う鉄からとった黒色染料、古鉄を米のとぎ汁などに漬けて作る〕一合に酒を五勺入れて煮たてたものを飲むとよいのです。すぐに蛇は出てしまいます。また蛇に妊まされたときにも効くということです。蛇にかみつかれたときにも、飲むとよいものです。

蝮《まむし》にかまれたときには、串柿《くしがき》〔渋柿の皮をむき、串に刺して干し、甘くしたもの〕をつけるとよろしい。蝮は細くて針のような歯をしており、かみつかれると歯のかけらが肉の中に残ります。その歯のかけらが有害なのですが、串柿をつければその歯が吸いだされてきます。また蝮は、串柿をつけると死んでしまいます。串柿は蝮にとってことごとく毒になるようです」

○ある人「犬にかまれた傷を早く治す薬はないか」

寅吉「犬のかみ傷は、良質の抹茶と焼き明礬を等量ずつ混ぜ合わせて、水で飲めば、すみやかに治ると聞きました」

○国友能当「ある人の頼みであるが、長い距離を歩く歩行法はないか」

寅吉「師匠ならそのような歩行法を知っておられるはずですが、私は知りません。しかし、遠距離を数日歩いても疲れない妙薬を作る方法ということであれば、最近ある人に習いました。大黄《だいおう》〔タデ科の多年草〕・細辛《さいしん》〔多年生の山草〕・烏頭《うず》〔ヤマトリカブトの根〕の粉末を等量ずつ混ぜ合わせて、鹿の油で練り、足の裏に塗れば疲れることがないということです」

○私が訊ねた。〔以下欠〕

寅吉「松葉・桃の葉・南天《なんてん》の葉・石菖《せきしょう》の根・ちょうちょう草・芥子菜の葉の他、何であれ草を二十七種類ほど取ってきて刻み、それを炒って麻布の袋に入れ、酒で色が黒くなるほど煮だし、〔以下欠〕

○ある日、田河利器ら数人が来ており、寅吉に「おぬしがこちらに来ていては、山でさぞかし師匠が不自由に思っておられることだろう」と言ったときのことである。

寅吉「師匠は人手がたくさんいるときは、何人にでも分身なさいます。だから私が一人いなくても、不自由されることはありません」

○寅吉がそう言ったので、「どうやって分身されるのか」と訊ねた。
寅吉「分身されるときは、いつも下唇の下の髭を抜き、適当な場所に置いて呪文を唱えられます。すると何人でも師匠と同じ姿形の分身ができます。しかしその呪文は何と唱えるのか、私は知りません」
○土屋清道が、「猿や鼠などを捕まえて殺そうとすると、合掌してわびるような格好をするが、これは仏道が世に広まって既に二千年近く経ち、いつの間にか獣までが仏法の礼をまねるようになったということだろう。これほどである以上、仏道が廃れてしまうような時代が来ることはあるまい」と言うので、私は反論した。
「獣らが仏教風の礼を身につけたのではない。天竺の合掌の礼こそが、逆に獣の格好を見習って出来上がった礼であるはずだ。このことは、中国の書物にもそういう記述がある」

この口論を聞いていてのことである。

寅吉「合掌して拝むような格好をするのは、猿や鼠ばかりではありません。山で、熊が二本足で立って朝日に向かい、合掌して拝むような格好をしているのを、何度か見たことがあります」
○中村乗高が、こんな話をしたときのことである。
遠州〔静岡県西部〕□□郡□□村に□□□という者がいた。若い頃はひどい無頼漢であった。そして名主をののしった罪で所払いに処せられたが、それで何を思ったのか、その日から深い山奥に入り、世間の人との交わりを絶った。五年ほど山から下りて来なかったが、ある日、着物が欲しいと言って里へ出てきた。村の人々が、「数年もの間どうやって山奥で生活をしていたのか」と訊ねると、「今は獣たちと仲良く暮らしている。食物を作り、鍋もないが飯を炊く方法も見つけ、何一つ不自由に思うこともない」と話した。その後も三年に一度ぐらいは里に出てくるが、少しばかり仙人のような風貌になってきた。

寅吉「仙人のようになるのに、何も特別な仙骨といった骨がなければなれない、ということではありません。誰であっても深い山奥で三十年も住めば、初めのうちこそ獣たちも嫌って逃げますが、やがていずれは慣れてきます。そしてまずはいろいろな食べ物を持ってきて養ってくれ、後には妖力を得た鳥や獣なども使いこなせるようになり、いつとはなしに仙人になっていくものであると、師匠から聞きました。

また、鍋を使わないで飯を炊くという程度のことは、何ら珍しいことではありません。かたくて大きな石を鍋のように掘り、そしてその中に山うるしを塗り、その下の横に竈のように穴を掘って火をたけば、何でも煮れるものです」
○またある日、人々が集まっていろいろな話をしていたが、そのうちに、何を作るにはこう、何を作るにはどうするなどというような話になったときのことである。
寅吉「穿山甲《せんざんこう》〔全身角質の甲鱗で被われた有鱗目の哺乳類。いしごい。龍鯉〕の粉末と小麦粉を混ぜ合わせて池に入れると、多くの鮒《ふな》が生まれ、また麦のふすま〔小麦を粉にした時に出来る皮の屑〕を泥の中に埋めておけば、鰌が生まれるということです。またうどんの粉を練って鮒の形に作り、穿山甲の毛と肉の粉を塗って古池に埋めておけば、鮒になるということです。ところで穿山甲というのは、もとは鯉の変化したものですが、子も生みます」
○寅吉がこう言ったので、人々は笑いながら応じた。「それは解せない話だ。穿山甲は中国の生き物で、この国にはいないぞ」
寅吉「穿山甲はこの国にもいます。もともと鯉が変化したものです。私は本当に何度も見ました。誰もが知っているように、鯉は滝を登るものですが、それが龍となって天に昇るなどという話は、本当のことではありません。鯉は次のようにして、千山鯉に変身していくのです。

まず鯉は滝を登る勢いで山に跳ね上がってしまうと、草原をころころと転がっています。しかし日数を経るにつれ体が丸くなってきて、四つのひれが四本の足になり、甲羅が出来、鱗の間から毛が生えてきます。そして〔図7〕〔二六七頁〕のようなものに変化してはい歩き、山の水たまりに住んで子を産みます。それが穿山です。もとは鯉が変化したものですから、殺して肉や腸を見ると、鯉の肉や腸と同じで、胆も鯉と同じです。中国にだけ生まれるものであると考えるのは、とても狭い了見です」

千山鯉の図〔図7〕

○また、蟇蛙《ひきがえる》が卵を背中に抱いて子を産む話を聞いたときのことである。
寅吉「蚯蚓《みみず》は、切って埋めておくと二本になり、傷をつけると玉くら蚯蚓になります。田螺《たにし》は殻から出て子を生み、その後、殻に入り損なえば死んでしまいます」
○私「着物の前の合わせは、世間一般のように左を上に合わせるのか、それとも右を上に合わせるのか」
寅吉「ふだんは世間の人と同じように左を上に合わせますが、神事のときには必ず〔右を〕上に合わせます」

○倉橋勝尚氏がやって来られ、河図洛書《かとらくしょ》〔河図は、中国古伝説の三皇の一・伏羲《ふっき》の時代に、黄河から出た竜馬の背に現れていたという図。易の卦の基になったとされる。洛書は、中国古伝説上の聖人、夏の禹《う》王のとき、洛水《らくすい》から出た神亀の背にあったという文字図。洪範九疇《こうはんきゅうちゅう》の基になったと伝承される〕と呼ばれている図を書き、寅吉に示されて、こう訊ねた。

「これは天地間の真理をことごとく包括したものである。それゆえにきっと山人も、これを貴重なものとしているだろうと思うが、見たことはあるか」

寅吉はよく見た上で、「山ではこれを見たことはありません」と答えた。倉橋氏は意外に思われた様子で、「おまえはまだ年少ゆえに、この真理を伝授されなかったのだろう」と寅吉に言い、それから私と周易《しゅうえき》〔儒教経典五経の一。易経〕に関する話を始められた。

「わしは長年にわたり易学に志し、諸家の注釈もことごとく見たが、河図洛書の真理を看破した説は皆無であった。本当に河図洛書は、天地間のあらゆる道理を網羅している。木火土金水《もくかどごんすい》の五行を自由に操ることをはじめ、いわゆる法術〔諸子百家の一。法家の唱えた統治術〕の根本も、すべてこの河図洛書に尽きる。天下を覆す各種の謀略から、忍術や盗賊の秘術に至るまで、これによって得られないものはない。それゆえわしは、いつも易を講釈する人は、必ずや易を知らない人であると思う。易の真理を会得してしまうと、周易は決してあからさまには講じられない書である。わしはその真理を会得し、既に注釈書を数巻著した」

倉橋氏がこう話され、私も易について以前から考えていたことを述べていたときのことである。わきで聞いていた寅吉が言った。

「師匠が易の道を教えてくださらなかったわけが、今こそ分かりました」

それで寅吉の言うそのわけを訊ねた。

寅吉「私がこういう身の上となった、もともとの原因といえば、それは易卜を知りたいと思ったことにあります。それがきっかけで、以前に話したあの異人に、『易卜を知りたければ、わしと一緒に来るがいい』と言われ、それで連れられて山に行ったのです。

けれども師匠は、他のさまざまなことについては教えても、易卜のことは教えてくれませんでした。それで時々師匠に『易卜が知りたいのですが』と懇願しました。しかしそれでも師匠は、『卜占は、総じてあれかこれか疑いを決める程度のものに過ぎない。それゆえ易卜でなくても、どんな卜占であってもよいのだ。易卜はあまり好ましいものではない。だからその他の占い方を教えてやろう』と言って、いろいろな占いの方法を教えてくれました。そして『易卜が好ましくない理由は、後に分かるときがくるだろう』と言われました。今のお話で、師匠が易卜を教えてくださらなかったのは、お話のその故であると納得したのです」
○倉橋氏「異人に誘われたある人の話に、鷲や河童《かっぱ》などにさらわれる人には、何かそれなりのさらわれる因縁があるのだと聞いたが、そのようなことは聞かなかったか」
寅吉「鷲や河童などにさらわれる人には、両方の肩に丸い玉のように動く、青く光るものがあると、そしてこれが長期間体内にあると悪病になる、ということは聞きました」
○ある人「今三十歳ぐらいの男性のことである。幼いときから二十歳頃まで、てんかんの持病があったが、その頃まではとても聡明であった。ところが治療と祈祷を受けててんかんが治ると、その後は健忘症のようになり、社会生活もできなくなってしまった。それでもときには聡明なことを言ったり、したりすることもあり、全くの痴呆になったとも思われない。また性欲が少しもない。これを治す方法はないだろうか」
寅吉「てんかんから変わってそういう症状になったのですから、てんかんの治療法でよいのです。それにはまず、ガラスを望遠鏡のように二重にし、その間に紅を溶かした水を入れ、日なたに出てその人の体を照してみます。大抵は肩から腰、または腕のあたりに、ガラスの赤い光が映ると色が変化して見えるところがあります。そこが毒の凝集しているところです。毒のあるところの形にそってぐるりと墨で印をつけます。そしてその形どおりの、深さ二寸ほどの容器を銅で作ります。その容器を墨をつけたところに押し当て、良質の焼酎を耐えられる限度まで熱く沸かして注ぎ入れ、冷えたら焼酎を布にしみこませて取り、また熱い焼酎に替えます。これを頻繁に繰り返すと、その部分の皮膚が赤く漆にかぶれたようになり、そして悪水が出てきます。これを何度か繰り返しているうちに、しだいに毒が出てしまい、出尽くすと治ります」
○私「鷲にさらわれないとすれば悪病になるという、その青い玉を取り去る方法はないのか」
寅吉「師匠は、その病根を取り除く方法を知っておられるようでしたが、私はまだ知りません」
○私「外国の中で×のようなものや、あるいはまた人を磔《はりつけ》にかけた図、婦人が幼児を抱いた図などを崇め奉っている国はなかったか」
寅吉「どこであったのか、とても寒い所で、見事な筒袖の服を着た人々のいる国にちょっと行ったとき、その地の人々は、各自が皆そのような類の本尊を持って拝んでいました。師匠はこの類のものを見る度に、唾を吐きかけられました。それでその理由を訊ねると、これはキリシタンという邪教の本尊であり、日本では固く禁制のものゆえに、唾を吐きかけたのである、と言われました」

○私「天狐《てんこ》〔天上界に住むという霊狐〕を使う方法は、どのようなものか」

寅吉「天狐を地上に下ろして使うには、何であれとにかくうまい食物をたくさん用意し、山に入って天狐に供え、念じて祈ります。するとまず初めに早人というものが下りてきて、いろいろな恐ろしい怪異現象をみせますが、〔以下欠〕」

○倉橋氏が、ある武家の若侍から聞いたという話をした。最近のことであり、世の常の僧とは異なる不思議な僧にふと誘われ、諸国をあちらこちら見てまわり、そして帰ってきた若侍の話であるという。

その若侍が、江戸の芝にある愛宕山《あたご》に行き、御宮のあたりを見てまわっていたときのことであった。御宮の裏で、供の侍を五、六人ほど連れた、異様な相貌の武士と出会った。その武士は、若侍の連れの異僧と互いに久しぶりの再会を語り合い、挨拶を交わした後、こう言った。「あなたも以前からご承知のように、長年にわたる私の鬱憤も、今こそ晴らしえる時節がやって来ました。どうか私とともに喜んでください」

異僧はそれを聞き、「何事をもって時節が到来した、と言われるのか」と訊ねた。「私が恨みを抱く一族の家では、これまである寺に頼み、護持僧〔加持祈祷して護る密教僧〕を招いて神仏に祈り、私の祟りを受けるまいとしてきた。それで鬱憤を晴らすことができなかったが、この度その寺から遣わされてきた護持僧は五体が不具であり、その祈りには効験がない。それゆえこの隙に乗じて、私は仇を討とうと思っているのだ」と、その武士は答えた。異僧は話を聞き終わると、こう言ってその武士を諫めた。

「あなたの御遺恨は、まことにごもっともな恨みではありますが、既に長い年月を経た遠い昔のことではありませんか。そのような罪深い恨みはこれまでにして、安らかに怒りをお静めなさい」。するとその武士は、顔色をかえて言った。「私の家臣でありながら、主君である私の一門を滅ぼした恨みは、片時も忘れられるものではない。どうして報復することもなくおれようか」。異僧はなおもその武士を諫めたが、その武士は聞き入れず、ついに互いににらみ合ったまま別れた。

若侍が、「今の武士は何者なのか」と訊ねると、「彼は龍造寺隆景〔北九州一帯を支配した戦国大名、龍造寺隆信のことか。龍造寺家は重臣鍋島直茂に実権を奪われ断絶した〕という人物だ」と、異僧は答えた。そして異僧は、「あの家の一大事であれば、見捨てることもできない」と言って、ただちに話の寺へ行って案内を請い、取り次ぎに出た僧に言った。「何某殿を護持する修験者として、五体不具の僧を遣わしたとは、もってのほかのことだ。早く代わりの僧を遣わすよう、上の者に伝えなさい」。異僧はそう言って帰ろうとしたが、取り次ぎの僧は驚いて、「貴僧のお名前は何と言われますか」と訊ねた。しかし異僧は、「このことさえ伝えれば、名は言うに及ばない」と、取り次ぎの僧が引き止める袖を振り払って、立ち去った。

ある武家の若侍が語ったところをこのように話されてから、倉橋氏は、「そんなに昔の人物が、今もこの世に生きているとは信じられない。本当の話だろうか」と言われた。私も傍らから、「そういえば、浜町のある人の」〔上の三之巻参照〕などと言いかけたときのことであった。

寅吉「彼のような昔の人物が、今も生きている人であるかのように、幽界にとてもたくさんいるということは、言うまでもありません。私はそのような人々を知りませんが、師匠の話では、日光の御神も将軍様の御先祖であるが、今もそのままおられるということでした。その他にも義経や為朝などがいると言われました」

〇また倉橋氏が、「今の話の続きだが」と言って話された。

その若侍が異僧に誘われて東海道を旅していたときのことであった。肥田豊後守《ぶんごのかみ》が長崎の任務を終えて帰るところに出会った。いつもの大名行列のように、御朱印の入った長持を先頭に、「下に、下に」と道行く人を制しながらやって来た。人々は皆路上にしゃがみ、手をついて頭を下げたが、頭を地面につけるほどのことはなかった。しかしその異僧はきっちりと土下座をし、頭を土の中に押し入れるぐらい平伏し、畏まっていた。連れのその若侍は不思議に思い、「異人は世の人には全く見えない存在であるのに、なぜにあの長持に、それほど真剣に礼をつくされるのか」と訊ねた。するとその異僧は、「将軍家の御朱印は、禁裡の御璽《ぎょじ》も同様のものである。それゆえにできる限り尊び敬わなければならない。それなのに、今の世においてこのことをわきまえ知っている者は少ない。よくよく心得ておけ」と諭された、という話であった。

そして倉橋氏が訊ねられた。

「本当に異界ではそのように教えるのか」

寅吉は居住いを正して答えた。

寅吉「あちらの世界にもその掟を守らない者はいますが、私の師匠と親交のある人々は、本当にその人の話のように、天子と将軍とを敬っています。それは人が神を尊敬するのに似ています。師匠の話では、将軍は万国を平定し、天下の人を慈しみ統治なされる職位にあります。それゆえ神々を崇め敬われるならば、神々には元来人のために世をお守りにならなければならない由縁がある以上、神々は崇め敬われるに従い、ますます神威を増し、世をお守りになられます。そしてまた山人は、神と人との間に立って神のなされることを行うものである以上、天下を治められる君上を大切に守護することなくしてはすまないものである、ということでした。このことは、いろいろなものの化身である、いわゆる天狗の類であっても、正道についているものは同様です。

それゆえに俗に日光の山には天狗数万というように、山人や天狗がたくさん日光の山にいて守っているのであり、このことは言うまでもなく、その他の山の山人や天狗も日光の山を見まわって守護しているのです。これは師匠からはっきりと聞いたことではありませんが、世の初めに神々が鎮座されるにあたり、それぞれ役割を分担し、世間の世話は金毘羅様が、天下のことは日光山の御神がお受け持ちになられた、ということではなかろうかと思います。

天下に異変が起こりそうになると、山人や天狗はいずれも苦行をし、天道神明に祈ります。また、非常の事態が生じたときは言うまでもなく、ふだんから朝廷や江戸城へは、日光からも他の山からも守護に回っています。正月元日と春および秋の彼岸には、京の愛宕山から芝の愛宕山へ一人ずつ遣わされます。また江戸に火災が起こったときは、俗に天狗の休所という東叡山の二本杉に、日光から二人やって来て、火を鎮める呪術を行います。すべて火災というものは、天地神々の御心ごとにそれぞれ異なるおぼしめしがあり、山人や天狗それぞれにその思いを伝えて火事を起こされるのです。ですから、互いに自分のあずかり知らない火災は鎮めがたくもありますが、また自分の関与していない火災については、火を鎮めようと努力するのです。そのことはここに話すとおりです。何にせよそのゆえに、あちらの世界の人々が各自それぞれの位に応じて、天下を治めておられる君上を敬うことは、まことにその異僧の伴をした若侍の言うとおりです。

このことに関連した話があります。私はある人から、世の山伏たちがする縄解きの術を教わりました。背中にまわして組んで縄で縛った両手を、古歌を吟じて抜きとる術ですが、先頃ある家で、余興に私の手を人々に縄で縛らせ、解いてみせました。次にある人が、私をこう言って騙して縛ったのです。『わしは天下の罪人を縛る役職にある身である。だからわしが結んだ縄を解くことはできまい』と。私はそれを事実だと思ってしまい、それでその古歌を吟じましたが、解くことはできませんでした。それは天下の罪人を縛る役人だと言われたからです。日頃から師匠に、天下様を恐れ敬うべきことを教えられ、心に染み込んでいますから、その古歌のまじないも効かなかったのです」

○倉橋氏はこの話を聞いて、はたと手をうち、久能山の縁起について話し、〔以下欠〕

○国友能当が「ある人に依頼されたのだが」と言って訊ねた。

「あちらの世界にもいろいろな武器や武術などがあるのだから、山人は武備にも精通しておられることと思う。とすれば、海辺に杉山山人の宮を設け、異国襲来に対する守護神として祭ればどうであろうか、という質問である。これはどうであろうか」

寅吉「あちらの世界では、世の人が祈る祈らないにかかわらず、人の世を守護しています。ですから、異国の来寇があれば退け防ぐために、武器や武術、戦術のことまでも考究しています。けれども師匠は今まで世に名を知らせず、私が下山するときにも、その人を得るまでは、みだりにわしの居所や実名を言ってはならないと、固く戒められました。だから宮を設けて祈り祭ることについては、私からは何ともいえません」

○浅野世寛（本所長崎町の町医者）が、こんな話をするのを聞いたときのことである。天狗の甚右衛門を連れて、格式の高い何とかいう名のある寺にいき、その寺の某和尚に会わせたという。すると甚右衛門はその和尚を見て、全くおじけづいて畏まってしまい、席に着くこともできなかった。和尚がそれを見て、「遠慮なく席に着きなさい」と勧めたが、「私は妖魔の類ですから、とても正法《しょうほう》の和尚に近付くことなどできません」と言って、あちらの世界のことを話し出すこともせず、鼠が逃げるように帰ってしまったと。

寅吉が笑いながら言った。

寅吉「その甚右衛門という天狗は、自分の仕えている師匠が、『この世にいたときには仏者であったが、世に言う三熱の苦〔焼かれ、奪われ、食われる、龍の身にとって逃れられない三種の苦しみ。暗にこの天狗の師匠がもとは人ではなく蛇の類であるという含みが込められているのかもしれないが、篤胤などの当時の理解に関しては、下の一之巻参照〕があり、世にある間中いつも仏道の教えを守らずにいたから、天狗道に落ちてしまった』など嘆くのを聞き、それでもとより愚昧なたちでもあり、仏道を大変尊いもののように思いこんでいる者です。それゆえにそのように恐れたのでしょう」
○このとき私が、寅吉の仕えている師匠は仏道をとても嫌っていることなどを、世寛に話した。すると世寛はこう言った。
「そうは言うが、『平兒代答』に、杉山僧正は撫付《なでつ》け髪〔髪を後ろに撫で付けて垂らしておく山伏や易者などに多い髪形〕で、いつも呪文を唱え、印を結んで座を組んでおり、また西方に向かって、西方牟尼半仏と唱えていると記されている。またその木剣を見ると仏道で用いるものとよく似ているし、九字を切るのも世の修験者がする仕業である。これはどういうことであるのか」

寅吉は最後まで聞くものかは、いささか憤然とした顔付きで答えた。

寅吉「仏道が好ましくない道であるということは、師匠がいつも教えておられるところです。それゆえ師匠に付き従う私たちも、それほど深くは理解していないにせよ、師匠の教えのままに仏道がどのようなものかを知り、嫌っているのです。座を組み、印を結んで呪文を唱えると聞けば、仏法のように聞こえます。しかしそれは山崎さんの家に人々が集まったときの私の話を記した『平兒代答』の、記述上の不備です。

私は、山崎さんの家に集まった人々に、師匠は僧の姿をしているのか、それとも髪を生やしているのか、と質問されました。それで髪は長く後に下げておられますと答えると、撫付けと記しました。座禅や静座などをされるのか、と質問されましたので、座禅や静座などというものは未だかつてされたことはありません、と答えました。ですが、静かに平座して印を結ぶことはないのか、と質問されましたので、考えごとなどをなされるときには、手をこのように腹に当て、平座して目を閉じ、何やら唱えつつ考えられることもありますと、そしてこのように腹に手を当てている姿を、ナイの印とも言います、と答えました。すると、座禅のように書かれてしまいました。

それだけではありません。師匠は緋衣〔高僧の着る衣〕を着るか、と質問されましたので、衣のような袖の長い装束を着ることもあります、と答えました。すると、常に緋衣を着すると記されてしまいました。私は装束の名を知らないので、衣のような袖の長い服と言ったのですが、今思えば水干《すいかん》〔狩衣に似た、菊とじと胸紐のある衣服〕のような装束です。

また、師匠の名は何と言うのかと質問されましたので、そうしょうと言います、と答えました。では、それはどういう字を書くのかと訊ねられました。それで私は、正確には覚えていませんが、上に書く字は組のような字であり、下の字は正月の正です、と答えました。すると、下に正の字を書くのなら、上の字は僧という字に決まっている、そうじょうと言うのだろう、と言われました。私は、師匠の名はそうじょうではありません、そうしょうと清音で発音しますと繰り返し言ったのですが、僧正の字に違いないと、強引に決めつけ、そう書かれてしまいました。何とも不愉快でしたが、どうしようもなく、そういうことになっています。

『平児代答』にはこのような類の記述が、他にもかなりたくさんあります。それを思うと、『平児代答』が何冊書き写され、世間に流布しているとしても、どうかすべて焼失してしまってほしいと思います。ただ平田先生が、『それらのことは、わしの書き記す書に述べればよい』と言われましたので、多少は気持ちも落ち着いてはいます。

ところでまた、木剣は仏道から取り入れたもののように思われていますが、そのことについては、師匠からこう教えを受けました。とにかく剣というものは、この国に神世からあるものであり、剣を用いてまじなう術ももちろん初めからある。しかし真剣ではさしさわりがあり、それゆえに木剣が作られたのである。それが外国にまでも伝わり、その後にいろいろと付け加えられていったのである。日本において広く世に木剣の呪禁を用いることは、役《えん》の行者《ぎょうじゃ》にはじまり、それから山伏に伝わったのである。そしてそれを真言宗の密教僧や、さらには日蓮宗までもが、思い思いにあれこれと好きなことを書き付けて用いるようになっていったのであると。

また九字を切ることについていえば、これは本当は剣カイという技であり、もとは神代の剣法に由来するものであると。そして九字を切る動作に特別な意味はなく、ただ一二三四五《ひいふうみいよういつ》六七八九《むうななやあこの》と言い、十字を切るときには十《とお》と言う、それが本来の姿であり、臨兵《りんぺい》云々などというのは、後に付け加えられた唱え言にすぎないと、師匠から聞きました。とすれば、木剣のことも九字を切ることも、ともにもとは神世から伝えられた法であり、修験者たちがこれらを用いることの方が、神の道をまねているということではないでしょうか」

○倉橋氏に印相のことを質問され、寅吉は「印の結び方は、六、七十も知っています」と言って、すべてその形を結んで見せた。倉橋氏がもう何度となく賛嘆し、印相の尊い理由を述べられたときのことである。

寅吉「印相については、師匠にこう教えられました。印相というものは、実は座禅や観想などをするときに、手をどうすればよいのか、手の置きように困り、それで思い思いにいろいろな形をしたことからはじまり、そしていろいろと後から理屈をつけたものにすぎない。だから本当は何の役にも立たない代物だ。しかし世間には印相を尊いものに思っている人も多いから、覚えておいて時と所に応じて用いるがよいと」
○私と全く面識もない医者が、誰か著名な医者の紹介もないのに、突然堂々と私に面会を求めてやって来たことがあった。私に会いたいと言うので、私が出て会うと、寅吉に会いたいということであった。寅吉をみだりに人には会わせてはいなかったときではあったが、あまりに強引に求めるので、やむなく寅吉に会わせた。
その医者は、きれいごとを好む世の習俗そのままにきれいごとを並べ、それからまず自分の寿命のことを訊ねた。寅吉が「その問には答えないという掟です」と言った。するとその医者はまた、「わしには大願があるのだが、成就するだろうかしないだろうか」と訊ねた。「どんな願いですか」と寅吉が訊ね返すと、その医者はこう言った。

「私には金銀をたくさん持ちたいなどという卑しい心は、かほどもない。ただ大きな屋敷を構え、地位が上がり、財宝が思うままに集まって、それを思う存分使い、人にも施し、そして長生きをして、病気にもかからないようにと願い、常日頃から弁財天〔弁天のこと。音楽・弁才・財福・知恵の徳があるという。インドではもと河の女神〕や聖天などを信仰し、日々欠かすことなく祈っているのだが、この大願は成就するだろうか」

寅吉は少し卜って考えるような素振りを見せてから、「御信心次第でかなうでしょう」と言った。寅吉の答えを聞き、その医者はとても喜んで帰っていった。

後で私は、「あの医者の願望はとてつもなく大きいが、本当にかなうことがあるのか」と寅吉に訊ねた。寅吉は笑いながら言った。

寅吉「あのような卜いの答えを、何も骨を折って考えようという気はありません。成就するもしないも深くは考えず、ただ出任せで答えたのです。

なぜといって、あの医者は、口では欲心は少しもないと清廉そうに言いましたが、財宝を十分に得て存分に使い、人に施すほどでありたいという。これ以上の欲心はないと私は思います。あの医者にはそれが欲心であると分からないのでしょう。しかし欲心からとはいえ、弁天や聖天などを祭っているという。信仰さえ篤ければ、それでも効験があるものですが、いずれ最後には神罰が当たるということを知らないのです。世の俗人はよく大願大願と言いますが、大抵はこの程度のものですから、神々がこんなにもお困りになっておられるのでしょう。

本当の大願であるとすれば、あの人は医者ですから、例えばこういうものでしょう。何か神界にはよい治療法があると思う。私は医療に関しては、どんな難病でも私の手にかかれば治せない病気はない、というようになりたい。だから神界の治療法を知りたいのだ。そして病気で苦しんでいる天下の人々を救いたい。またその治療法を世にひろく伝え、全国の医者たちにも教えて、あまねく医術をもって世に功をたてたい。そして死んだ後は人々の病苦を救う神となりたい。どうだろうか、この願いはかなうだろうかと。

これぐらいの願いであれば、私も骨身を惜しまず卜い考えます。また私が聞いて知っている限りの療法や、薬の処方のことを話しもします。しかしあのような願いでは、全くもって笑止千万です」

この医師のことを後で人に聞くと、大変な財産家であるが、それでも満足できず、飽きることなくいろんな手段を講じて蓄財している人であるということであった。

○仏教好きと思えるある人が、紹介者を間に立ててやって来たときのことである。寅吉に会ってこざかしくものを言っていたが、あちらの世界にも武器があるという話を聞いて、「神境に何の必要があって武器があるのだ」と、寅吉に訊ねた。

「ご承知のように幽界には妖魔の類がたくさんおり、正道を妨げようとするので、それを防ぐためです。また、いずれはこちらの人の世に伝えて、国の役にも立たせるために、武器があるのです」と、寅吉が答えた。するとその人は、「天地間の正理は、世の人の世界か仙界であるかの隔てなく、善悪不二《ふに》、邪正一如《じゃしょういちにょ》であり、この正理から外れることはない。だから妖魔がたくさんおり、妖魔と戦うなどということは、あってはならないことである」と非難して言った。

寅吉が私に「善悪不二、邪正一如とはどういう意味ですか」と訊ねてきた。それで私がその意味を教えると、寅吉は笑って席を立ち、座敷から控えの間に行ってしまった。寅吉が控えの間からもう出てこなかったので、私も控えの間に行き、なぜ席に戻ってこないのかと詰問した。

寅吉「あの人は仏の道も知らない人です。善悪不二邪正一如という言葉が、仏典の語であるとすれば、それは悟り顔の空言です。善悪邪正ということがないのであれば、世に裁判所はいりません。また昔からどの時代の世にも戦争などないはずです。しかし善悪邪正があるからこそ、裁判所もあり戦争もあるのです。

実際、仏典にも帝釈天《たいしゃくてん》〔インドの神インドラ。仏教では梵天《ぼんてん》とともに仏法を守護する神とされる〕と魔王〔インドラに殺された悪魔」が合戦するという記述があり、また釈迦《しゃか》には提婆《だいば》〔提婆達多。釈迦の従弟であり、仏弟子となったが釈迦の殺害と僧団の分裂を計ったとされ、仏教最大の悪人とみなされた。なお『法華経』は異なる〕という敵がいたと、師匠から話にも聞きました。

このことについては左司馬が、釈迦に提婆、太子〔聖徳太子〕に守屋《もりや》〔物部守屋〕というが、じつは提婆に釈迦、守屋に太子と言い換えたほうがよいと、いつも言っていました。そうかも知れないではありませんか。あの人のような仏教徒には、真実をどのように話しても耳に入らないでしょうから、口をきくのも嫌です。だから座敷にはもう出ません」

○寅吉が、笏《しゃく》〔束帯姿の文官が右手に持ち、心覚えを書き付けた板片。後には儀礼的な装飾品〕の形に木を削ってほしいのですが、と頼んできたことがあった。それで私は「何に使うのか」と訊ねた。

寅吉「あちらの世界で熟考するときには、いつも笏を持ち、笏にあごをかけて考えます。それゆえこちらでも同じようにすれば、よい考えが浮かんでくるのではなかろうかと思うからです」

笏の図〔図8〕〔二六八頁〕

○それで私は、俗にナンジャモンジャという、私の所蔵していた木を取り出した。この木は、私の弟子である下総国の神崎社の神主、神崎光武に頼んで譲り受けたものであり、神崎社の神木である。私が「この木を知っているか。この木で笏を作ってみてはどうだ」と言うと、寅吉はいつものようにその香りを嗅ぎ、そして言った。

寅吉「これは神崎社のナンジャモンジャの木に違いありません。その木は楠《くすのき》の類の老木であると、師匠に聞きました。この香りはまさしく楠の強い香りです。これを煎じ出せば、樟脳《しょうのう》がたくさん採れるでしょう」

○私がいつも使っている代赭石《たいしゃせき》〔赤色土状の赤鉄鉱。丹石〕の墨を見て、寅吉が「これは何の墨ですか」と問うてきた。「代赭石を原料として作った墨だ」と教えると、次いで「朱や丹などは何から出来ているのですか」と質問してきた。「朱は水銀から作り、丹は鉛を焼いて作ったものだ」と教えた。すると寅吉が、「ある薬屋が言うには、水銀は漆を焼いて採るものだということでしたが」と言ったので、私はさらに説明を加えた。

「それは薬屋が朱塗の古い器を火で焼いて水銀を採るのを見て、水銀は漆から出るものだと思ったのだろう。先に言ったように朱はもともと水銀から作ったものだから、朱塗のものであれば何であっても瓦に入れて焼くと、底に水銀がたまるのだ。また軽粉というものも、水銀を焼いて作ったものだ」。そして私が、水銀のいろいろな利用法を話して聞かせると、寅吉はとても喜んだ。

このときのことである。寅吉が、硝石はどういう所にあり、どうやって精製するのか、また硫黄はどうやって採集し、金や銀・銅・鉄の荒金はどうやって製造するのか、またガラスは何と何を合わせてどのように製造するものであるのか、といったことを話した。人々は驚いて、そんなことをどうして知っているのかと訊ねた。寅吉は笑って答えなかったが、私は強いて訊ねた。

寅吉「すべてこのような類のことは、左司馬などに連れられて、直接それらを製造している場所に行き、製造しているそのそばで見たことです。けれども製造していた人たちは、私たちがそばにいて、それらを手にとってあれこれ見ているこ とに、つゆ気付きませんでした。とても面白い経験でした」

○私「蟇目の弓矢は、どのようにして作った弓矢か」

寅吉「弓は、桑の木の手頃な枝を切りとり、そのまま苧縄《おなわ》の弦を張ります。矢は、荻《(萩か)》に雉の羽をつけたものを二手、つごう四本腰に差し、四隅に向けて射かけます。これらはすべて魔除けの弓です。魔利支天《まりしてん》〔もとは梵天の子とも称され、隠身で、障害を除き利益を与えるとされる。日本では武士の守り本尊とされ、護身・得財・勝利などを祈る魔利支天法を修する〕の法を行うと、目の前の空中にその紋がちらちらと現われますが、それをこの弓で二矢射れば、紋が割れて消えてしまいます。

ところで弓はこちらのものと同じものも多いのですが、木の枝をそのまま用いる場合も多くあります。また鯨弓もあります。太くて大きな弓です。また鉄弓もあります」

○あるとき人々が寄り集まって、古歌には効験があり、呪禁に効くというようなことを話し合っていたときのことである。

寅吉「百人一首の人丸〔柿本人麻呂。万葉集の代表的歌人〕の歌を、修験者たちがいろいろと用いて呪禁を行っています。私が試みたものとしては、両手を人に縛らせて、『ほのぼのとまこと明石の神ならば、今こそゆるせ人丸の歌』と唱えると、縄が解けるというものです。また火を消すには、『ほのぼのとまこと明石の神ならば、今こそ止めよ人丸の歌』と唱えます。火災にも火傷にも効くものです」

○屋代翁、小嶋氏、私の三人が、寅吉を連れて山田大円の所へ行ったときのことである。大円が、オランダ渡来のオルゴールというものを出してきて見せた。図〔欠〕のような箱の中に、びっしりと針金を打ちつけた二本の丸木が渡してあった。そして外のねじを回すと、針金を打ちつけた二本の丸木がきしみ合ってカリカリと鳴り、それに連動して、何本もの笛がヒョウヒョウとそれぞれに異なる音を出すように細工されていた。

笛は箱の底にあったのだが、音は誰の耳にもかなり上の方で鳴っているように聞こえた。笛はどこにあるのだろうと皆、不思議がったが、寅吉だけは「笛は底にあるのでしょう」と言った。大円は、「まさにそのとおり」と言って、箱をひっくりかえして底を見せた。底の外側に、笛が十二本並べて付けられていた。

寅吉がしげしげと見て、「私のいた山にも、この楽器と似たようなものがある」と言った。大円が、「それはどのような作りのものなのか」と訊ねた。

寅吉（この箇所原本一頁空白）〔上の一之巻参照〕

○またこの日、山田氏の家にはたくさんの人々が集まっていたが、その中に臼井玄仲という医者がいて、こう話をした。「私は信濃国の生まれだが、竺摩郡小見宿にある神明宮の神主、寺田何某という人の甥に、喜総治という男がいる。私も知っている男だが、十六、七歳の時にふらっと家を出たきり帰ってこず、どれほど捜しても行方が分からなかった。ところが七年後のある日、衣服も何もかも家を出たときのままで帰ってきた。人々は不思議に思って、『どこにいたのだ』と訊ねた。喜総治は、『今は真田領となっている日知山にいる山人（大姥権現）の従者になっていますが、一度は実家に帰るならわしで、ちょっと帰ってきたのです』と答えた。それで人々がそちらの世界のことを訊ねたが、喜総治は何も答えず、人々が引き止めるのを振り切って、すぐに立ち去ってしまった。これは今から十五年前のことである」

そして玄仲は、「山人とは一体どのような存在なのだ」と、寅吉に訊ねた。

寅吉「山人と一口に言っても、いろいろと区別があります。しかしまずは俗に言う天狗のことだと、理解しておかれればよろしいでしょう」

○寅吉のこの返答が、私には気にかかった。どういう意味であるのか、詳しく問いただしたいと思った。しかし人がたくさん集まっていたことでもあり、取りあえず懐紙にそのことを書き留めて帰った。翌日、あたりに人のいない静かな頃合を見計らい、私は切実な思いで寅吉に訊ねた。「以前何度かおまえに、山人という言い方はないのかと訊ねたとき、おまえはそのようには言いませんと答えた。けれども、まずは間違いなく山人と言ってよい存在であろうと思い、先だって山に帰るときにおまえに書き贈った歌にも、強いて山人と詠んだのだ。ところが昨日、おまえは玄仲に答えて、山人といってもいろいろと区別があると言った。そのことが何とも気にかかって仕方がない。どうか詳しく説明してくれ」

寅吉「確かに、以前に何度もこのことを先生に訊ねられましたが、山人とは言いませんと答えました。それは下山のときに、師匠が私を戒めて、しばらくは俗に言うまま天狗ということにしておけと、そして山人などということを明かしてはならないと禁じられていたからに他なりません。

しかし今回また山に帰り、先生が私に贈ってくださった歌を師匠に手渡し、『真剣にこのことを訊ねておられます』と言いますと、『それならば構わない、教えてあげなさい』と許してくれました。それで機会があれば申し上げようと思っているうちに、昨日玄仲に訊ねられ、思わず口から出てしまったのです。今はもう師匠の許しも得ていますから、隠す必要もありません。山人と言い、また天狗というものについて詳しくお話し申し上げましょう。

まず山人というのは、この世に生まれた人が、何らかの理由で山に入って姿を隠し、もう世間に顔を出すこともなく、自然に山中のもので衣食の用を果たすことを知り、鳥や獣を友として過ごす者です。最初のうちは獣たちも恐がりますが、しばらくすれば慣れて近付き、食べ物をさえ運んできてくれます。三十年ほども山にいれば、誰であれそうなることのできる存在で、平穏無事にのんびりと、木石のように長生きします。これが本当の山人です。

また深い山奥で、自然に生じるものもあります。その奇異な姿形はさまざまですが、多くはまず人間の姿形に近いものであり、それゆえこのような存在も山人と言います。しかしこれらは、本来は魑魅の類というべきものです。

ところで私の師匠のような存在も、山に住んでいるゆえにやはり山人と言いますが、まことは仏法の出現以前から、現身《うつしみ》のまま世におられる生きた神です。神通自在であり、神の道を行い、自分の住む山に祭られてある神社を守護して、その神の功徳を施し、あるいはまたその山の神とも崇められて、世の人に恩恵を与えます。そして数百千万歳の長寿を保って、こちらの世のことに忙しく、決して平穏無事にのんびりと過ごされるようなことはない存在です。

また仏教伝来の後、現身のまま世を逃れ、仏を崇める山に住み、崇める仏の功徳を行う山人も多くいます。これらの者も自在の技があり、長命です。その他、現身を抜け殻のように捨て去り、化身するものもとりわけ数多くいます。これもうことです」

また霊妙なものであることは言うまでもありません。ただし、現身のままでも、仏道を信仰する者が化身した場合には、現身を捨てて化身した場合でも、ともに正と邪があります。

というのも、世に在る間はずっと邪道を信じていても、幽界に入って初めて、その道の誤りを悟り、正道に帰ろうと心から思い、世の人に利益を施す者もいるからです。これが正です。しかし幽界に入ってからも、なお悟らずに迷える者や、また悟りながらも正道に帰らずに、ますます我を張って生涯の過ちを改めない者は、ともに妖魔の類に属することになります。そして幽界から悪事を行い、世の人を邪道に引き入れようとすることになります。これを邪と言います。あちらの世界で山人と呼ぶものにも、このようにいろいろと多くの区別があるのです。

初めに述べた、平穏無事にのんびりと、木石のように長生きをする山人は別として、その他の山人は、世の人を誘うなど、時々世に知られる振舞いをしますが、人々はここに述べたような山人の区別を知りませんから、すべて天狗の仕業であると言い、天狗と名付けています。

それであちらの世界でも、取りあえずそのように称しています。しかし山人はいずれも天狗とは異なります。師匠が言われるには、天狗というのは、もとは天狐のことであるとい

仙境異聞（上）三之巻

平田篤胤 筆記

○私「以前に聞いた話だが、江戸の浜町に住むある人の使用人が、異人に誘われたという。その男は、二年ほど帰ってこなかったが、帰ってきてから、源為朝《ためとも》や義経《よしつね》などに会ったと話していたという。おまえはこのような人々や、またその他の昔の人々に会ったことはないか」

寅吉「私はそのような昔の人々に会ったことはありません。しかし師匠の話では、義経などが今もおられると聞きました」

○私「俗世間では、常陸国《ひたち》（茨城県）の阿波《あわ》大杉《おおすぎ》大明神は、義経に付き従った常陸坊海尊《ひたちぼうかいそん》であると言い、『会津風土記』という書物にも、この人は今もこの世にいて仙人になっていると記されている。あちらの世界で、この話は聞かなかったか」

寅吉「大杉大明神は、鷲《わし》が化身した天狗を祭るものであるとは聞きましたが、常陸坊だという話は聞いていません」

○私「弘法大師が今もこの世にいて、四国をはじめ諸国を廻っており、この僧の仕業と思われる出来事が、あちらこちらにあると聞いた。あちらの世界でそのような話は聞かなかったか」

寅吉「弘法大師にそのような所業があるということは、まだこれまでのところ聞いたことがありません。ただ天狗になったということは聞きました」

＊――弘法大師が初めて天狐《てんこ》を使う。

○私「師匠が、小田原最乗寺《さいじょうじ》の道了権現《どうりょうごんげん》や、秋葉《あきは》山《さん》の三尺坊《さんじゃくぼう》、妙義山《みょうぎさん》の法性坊《ほうしょうぼう》らと、付き合われることはないのか」

寅吉「彼らは本物の天狗たちであり、もっぱら仏道を崇めている方々です。私の師匠などとは望むところが異なるためか、付き合いもなく、詳しいことは聞いておりません」

○私「□□□□という書にこんなふうに書かれているが、そういうことは聞いていないか。また狐を使う者も世に多くいると聞くが、どのようにして使うのか聞いていないか」

寅吉「狐が人間の首を頭上に掲げ、北斗七星を拝んで妖術を得るということは、書物に書かれてあるとしても信じられません。狐や狸、猫などがまやかしをなすのは皆、彼らの天性です。北斗七星を拝することによるわけではありません。

狐を使うには、まず狐の世話をして願をかけ、そして狐にごま油で揚げた鼠の揚げ物を与え、『私に使われるならば、時々これを与えよう』と約束して使うという話です。およそのところこのような邪法の類は、仏教でさまざまなものを使って呪法を行うことをまねて、後世になってから始められたものであると聞きました。

このような悪しき邪法をそれと知りながら己の利欲のために行う者は皆、神が大層嫌われますので、その最期は決していいものにはなりません。たまたま運良くこの世の刑を免れたとしても、死後には妖魔の部類となり、永く神明の罰を受けることになります。また、たとえ邪法を行うのであると知らなくても、その呪法の効験にあずかるならば、それだけでその人さえ妖魔とつながりをもったという罪を被ることになります。ですから呪法は、行う人は選択を誤たず正法を行い、受ける人もよくその法を行う者を確かめてから受けるべきものであると師匠が言われました。私が呪禁祈祷を好まないのも、このためです。私は文盲ですから、呪法を選ぼうにもまだ詳しくは分かりません。邪法につながる技が混じっていることを知らずにその法を行い、私だけではなく、その法の効験にあずかろうとした人にも罪を犯させてしまうことが、私には空恐ろしいからです」

○私「狐が人に憑くということが、世に幾らもある。狐を即座に落とす手段はないものだろうか」

寅吉「わがままな人や心に隙のある人が、取り憑かれ、化かされるのです。正しくしっかりした心を持つ人に、狐は取り憑くことはできません。またそのような人は化かされることもありません。

私にもこんな体験があります。あるときのことですが、師匠の命で里へ出かけました。とある稲荷の前にさしかかったところ、突然夜のように暗くなり、一本道が幾筋にもなって迷わされそうになりました。これは狐の仕業だと気づきましたので、稲荷社に向かって、『稲荷、馬鹿なことをするな』と大声で叱りつけました。すると元のように昼になり、道も一本道に戻りました。

もともと狐に限らず、人も人を化かし、また人が人にも取り憑きます。その他のものも人を化かしもすれば、取り憑くこともあります。ただその中で、狐が最も抜きん出ているということです。そして狐にも五種類あります。翼があり空を翔ける狐があります。これを天狐と言いますが、これは天狗の仲間です。残りの四種は、白狐《びゃっこ》・おおさき・管《くだ》・野狐《やこ》です。天狐に取り憑かれると、なかなか落とすことができません。

あるとき、天狐が取り憑いていたのを、野狐が取り憑いていると勘違いし、恥をかいたことがあります。私が読み上げようとする呪文を、私が口に出すよりも先に、天狐にことごとく読み上げられてしまい、私には施すべがなくなり、人々に笑われてしまいました。しかし私が悔し紛れに、中臣《なかとみの》祓詞《はらえごと》をここかしこと勝手に飛ばし読みしたところ、これには天狐も困り果てて落ちました。

また野狐や白狐であっても、こちらが言おうとすることを先に悟って言うことがあります。これは困りものです。このようなときには、狐のまごつくようなことを考えて行わなければなりません。およそどんな狐であっても、初めから狐を落とそうなどとは力まず、狐と仲良く平和に真心から接するつもりで、理詰めにしていくのがよいのです。こちらが言うように声を上げてしまっても、姿を現してしまっても、狐は去っていくものです。また狐を騙して徳利などに封じ込め、落とすこともあります。

ところで、狐が人に取り憑くときは、体を巣穴に残したまま魂だけが人体に入ります。しかし一昼夜に三度ずつ、体を隠した所に通わなければ、体が腐ってしまいます。そのために、そのつど人体から出ていきます。その間は狐に取り憑かれた人も、しばらくは正気に帰ります。そのときを見計らい、憑依を防ぐ祈祷を行うのもよい方法でしょう」

○私「山に住んでいるときに、何か恐ろしいものを見たことはなかったか」

寅吉「恐ろしいものといえば、それは妖魔です。人の隙をうかがい、その道に引き込みますから、これほど恐ろしいものはありません。

その他にはさして恐れるほどのものはありませんが、あるとき一人で山奥を歩いていて、こんなことがありました。足元から団子ほどの大きさの白く光るものが現れてきたのです。目の前を右に左にひらひらと飛んでいるうちに、それはだんだんと大きくなり、じっと見ていると人のようにも見え、また鬼のようにも見えて、何とも捉えどころがなく、消えたり現れたりしました。気味が悪くなり、地面にうずくまって額のところで十字を切ったところ、しばらくして消えましたが、きっと狐狸などの仕業だったのでしょう。

また私が困ったといえば、□□に取り付かれたときです。月夜のことでしたが、師匠に用を言いつけられて山道を通っていたときのことです。月明かりに照らされて、向こうから風呂敷ほどの大きさのものがひらひらと飛んで来るのが見えました。二、三間ほど先のことだと見ているうちに、一瞬素早くふいと飛んできて、顔に飛び掛かろうとしました。急いで両手で顔をふさぐと、その上から取り付き、頭からすっぽりと覆われてしまいました。イタチほどの大きさのもので、ひれがあり、また風呂敷のようでしたが、節々に爪がありました。そしてその爪でしがみつき、堅く締め付けて、私の鼻息を止めようとしました。幸い顔に当てた両手の上に取り付いていましたので、両手を浮かして引き離し、地面に打ちつけると、難なく死んでしまいました。とはいえ引き離そうとすればするほど離されまいと堅く取り付いてきたのを、無理やり引き離しましたので、私はその爪で頭から顔のあたりまでひっかかれてしまいました。あれは何であったのか、とても憎らしい奴でした」

○私は寅吉の話を聞き、「それは俗にノブスマ〔ムササビ〕と言い、漢名を□□というものだ」と教え、以前から所蔵していたその絵を出して見せた。すると寅吉は「確かにこれでした」と言った。私はさらに訊ねた。

「その他には、何か危なく、恐ろしい目に遭ったことはなかったか」

寅吉「本当に危なく、恐ろしかったのは、あるとき、どこかは知りませんが、ある岩の上に置き去りにされたときです。二十丈〔約六十メートル〕もあろうかと見えた岩山にそびえる峰の頂上から二丈〔約六メートル〕ほど下の所に、舌を出したように二尺〔約六十センチメートル〕ほど突き出た滑らかな岩でしたが、師匠は日暮れ頃に私をその岩の上に連れて行き、置き去りにして帰ろうとしました。置き去りにされまいと、私は泣き叫びながらしがみつきましたが、師匠は私を引き離し、置き去りにして行ってしまいました。

仕方がなく、もう少し突き出ていた岩の端に手をかけて下をのぞいてみると、下は一面に岩が生え出たかのように突き出していました。私はめまいがして、身体中に震えが走りました。身体を動かせば下に落ち、粉微塵になってしまいます。こんな苦しい思いを我慢しているよりは、いっそわざと落ちて死んでしまおうかとも思いました。しかし、師匠もいつまでもこうしておくわけではないだろう、よくあることだし、明日の昼まで待って、それでも迎えに来なければ、そのときにはそれでいいと腹を決めました。そして私はしがみついた岩を離さず、目を閉じて一晩中、伊勢大神宮を念じて過ごしましたが、夜明けとともに師匠が迎えに来て、連れて帰ってくれました。このときほど恐ろしく怖かったことはありません。

またあるとき、日光の山奥に置き去りにされ、狼に追いかけられたこともありました。私は必死で逃げて木に登り、しきりに九字や十字を切りましたが、狼は全く恐れもしなければ逃げ出しもせず、牙をむき、木の下に来て私をにらみました。そして狼は一晩中ずっと木の根元を掘っていました。いずれ掘り倒されてしまうのではないかと、私は木の上で気が気ではありませんでしたが、掘り終えぬうちに夜が明け、狼はどこかへ行ってしまいました。このときも本当に危なかったと思います。このように時々置き去りにされて、度々困りました」

○私「その後は置き去りにされたことはなかったのか」

寅吉「その後も度々置き去りにされました。あるときは、妙義山のさらに奥の小西山の山中とやらの、米もなく芋ばかり食べている所に置き去りにされました。そのときは、付近の村里、といっても民家の数もとても少なくまばらにしかない村里ですが、そこに迷いながらも行き着き、その中では大家と見える家に入って、一晩の宿を頼み、泊めてもらいました。それなりの資産家らしく、男女合わせて十四、五人住んでいました。

その夜、私はわきの一間をあてがわれ、次の間に亭主をはじめ家族の者たちが休み、台所に使用人の男たちが寝ました。ところが夜更けに、押し込み強盗らしい六、七人の賊が入ってきたのです。抜き身の刀を持った恐ろしそうな男たちで、庭にある竈《かまど》の前で火を起こして、長火箸《ながひばし》を二本渡し、その上に茶碗を四、五個置いて、赤く焼きました。それから何やら囁き交わして、今にも押し入ろうとしました。家の者たちは皆よく寝入っており、誰一人気付いた様子もありませんでした。

私はたまりかねてそっと起き出し、忍び足で主人の寝ている枕元に行き、耳元に口を寄せ、気合を込めて、『盗人が入ってきました。起きてください』と、三度ほど繰り返して言いました。主人はむっくりと跳び起きると、盗人たちを見つけ、大声で『男ども起きろ。盗人が入ったぞ』と叫びました。家の者たちも主人の大声に驚き、一度にどっと起きだしてきました。盗人たちもこれではかなわないと思ったのでしょうか、皆逃げ去ってしまいました。主人は大喜びで私を褒め、ごちそうをしてくれました。

ところでこのときに、私が門口に出て見つけたのですが、五箇所ほどに大便をし、草履《ぞうり》をその上に伏せてありました。後でこのことを師匠に訊ねると、師匠はこう言われました。それは盗人が盗みに入ろうとするときに、人に気付かれないようにする邪法である。庭に入った後で火を起こし、茶碗を焼いたのも邪法の一つであり、家の中に押し入る間際に、茶碗に大便を入れて煮立てれば、その不浄の臭気が充満して家の中が穢れ、家の守り神が皆ことごとく嫌って去ってしまわれるから、家の者も目が覚めることがない。その間に物を盗み取ろうという寸法である。すべて神は穢れを嫌い、去ってしまわれる。そのことを世の人々によく伝えたいものであると」（水中の穴に入ったこと）

○このように、寅吉があちらこちらに時々置き去りにされたという話を聞き、私は周りの人々にこう言った。

「世間でもかわいい子には旅をさせよと言うが、これはそれと同じで、師匠に何か思うところがあり、寅吉の器量の程度を試し、またいろんな人がいることを体験させるために、置き去りにしたのであろう。人の師となり親となると、子供はそうは思わないが、わざとつらい目に遭わせようという心境になるものである。これも子や弟子を教育する一つの手段であり、神代でも須佐之男《すさのお》大神が、大国主《おおくにぬし》神をいろいろとつらい目に遭わせられたのも、こういう思いである。思うに師匠は、わざと非情なふりをして置き去りにしても、実は姿を隠して寅吉に付き添い、見守っていたに違いない」

寅吉「そのように言われて今思い返してみますと、置き去りにされたときは空行の途中でしたから、履物をはいていなかったはずなのに、足に少しも土がつかず、地面から二寸ほど上を歩いている心地がしていました。そのときも何だか不思議なことには思いましたが、それ以上に置き去りにされたことが悲しく、ただただうらめしく思う気持ちが先に立ち、そのまま忘れてしまっていました。しかし先生のお考えを聞いて考えてみれば、師匠はわざと私を置き去りし、そして陰ながら付き添い、守護していてくださったのだということが、今になればよく分かります」

寅吉はこう言って涙ぐみ、師匠の恩のありがたさに感じいっていた。

○その後のことである。私が寅吉に、「神前に奉る水を井戸から汲んで来なさい」と言いつけたことがあった。寅吉は着物の袂《たもと》に入れた手で手桶を持って来た。それで私は寅吉を叱った。

「神に奉るものを持って来るのに、そのような無礼な持ち方があるか。もう一度汲み直して来なさい」

寅吉は非常に恐れ入って、水を汲み直して来た。その水を神に奉り終わってから、私は寅吉に向かって言った。

「先に袂に入れた手で水を汲んで来たのを、わざわざ汲み直させたのは、別に袂の塵が水に入ったから、というようなことではない。いつもおまえは教えたばかりのことでもすぐに忘れるし、また神事を行う姿を見ても、□□するような仕方であることが多い。だから改めて汲みに行かせたのだ。

おまえの師匠が神に仕える様子をおまえの話から聞く限り、おまえの師匠はとても厳かで慎み深いと思われる。それなのにどうしておまえは師匠のその態度を見習わないのか。また、いつもしているような悪いいたずらは今後一切するな。山にいたときとは違って、こちらの世にいる限りは、少しはこちらの世の礼儀もわきまえなければ済まないのだぞ。日頃の様子も気分任せでいつも騒々しいだけだから、もう少し心を落ち着けなさいと教えているのに、なぜ言うことが聞けないのか。おまえのことについては、以前は以前で思うところがあり、決しておまえにはこの世の礼儀などは教えず、気ままにさせて叱るまいと思っていたが、最近はまた別に思うところもあり、遠く杉山老翁に告げて、少しは教えることにした。

しかしおまえの利口さを考えてみれば、私の教えることをなぜそうすぐに忘れてしまうのか、理解しがたい。山でも同じように師匠の教えを聞かなかったのか。おまえが師匠の教えを聞かなくても、師匠はお叱りにならなかったのか。また山であったいろんなことはとてもよく覚えているのに、私がすることや言うことは全く覚えないというのも、私には何とも不思議なことだ」

寅吉はとても恥じ入って答えた。

寅吉「まことにごもっともな先生のお言葉でございます。私の性質はもともと騒々しく、山でも師匠の教えを守らず、叱られたことは、今となっては数えきれません。そのようなとき、師匠は私の尻を綱で打ち、唾を吐きかけました。あちらこちらに置き去りにされたのも、教えを聞かなかったときのことです。その他にも、深夜何の用もないのに、遠くの山に行かせ、印を立てて帰ってくるように命じたり、またどうやってもできそうにない、さまざまの難事を命じられたりもしました。それゆえ恐くて師匠の教えはよく守りました。

水を再び汲みに行かせるなどの先生の教え方は、師匠の教え方に似ていますが、先生はいつも私をかわいがり大事にしてくださっていますので、先生の教えを守る必要がないと思っているわけではないのですが、すぐに忘れて覚えておれず、それでいたずらもしてしまうのです」

○私「師匠がおまえを叱ってお仕置きしたのは、おまえがどのようなことをしたときか、およそでよいから話して聞かせてくれ」

寅吉「まだ幼かったとき、私には立木に寄り掛かって着物の袂を握ってくわえ、かみ切る癖がありました。師匠にそれを直せと言いつけられていましたが、すぐに忘れてはかみ切っていました。するといつの間にやら、着物の袂に唐辛子をたっぷり付けられていました。私はそれに気付かず、いつものようにかみ切ろうとしたところ、もう飛び上がるほど辛く、それで懲りたことがあります。

また便所に入って鼻唄などを歌い、長居する癖もありました。この癖も注意されましたが、言いつけを守ってはいませんでした。するとあるとき、便所の穴から、爪が長く毛のはえた化け物の手のようなものが出てきて、私の尻をなでました。私は肝をつぶしてしまい、その後は便所に行くことすら恐ろしく、まして長居などはしなくなりました。その当時は本物の化け物だと思っていましたが、後から思えば、これも師匠のお仕置きの一つだったのでしょう。

それから左司馬があれこれと私の世話をして叱るのを、必要もないのに師匠のまねをして私をいじめるのだと思い、私にはそれが腹立たしく、左司馬に何か過ちがあれば師匠に言いつけ、左司馬を叱ってもらおうと待ちかまえていたことがありました。そんなおり左司馬が、田に水を引く水車にいたずらをし、外してきたことがありました。

それで師匠にこのことを言いつけたところ、師匠は私の言うことを信用せず、『おまえが水車を外してきたのか、人の困ることをするとは、もってのほかの悪さだ』と叱られました。『私ではありません。左司馬です』と言いましたが、師匠は聞き入れず、『左司馬は優秀であり、こんないたずらをする奴ではない。きっとおまえに違いない』と、左司馬の優秀さをとことん褒め上げ、『自分のした悪事を人のせいにし、私に告げるとは小憎らしい奴だ。閉じ込めておけ』と、左司馬に言いつけ、箱のようなものの中に丸一日閉じ込められたことがありました。これは以後決して人の告げ口などはしないようにせよというお仕置きであろうと思い、それからは二度と告げ口はしませんでした。

師匠はいつもは柔和なのですが、怒って叱られるときには、額に赤い縦じわを二、三本よせ、実に恐ろしい形相になられます。また師匠の目の届かない所でひそかにいたずらをしていると、どこからか手が伸びてきて、背中などを強くたたかれることもあります。振り返ってみても影も形もありません。ですから師匠の知らない所でも、めったに悪さはできません。またいたずらや悪さなどをしているときに、師匠が突然そばに現れて、『憎らしい奴だ、こっちへ来い』と、痛くなるほど耳をつかまれ、引っぱられて行ったことも度々ありますし、また手に持った指の太さほどの細引縄で、尻をまくられて打たれたこともあります。打たれるのは大抵尻です。またつねられたこともあります。むき出しの尻に唾をかけられたことも度々ありますし、塩を含んだ唾液もかけられました。尻に唾をかけられるのは、本当に気持ちの悪いものですが、塩を含んだ唾液は、傷にしみてしばらく痛み、これほど弱ったことはありません。

また『私の前に座っていろ』と、一日中座らせられ、ほんのわずかであれ身を動かすと、ひどく叱られました。また私を台のようなものの上にのせ、左手には水の入った茶碗を捧げ持たせ、右手には火のついた線香を持たせて、線香が消えるまでそのままの格好をさせておくこともあります。あるとき、右手に持った線香の下のほうを親指でそっと折って早く燃え尽きさせたところ、師匠はすぐにそれに気付き、『憎らしい奴だ。線香の端を折った罰に、もう一本持っていろ』と言われ、かえって苦しみが長くなってしまったこともあります。大体のところこれらのお仕置きには、どの悪さにはどの罰、どんないたずらにはどんなお仕置きというきまりがあったようでした。

もっとも師匠を二度騙したことがあります。あるとき師匠に、『雉《きじ》を焼いて持ってこい』と言いつけられましたが、忘れて鳩を焼いて出しました。『雉か』と訊ねられたので、取りあえず『ハイ』と答えました。先に雉と言われていたのに、間違って鳩を焼いてしまい、叱られるのが怖かったからですが（机に載せられたこと）、師匠はそのとき考えごとの最中で、考えごとに気をとられていたせいか、何にも言われずそのまま鳩を食べられました。いま一度は、あるとき『手水《てみず》を汲んでおけ』と言われたのを、忘れてしまっていたところ、『もう手水は汲んであるか』と言われて思い出し、『はい』と答えてから、そっと立って汲んでおいたのですが、師匠は何も言われませんでした。師匠を騙したのは、この二回だけです。

また、どうやってもできそうにもないさまざまな難題を言いつけられ、試されたこともあります。できませんといえば、ひどく折檻されますので、やむを得ずいろいろと考えて工夫し、なし遂げられたことも何度かあります」

○私「師匠に命じられた難題とは、どのようなものか」

寅吉「例えば、師匠があらかじめ数えておいた粟一合や赤小豆一升の粒の個数を、線香が一本燃えつきるまでに数えよと言われたことがありました。また長い葦で編んだ十間あまりの長さの簾《すだれ》の上を、葦を一本もつぶさずに端から端まで渡れとか、あるいは畳百畳ほどもある、天井の高く広い家の屋根裏一面に止まっている蠅を、そこに届くような長い棒などを使わずに追い落とせなどと言われました。また、神前にしっかり結んで下げてある大鈴を、音をさせずに取って来いとか、あるいはまた千畳敷かと思えるほど広い磨きたてた板の間を、足跡が一つも付かないように拭けとも言いつけられました。それからまた、節を抜いた一尺ほどの竹筒を間にたくさん通した太い綱を、高所のあちらからこちらへと張りわたし、どうやっても構わないから、この綱を渡って向こう側へ行ってみろとか、あるいは夜になってから、遠くの野原に豆を四合ほどばら撒かせ、戻ってくると、今度はその豆を拾ってこいと命じられました。

大体はこのような難題でしたが、しょっちゅうあったことですから、逐一全部は思い出せません」

○私「それらのことを、師匠の命令どおりにすべて行ったのか、どうしたのだ」

寅吉「不思議なことですが、そのときごとによい考えが浮かび、それらの難題をすべて師匠に命じられたようになし遂げました。

最初に話した粟の個数はこのようにして数えました。まず平らな板に隙間のないようにならして置き、一尺ほどの絹糸を両手でぴんと張って持ち、その糸を舌でなめて濡らし、それから粟に押し付けました。一度その濡れた粟の個数を数え、後は順にならして置いた粟に糸を当てていきました。その回数を数えて掛け合わせ、粟の個数を計算して答えたところ、師匠の数えておいた個数とほぼ一致しました。赤小豆のときは、まず平瓦に赤小豆の粒ぐらいの大きさの小穴を百個つけ、これですくって百個単位で数えました。ほんのわずかの時間で、一粒も違わずに数えることができました。

葦の簾は、板の四隅に細い釘を打ちつけた履物を作り、それを履いて葦と葦の隙間を踏みながら渡りました。屋根裏一面にとまった蠅は、初めにまず大きなうちわで扇いでみたのですが、一匹も飛び立たず、糊付けにでもされているように思えました。それで竹で水鉄砲を作り、水を射かけてみたところ、難なく皆落ちました。よく見ると、蠅のように見えたのは、蠅ではなく紫蘇《しそ》の実でした。

また音をさせずに鈴を取り外せという難題も、いろいろと試みましたが、初めは鈴を鳴らさずに下ろすことはできませんでした。思案に思案を重ねて、桶に水を汲んで台に上がり、桶の水の中に鈴を入れて紐をほどいたところ、少しも鈴は鳴らず、無事に取り外すことができました。千畳敷の板の間は、板の上を一枚ずつ後ずさりしながらふきましたので、足跡は一つも付きませんでした。太い綱は、歩いて綱を渡ろうとすると、途中に通してある竹の筒がくるりと回ってたちまち落ちてしまいます。だからこれは歩かずに、手と足を竹筒にからめて、綱の下にぶら下がって渡りました。

夜に野原へ豆を撒きにいったときは、さて手につかんで撒こうとすると、不思議なことに、どこからともなく『その豆は撒くな。そこに埋めて帰れ』という声が聞こえてきました。それで埋めるのがいいのだろうと思い、穴を掘って埋めて帰りました。しばらくして師匠に、撒いた豆を一粒残らず拾って帰ってこいと言われ、もう一度野原に行って埋めた豆を掘り出し、持って帰りました。すると師匠は首をひねり、さっきは本当に撒いてきたのかと聞かれました。撒いて帰ってきた豆を、再び拾い集めて帰ってきたのですと答えると、師匠は納得できないという顔付きをされました。

野原で声をかけてくれたのは師匠だとばかり思っていましたが、もう一度拾い集めに行かせたことを考えると、師匠ではありません。そして師匠が納得のいかない顔付きをされたのは、まずは拾い集めることが不可能な豆を、私がすべて拾ってきたので、不審に思ってのことのようでした。すると、声をかけてくれたのは一体誰だったのでしょうか。もしかすれば大難題であったから、産土神《うぶすながみ》が私に教えてくださったのでしょうか。このことは、今もって不思議です」

○私「摂津《せっつ》国の大坂に、何某という名の俗謡唄いがいた。その男の唄い声はとても美しかった。あるとき路上で異人に出会い、『おまえの声を三十日ほど借りたいのだが、構わないだろうか』と言われ、その男は何ということもなく頷いた。そしてその翌日から声がつぶれて唄えなくなってしまった。しかしその男は、異人に声を借りられたためだとは思い及ばなかった。それで産土の住吉神《すみよし》〔大阪市にある住吉大社。摂津国一宮〕に祈ってみようと思って出かけた。その途中、道の向こうから先日の異人がやって来て、『おまえは頼みがいのない奴だな。先日わしに声を貸してくれたではないか。それなのにわずか三十日ほどの間も待てず、住吉神に祈りに行こうとは、はなはだ憎らしい話だ。おまえが声のつぶれたことを神に祈れば、わしは必ずお咎めを受けることになろう。そうなれば、わしもおまえをただではおかないぞ。何にせよわずか三十日ほどのことだ、約束どおり声を貸しておいてくれないか。そうしてくれれば、声を返すときによい呪禁法を教えてやろう』と言った。その男はとても恐ろしく思い、すぐさま承諾して異人と別れた。

こうして三十日ほど、男の声はつぶれていたが、ある日、その異人がやって来て、『今日からおまえに声を返し、約束の呪禁法を教えてやろう』と言った。そしてその男に呪禁を伝授して去った。その呪禁は、何の病気にもよく効験があった。それでその男は、後には謡曲唄いをやめ、呪禁を行うだけで、平穏に一生を過ごしたということだ。

＊――この話は松村平作に聞いた。

また、上総《かずさ》国の東金《とうがね》という所に、孫兵衛という名の箱作りの職人がいた。

＊――孫兵衛のことは五十嵐の話であったか。

孫兵衛は仕事の指物の腕は何とも下手くそであった。あるとき、孫兵衛の所に異人が来て、『おまえの耳と口とを、三年ばかり貸してくれないか』と言った。孫兵衛もまた何の考えもなしに承諾したところ、孫兵衛はその日から白痴のようになり、そのうえ唖になってしまった。人々はそんな事情があるとは知らず、突然唖になるとは思いもよらないことだなどと噂をしあっていた。

それから三年ほど過ぎ、その異人がやって来て遠くから孫兵衛を招いた。だが白痴のようになっていた孫兵衛の動作はのろく、立ち上がるのも遅かったので、その異人は孫兵衛の背後にひらりと来て、手のひらで背中を強く叩いた。孫兵衛は驚き、正気に戻ったような気がして、異人に近寄った。『今日から、おまえに借りた耳と口とを返そう。受け取るがよい』と、異人がそう言うや、早くもその声が耳に聞こえ、しゃべることもできるようになっていた。それからその異人は、『お礼に、おまえの生涯を安楽に送れるよう、わしが守ってやろう』と言って去った。

人々は、当初の事情を知らず、突然唖になったのはきっと何かの神罰だろうなどと言っていた。しかし、唖が直った後で、何があったのか事の顛末を孫兵衛から聞き、初めて大いに驚いた。孫兵衛がその異人に打たれた大きな手の跡は、後々まで黒い痣《あざ》のようになり残っていた。そして『生涯を安楽に送れるよう、守ってやろう』と異人が言ったという話であったから、人々はきっと指物の腕前が上がるのだろうと思っていたが、孫兵衛の腕はますます落ち、誰も注文する者がいなくなってしまった。すると孫兵衛は何を思ったのか、成田不動の門前町でそば屋を始めた。この店が思いのほかはやり、今も繁盛していると、孫兵衛を知っている者が話してくれた。

このように他人の声や、また耳や口などを自在に借りるということもできるのか」

寅吉「何といっても神は思いのままであられますから、人間が人形を操るように、人間を自由自在にお使いになられることは言うまでもありません。また山人や天狗なども神に近い存在ですから、山人や天狗などがそのような自在の働きをなすことも、珍しがるほどのことではありません」

○屋代翁が「去年の□月のことであるが」と言って、寅吉にこう話された。

「淡路《あわじ》国に鴈金屋《かりがねや》何某という者がいる。その人はかねてから金毘羅《こんぴら》を信仰していたが、あるとき大金を懐に、五、六人の男を連れて船に乗り、大阪に向けて船出した。しかし途中の海上で、連れの男たちが主人を殺して金を盗もうと謀り、主人をがんじがらめに縛り上げ、碇をつけて海に投げ込んだ。ところが海中に沈められたちょうどその瞬刻に、その人は自分の家の奥の間に、碇をつけたままの格好で帰ってきていた。家の者が、船で出たはずの主人が妙な格好でいるのを見付け、大変驚いてその理由を訊ねた。主人は正気を失っている様子で、『ここはどこだ』と言った。家の者たちが、『ここはあなたの家です。気を落ち着けてください』と言いながら、あれこれ介抱すると、その人はようやく正気を取り戻し、何事が起きたかを話した。そして『沈められるときには一心に金毘羅様を念じていたのだが、その後のことは何も覚えていない。これはきっと金毘羅の神様が救ってくださったのだ』と、涙を流して喜び、ありがたがった。それから事の次第をお上に訴え出たところ、例の男たちは皆捕らえられ、奪われたお金も全く失わずに済んだという」

そして屋代翁は、「この人はどのようにして家に帰ってきたのだと思うか」と寅吉に訊ねた。

寅吉「それは神の恵みで、沈められかけたときに、船を海水とともに大空に引き上げ、そして主人は家に帰し、船は元のように海に戻されたのではないでしょうか。神の御所業には、こういうこともあるものでございましょう」

○屋代翁は、寅吉の返答に相づちを打ち、「実際、そういうこともあるだろう」と言われた。そして『龍宮船《りゅうぐうせん》』〔張朱鱗著。一七五四刊〕という書に記された空中を航行した船の話を紹介されると、寅吉はそういうこともあるのかと感心していた。

ところでまた倉橋勝尚氏の話では、小石川戸崎町の石屋の長左衛門の弟子、丑之介という者のことをめぐって、象頭《ずさん》山の大神と、その子の氏神である氷川《ひかわ》の大神が、問答をなさったことがあるということであった。

＊──この話は『玉襷《たまだすき》』に詳しく記した。

またこんな話も、私は聞いたことがある。

ある子供が異人に誘われたが、両親が血の涙を流しながら氏神に祈ると、四、五日して子供は帰ってきた。そしてその子はこう話したという。

「どこか分かりませんが、山に連れて行かれました。そこには異人がたくさんおり、剣術の稽古などをしていましたが、ときには酒盛りをすることもあり、その最中に、異人が杯を遠く谷を隔てた向こうの山の頂などに投げ、『すぐに行って取って来い』と言いました。『あの山に登り杯を取って来ることなど、どうして私にできましょうか』と断りました。するとその異人が怒って、私を谷底に突き落としました。いえ、突き落とされたと思ったのですが、何ということもなくやがてその峰に行き着いており、私が杯を取ると異人の前に来ていました。すべてこんなふうにして異人に使われていました。ところが昨日、異人が『おまえの産土神に、おまえを返すよう丁重に頼まれたから、おまえをもう留めてはおけない』と言って、帰してくれたのです」

＊――これは今井秀旻が、ある高貴な人物の話されたところを聞き、私に教えてくれた話である。

また、備後《びんご》国〔広島県東部〕の稲生《いのう》平太郎《へいたろう》の所に、山本《さんもと》五郎左衛門《ごろうざえもん》という物怪が現れたときのことである。平太郎がその物怪と向き合ったが、そのとき平太郎の産土神であると思われる、冠装束を厳かに身に着けた神が、姿を半身現して平太郎に付添い、挨拶をされたという。

それで私は、寅吉にこう訊ねた。

「産土神が挨拶をされたということを考えれば、平太郎が物怪に殺されなかったのも、この氏神の守護があったからであろうと思われる。また先に話したように、声を借りられた男が住吉神に祈ろうとしたことを、異人は恐れていたし、野山又兵衛の子の多四郎を誘った異人の首領も、又兵衛が神に祈るのを恐れて、多四郎を返してよこしたのであった。これらのことから考えると、山人や天狗が誘っていったとしても、産土神の言葉には逆らうことはできず、物怪の類も、氏神の守護のある人には禍をなしえないものと思われる。おまえに何か思い当たることはないか」

寅吉「まことにおっしゃられるとおりです。山人、天狗であれ、他の何ものであれ、産土神の加護があり、返せと言われたときには、その言葉に逆らうことはできません。しかし連れて行かれた後で、親などが真心を貫かずに神に祈ったりするときには、あちらの世界の事《（行）》もし損ない、場合によっては白痴のようになって返されることもあります。それゆえ私があちらの世界に誘われたとき、師匠はこのことを親に言ってはいけないと繰り返し戒められ、私もまた白痴になるのは嫌ですから、これまで人には話さなかったのです」

○思うに、氏神のことは『古史伝《こしでん》』や『玉襷』などにも詳しく記したように、人は日々片時たりとも、その恩頼《みたまのふゆ》を忘れてはならないものである。にもかかわらず世の人は氏神のことをそれほど考えず、他の神々と仏とを信仰し、その恩頼を顧みないのはどうしてであろうか。

『古今著聞集《ここんちょもんじゅう》』にこういう話がある。〔巻一の三十話及び三十三話〕

藤原重澄がまだ若かった頃、兵衛尉《ひょうえじょう》になろうとして、稲荷〔京都伏見稲荷〕の氏子でありながら、賀茂《かも》の神に仕え奉り、土蔵を造って寄進した。その立派な功績に、賀茂の社司家が重澄への叙位を推挙し、除目《じもく》に外れるはずもなかったのに、度々漏れてしまった。重澄は賀茂の祈祷師に申しつけ、除目の夜に祈祷させた。その祈祷師は祈祷の最中に居眠りをしてしまったが、その夢の中に、稲荷からの使者であると言ってやって来た者がいた。応対の人が出て用件を聞くと、その使者はこう言った。「重澄は望みの官位にとりわけ任ぜられるべきではない。重澄は私の膝元で生まれながら、私を忘れている者である」。取次の者が、大明神に取次ぎますからと言って、押し問答を何度か繰り返し、「それならば、少なくともこの度はその願いを遂げさせず、重澄に思い知らせて、次の除目のときに遂げさせます」と答えると、使いの者は帰っていった。この夢に驚いた祈祷師は、急いで重澄のもとへ行ってこのことを伝えた。そして二人で驚き怪しんでいるうちに、その夜の除目も終わり、重澄は外れてしまった。この夢が正夢かどうか知るために、重澄は稲荷に参拝し、次の除目のときには申し出もしなかったが、夢に相違なく、除目は成就されたということである。

また仁安《にんあん》三年〔一一六八〕四月二十一日、吉田祭であったが、伊予守《いよのかみ》信隆朝臣《あそん》が、氏子でありながら神事も行わずに、仁王講《におうこう》〔災難を祓うために仁王護国般若経を講じる法会《ほうえ》〕を行っていた。すると燈明の火が障子に燃え移り、その夜のうちに家が焼けてしまった。信隆朝臣の家は大炊御門室《おおいみかどむろ》町《まち》にあり、隣は民部卿《みんぶきょう》の光忠卿の家であったが、光忠卿の家では神事を行っていたので、火は燃え移らなかった。恐るべきことである。

また上杉六郎篤興の話であるが、越後《えちご》国蒲原《かんばら》郡保内の地を流れる川で、夏に人々が水を浴びていたが、そのうちに一人の男が河童《かっぱ》に引きずり込まれそうになったことがあるという。その男は声を張り上げ、「河童に捕まった、誰か助けてくれ」と、しきりに助けを求めたが、河童を恐れて誰も近付かず、皆川から逃げ出してしまった。その男は足を引っぱられてだんだんと深みにはまっていき、水が粘ってきて手足の自由もきかず、もはや河童の穴に引き込まれるばかりの危機に陥った。その男は一心に、氏神の八幡宮を念じたところ、どこからともなく空中から、「その水にかじりつきなさい」という声が、二度ばかり聞こえてきた。男がそのとおりにすると、水の粘り気がなくなって身体も軽くなり、水際まで泳いで帰ることができたという。何とも測り難い話である。

これらの話を聞き、寅吉が「蓑虫《みのむし》というものを御存知ですか」と訊いた。それで私が「無論、蓑虫とは、木に取り付き、塵を集めて蓑のような巣を作る虫だ」と答えたときのことである。

寅吉「木に付く蓑虫ではありません。それとは別に、また蓑虫と呼ぶものがあるのです。それは山の中で起こることで、私もしばしば取り付かれたことがあります。どうして起こるのかは分かりませんが、身体から青い光が出て、蓑を着けたように全身に燃え広がり、その光がちらちらと飛び散るのです。最初に取り付かれたときは、どうしようかと慌ててしまい、思わず燃える服のあちこちにかみついたところ、消えてしまいました。

それで師匠にそのことを話すと、それはかみついて止める他にないものであるという話でした。蓑虫というその名もそのときに初めて聞きました。その後もいつもこのようにして防いだのですが、氏神が教えて、河童に捕まった人に水にかじりつかせたことにも、きっと何か根拠があるはずです」

○私が門人たちに、火の穢れについて講義していた日のことである。

「火の穢れということは、伊邪那美命《いざなみ》が火の神をお産みになられた後のものから生じたのである。この神は火の穢れを忌まれるが、その中でも特に産火《さんび》を忌まれている。京の愛宕《あたご》社の御神体は、火の神の迦具土命《かぐつち》である。伊勢神宮の御定めにも、産火を重い穢れとして取り上げ、胞衣《えな》〔胎児の分娩の後に娩出される胎児を包んでいた卵膜と胎盤〕を納めた者の穢れを、□日と定められているのもこのためである」などと、私が説いていたところ、そばで聞いていた寅吉が、「豆つまというのを見られたことがありますか」と言った。それで私は、「それはどのようなもののことか」と訊ねた。

寅吉「豆つまというのは、お産のときの汚物や胞衣から生じて、その人の生涯にわたり災いをなすものですが、とりわけ幼児のときに災いをなします。四、五寸くらいの大きさで、人と全く同じ姿形をしています。そして甲冑《かっちゅう》をまとい太刀を着け、鎗や長刀などをも持って小さな馬に乗り、子供が座っているところにたくさん現れて合戦を始めます。太刀音なども聞こえ、甲冑も人が身に着けるものと寸分違わず、光り輝いてとても見事であり、大変面白いものです。この他にもいろいろなことをやってみせ、小さな子供をたぶらかし悩ませるものですが、何であっても手にしているもので打ち払うと、座敷に血が飛び散って消え失せてしまいます。

　私は何度かこれを見ましたので、師匠に訊ねました。師匠は、それは豆つまというものであると教えてくれました。そして豆つまとは、出産のときの汚物や胞衣から生ずるものであり、それらを埋めるときに、精米を一緒に入れて埋めれば、生じてこないものであると言われました。

＊――豆つまは丑寅《うしとら》〔北東〕の方角からも来る。また出産のときの汚物などは、究奇《かまいたち》にも化けるという。

　ところでまた土龍《もぐら》というのも、胞衣やお産のときの汚物から生ずるものではないかと思われます。というのも、あるときそれらの汚物を埋めた場所とも知らず、埋めて三十日ほどたったものを掘り出したところ、土器の中に一寸ほどの土龍が十五、六匹いたことがありました。その土龍をすべて切り殺してみると腹の中は皆血でした。太陽を恐れ、陽光に当たると死ぬということなども考え合わせると、土龍はお産のときの汚物が化身したものではなかろうかと思われます。とすれば土龍に庭を掘り上げられるのは嫌なものですが、また仕方のないことにもなります。しかし海鼠《なまこ》を縄でぶらさげて、土龍の出て来たあたりを、『土龍どのは御宿か、海鼠どのの御見舞じゃ』と言って引き回すと、もう掘り上げることはないはずです」

○豆つまのことは、実に奇談であり、考え合わせるべき話が古書にもある。それは『今昔物語』の次のような話である。〔巻二十七第三十話、ただし少しく異なる〕

＊――『聊斎志異《りょうさいしい》』〔清の蒲松齢《ほしょうれい》著。短編怪奇小説集〕に豆つまの話がある。

　ある人が、方違《かたたがえ》〔陰陽道《おんようどう》で、目的地の方向に差し障りがある場合、前夜に別の場所に泊まり、方角を変えて行くこと〕のため、幼児を連れて下京《しもぎょう》〔京都の南半部〕あたりの家に行った。しかしその家に霊がいることをその人は知らなかった。

＊――古の世に方違ということがあったことは周知のとおりである。古の世には住人が捨て去った家があちこちにあり、その空き家に方違に行ったのである。さて選者は「霊」と記しているが、それは霊とは異なるものである。寅吉の説によれば豆つまであるという。

幼児の枕元近くに火を灯し、その傍らに二、三人ほどの人が眠っていた。乳母は起きてその子に乳をふくませていたところ、夜中過ぎ、塗籠《ぬりごめ》〔寝殿造の母屋《もや》の中の妻戸の出入口をつけた小室〕の戸を少し開けて、身の丈五寸ほどの男たちが十人ほど、装束を身に着け馬に乗って入ってき、枕元を闊歩していった。乳母は脅えながらも、打ち撒き〔魔除けのために米を撒き散らすこと〕の米をつかんで投げつけると、闊歩していた者たちはさっと散り失せてしまい、打ち撒きの米ごとに血が付いていた。だから幼い子のそばには、必ず打ち撒きの米を置いておかねばならないものであると。

打ち撒きのことについては、『古史伝』の大殿祭《おおとのほがい》の箇所に、『貞観儀式《じょうがんぎしき》』中の殿内やまた御門に米を散ずるとある記述と、『延喜《えんぎ》式《しき》』〔三代式の一。弘仁《こうにん》・貞観の他の二式及びその後の式を取捨し集大成したもの。九二七年成立〕中の祝詞《のりと》の分注に記されている「今の世、産屋に米をもって屋中に散ず」という一文とを、ともに引いておいたが、私はただ散米〔打ち撒きの米〕の効験のことについてだけ述べ、馬に乗って出て来る者が何者であるのかということにまでは考え及ばなかった。しかし今初めて、豆つまという名を知り、米の打ち撒きがそのあやかしの者を消し去るためだと分かった。これは実に寅吉のおかげである。

このことに関連して思い出したのだが、九十余歳で亡くなった私の実の祖母が、幼い子を育てている婦人に、子供の枕元には精米を忘れずに置くようにと、常に言っておられたのは、この故実を聞き伝えていたからであろう。子供を持つことになる人は、産屋に散米すること、胞衣を入れて埋める土器に米も入れること、子供の枕元には精米を置いておくことを、決して忘れてはならない。

ところで、屋代翁の考えでは、「豆ツマ」の「ツ」は助辞であって、豆ツ魔が本来であり、その形の小さいことに因む名ではなかろうかということであったが、そういうことかもしれない。

○胞衣が土龍に化けるという説も奇説ではあるが、そういうこともあると思われる。いずれにせよ、土龍が海鼠を嫌うということは、世間の人も知っているとおりであり、土龍が庭などに穴を掘るときには、その四隅に海鼠を埋めておけば、土龍は全く出て来ない。これもどのような因縁があるのだろうか。海鼠は、神世において天皇命に仕え奉るとは返答せず、そのゆえに宇受賣《うずめ》命に口を裂かれたものであるが、この海鼠を多くの女性が好んで食べるというも不思議である。また、生き物である限り、血のないものはないはずであるが、海鼠だけは血が一滴もない。しかし海鼠は海参《いりこ》とさえ呼び、悪血を取り去り新しい血を作る効能を持っている。土龍は悪血から生じて血が多く、血に関係する病気を治す効能があるというのも不思議なことである。もしかすると土龍は海鼠に出会うと血を失って消失してしまうというようなことはないだろうか。やはり試してみるべきである。

○私「人の魂の行く末はどのようになるのかということについて、師匠から何か聞いたことはないか」

寅吉「まず人の魂は、善にであっても悪にであっても、一つに凝り固まると堅くなり、消えることがありません。とりわけ悪念の凝固した魂は消える機会がなく、妖魔の仲間になり、永久に神明の罰を受けます。また善念の凝固した魂は神明の恵みを受け、末永く世を守る神となります。しかし、善念は崩れやすく悪念は崩れにくいものです。それゆえに善念は、生涯をかけてその念を固めていかなければ、堅くなりません。他方、悪念はわずかの間のものであっても、固まって消えることがありません。たとえ九分の善念を抱いていても、一分の悪念で、九分の善念も水の泡になってしまうという話です。

また、善にも悪にも固まるというほどのこともない人の魂は、散ったり消えたりしながら、そのような多くの人の魂が相混じり合い、人間やその他のものになって生まれ出ることがあります。あるいはまた無数の小さなものになったり、一個のものに生まれ変わったりもしますが、いずれそのうちに小さなものになっていき、魂も減って少なくなってしまうのだと、師匠に聞きました」

○私「鳥や獣の魂の行く末はどのようになるのかということについては、師匠に何か聞いたことはないか」

寅吉「鳥や獣はいろいろなものに生まれ替わって、結局は消失するか、どこかに姿を隠してからやはり消失するという話でした。もっとも鳥や獣の中でも、猛々しく強く生まれついたものは、やがて天狗になり、鳥ならば手足が生えて立って歩き始め、獣ならば羽が生えて、ともに人間に似たものになります。しかしこれらもいずれ最後には消失するものであると聞きました」

○私「鳥や獣は、山人を見て恐れることはないのか」

寅吉「ふだんから飼い慣らしておいて使う獣は逃げませんが、その他の鳥や獣が恐がって逃げていくことは他の人の場合も同じです」

○私「おまえの師匠などが隠形《おんぎょう》の術をもって身を隠しているときに、鳥や獣が見つけることはないのか」

寅吉「身を隠していても鳥や獣は察知します。中でも犬ほど眼のよく利くものはなく、どれほどうまく身を隠していても、犬の眼をくらますことはできません。総じて犬は、壁を三重に隔てていても、見通すことができるものであると、師匠に聞きました」

○私「普通の人であっても犬と同じように、身を隠している
ものを見つけ出す方法はないのか」

寅吉「眼のよい人が、そこに誰かが身を隠していると知った上で見るならば、どれほどうまく身を隠していても、ほのかにそれと見分けることはできますが、無論、定かな人の姿には見えません。その向こうに在るものが見えていながらも、丸くぼうっと気が立ちのぼっているように見えるだけです。その様子を例えていえば、何かあるものをしばらくじっと凝視してから空中を見ると、今まで見つめていたものの残像がちらちらと見える、そのような感じです。しかしそこに誰かが身を隠しているということを承知して見るのでなければ、決して見えることはありません。これが隠形の利点です」

○私「常に身を隠している神や、また山人やその他のものであっても、ときとしてその姿が普通の人にも見えることがあるのは、いかなる理由からであろうか」

寅吉「それは神々であっても、山人やその他のものであっても、その人にその姿を見せようと思って見せるからです。だから人が大勢いる中でも、ある一人の人にだけ見えたりするというようなことが起きるのです。私が山にいても、師匠の姿は、師匠が『許す』といえば見え、『下がれ』といえば見えなくなります」

○私「鳶《とび》は天狗の部族ではなかろうかと思うことを、数多くの書物に見出し、それからも長年考えてきたが、ますますそのように思わせる事柄が多くある。師匠からそのような考えは聞かなかったか」

寅吉「鳶をすべて天狗の部族と言ってしまうと、少しく違うことになります。その理由は、本物の鳶もいるからです。その中に、天狗の部族である鳶も混じっているのです。その区別について少し申し上げると、まず天狗の本家は狐です。狐が非常に長生きをして歳をとると、翼が生え、四本の脚は人間の手足のようになって神通自在になります。鷲も歳月を経た鷲は体が白くなり、人間のような手足が生えて（熊猿）立って歩き、剛強自在になります。鳶も鷲と同じようになります。そしてそれぞれに各地の山々に住み、もと狐だったものは狐を使い、鷲や鳶だったものは鷲や鳶を使って、あやかしをなしたり、祟《たた》りをなしたりします。また人の祈願を聞きつけ、効験を与えることもあります。このゆえに人々は彼らを恐れて尊び、某坊某権現などと名付けて敬い祀っているのです。

また普通の人間であっても、生きている間に鼻が高くなり、翼が生えて化身してしまうこともあります。死んでからその

魂がそのように化けることもあります。また、生きたままであっても死んでからであっても、姿を変えずに天狗の部族に入る人も数多くいます。しかし大概は出家者であり、こうして化身した者に善なるものは少なく、まずはほとんどすべてが妖魔であると思わなければなりません。このように出家者はたいがい天狗となりますが、天狗にまでなれなかった者は、鷲や鳶にも変身すると、よく師匠の話に聞きました」

○私「杉山山人の所には、儒教の書や仏典なども蔵書してあるのか」

寅吉「儒教の書や仏典なども、暗には知っていますが、そのような書物は一冊もありません。師匠が自ら著された書物がたくさんあるだけです」

○私「師匠が自ら著された書物とは、どのようなことを記した書物なのか」

寅吉「天文地理のことや、またさまざまな呪法のことなどを記した書物です。これらの書物の類もあれこれ写して持ってきていたのですが、実家で皆焼き捨てられてしまいました」

○私「杉山山人が仏法をよく知っておられるということは、これまでの話から知ることができる。ではどうだろう、中国の老子や孔子などという人の教えを尊んで、教えるということはないのか」

寅吉「老子や孔子などという人は、どのような人で何を始めた人ですか。山でもまだ聞いたことのない人です」

○私「『大学』『中庸』『論語』『老子』などという書物を知らないのか」

寅吉「老子については『老子』という書物のことも知りません。『大学』や『論語』などのことは、世間で周知のことを記す書であるとか、人に話されているのを聞きました」

○私「師匠は自らの著された書物について、講釈されることはないのか」

寅吉「時々は講釈されますが、多くは白老人の寓話です。また訊ねる人があれば、天文や軍学のことをはじめ、その他何事であっても話し聞かせてくれます」

○私「白老人の寓話とは、どのような種類の話なのか」

寅吉「白老人という人がおり、その白老人が、千身行者という者を供に連れて諸国の山々を行き、世に仇をなす妖魔を退治してまわる長い物語です。千身行者が眉間から針を取り出し、大きくしたり小さくしたりして振りまわし、あるいはまた千体にも分身して妖魔退治をなし遂げていきます」

○私「それは白老人ではなく、玄奘三蔵《げんじょうさんぞう》であろう。千身行者というのも孫《そん》行者〔孫悟空《そんごくう》〕の聞き違いではないのか」

寅吉「それは『西遊記』のことを言っておられるのでしょう

けれど、『西遊記』とは違います。『西遊記』も、山ですべてその話を聞きましたが、十二、三日で終わってしまう、天竺《てんじく》に仏典を取りに行くつまらない物語です。白老人の物語の粗筋はこうです。

物語は、まず毘那耶女という女性の話からはじまります。毘那耶女は、妖魔が世にあふれ世に害をなすことを嘆き、天神地祇に、妖魔を退治する宝の男の子を授けたまえと祈ります。そして毘那耶女は妊娠しますが、その子は六十年あまりも胎内にいて、白髪で世に生まれてきます。それゆえに白老人と名付けられます。白老人と名付けられた子は、器量が大きく、数多くの手下を持ちます。が、中でも熊の王が仮の姿に人となり、千身行者となって白老人を助け、さまざまな術や計略をもって日本中の妖魔を退治します。そして最後には皆が星となり、天上に飛翔するという話です。

この話を聞いている間に、年中行事や、そのほか天地間のありとあらゆる物事の道理や、鬼神の妙用、万物の変化などのことも、身近なものとして、悟り知ることができるように作られた物語です。二十日ほどで全編を聞き終わることができます。本は二十巻あまりになっているようですが、とにかくその面白さは、『西遊記』の比ではありません。一度聞くとその続きが聞きたくてたまらなくなる、とても面白い物語です。しかし今は話の順序も混乱し、また登場する人物の名や、地名、妖魔どもの名も皆忘れてしまいましたので、これ以上は話すことができません」

○私「その講釈のときに、聴衆は何人ぐらい来るのか。またそれは夜であるのか、昼であるのか」

寅吉「大抵は午前十時頃から夜半まで、松明《たいまつ》を灯し、毎日毎夜続けて行われます。聴衆は山々から集まってきて、六、七十人、または百五、六十人ほどになります。ときによっては二、三十人ぐらいの場合もあります」

○私「師匠は講釈のとき、机や書見台などを置き、書物を載せておかれるのか。また、そのときの装束はどのようなものか」

寅吉「書見台や書物を置くことはありません。ただ机を前に据えて座り、暗記している物語をそらで話されます。装束は何という呼び名のものか知りませんが、白地に赤と青の格子縞の、袖の大きな服と、大口の袴を身につけ、割をさというものをかぶります。着物の袖は特に大きいので、手を通さずに背中で結びあげています。そして手には小さな笏を持ち、時々は前の机に打ちつけながら、物語を続けていかれます。頭にかぶった割をさが、ときにひらりと前に垂れたりし、講釈する装いはとても厳かで優美です」

○私「割をさという冠り物は、どのように作ったものか」

寅吉「割をさは、薄い煤竹色《すすたけ》〔鼠色の生地を桃の皮を煎じた汁で染めた赤黒い色〕の麻布を一反用いて作ります。真ん中からいろいろな長さで二つ折りにしていきますが、額の当たる下の端をまずそろえます。そしてそろえたところに黒漆を塗り、その両端を折り曲げます。次に左右の角に当たる部分を、うろこ模様になるようにだんだんに折り、左右両端ともに約二尺ずつ残し、その端を細かくささら状に切り裂きます。左右ともにその一本は、それぞれの側の角の下のところに通して紐にし、残りには鯨の髭をいれ、をさにします。これが割をさですが、布一反で過不足がないように作ります。

このように折って作るのですが、中に入れて形を整え、かたどって折るために用いる木型が十二枚あります。木型を入れて布を糊付けし、焼きごてを当てて作るのです。十二枚の木型の形はよく記憶しており、また作るときの様子も見ていましたが、割をさの詳しい作り方までは知りませんので、雛形を作ることはできません。また私は、もともと絵の描き方を知りませんので、割をさをありのままに描くこともできませんが、およその〔図9〕〔二六八頁〕はここに描いておきます」

割をさの図〔**図9**〕

○私「軍学のことを聞いたことはないか」

寅吉「軍学について訊ねる人を前に、時々師匠が話されるのを聞いたことがあります。まず城取のことについては、城の図をたくさん出して見せて得失を教え、陣取のことも、いろいろな図を描いて示され、勝負は多勢か無勢かによらないこと、軍陣の作法、古の史実、大将の心得、士卒一人一人の心得、籠城の方法、城攻めの方法など、すべて上代の名将勇士の戦いの様子を例として、その時々に見たそのままに話され、そしてその得失を論じられます。そばで面白くおかしく聞いていたことも多かったのですが、関心を持っていたわけではありませんので、よくは覚えていません。

ただその中で覚えていることといえば、城は四角に築き、その中には堀を掘るのがよいということと、本当の戦いというのは、剣と弓矢でするものであると言われたこと、籠城のときの釣り塀のこと、糞尿を沸かして攻めてくる敵に撒きかけることなどで、これらの話は耳に残っています。糞をかけられてしまうとその軍勢は必ず負けてしまうものであるということでした。またヘナ土〔水底の粘土を多く含んだ黒い土〕を沸かしてかけてもよいということです。

その他、大将は甲冑を着けず、ただ見物人の中に混じっているのがよいということ、また道にばらまき、だるまのように人をころばす三角形のもののこと、かけ流し竹砲のこと、野中に仕込む竹砲のことなどです」

○私「山では文字の書き方を教えるのに、どのような教え方をするのか」

寅吉「手習いの初めは、手に細かい砂を握って、砂でまず○を書くことを習わせ、それから△を書かせ、次に□を書かせます（信友は、寅吉が□の次に☆を習い、皆筆でも書くと言ったと記憶）。次に晴明九字《せいめいくじ》〔晴明桔梗《ききょう》。☆のこと。平安時代中期の陰陽家安倍晴明《あべのせいめい》に始まるという〕を書くことを習わせ、どれも目を閉じていても一筆で形よく書けるようになれば、その後で初めて文字を教えます。その教え方は、一文字を教えるにあたっても、その異体字もすべて手本として書いて与えられ、こうして一文字ごとに数百字を習うことになります。

この修行が終わると、また一文字ずつ筆遣いのことだけを書いた手本を授け、その筆格を間違えることなく自由に字をくずして、異体字を数多くあれこれ書かせます。それを見て、世間一般の書道の先生のように朱で直し、くずし方のよい字はその後も書かせ、悪い字はやめさせます（天神法を行えば、書を教えるものがやって来てたちまちに上手になること）。例えば金字を教える場合には、〔図10〕〔二六八頁〕のような手本を書いて授けられます。●点で書かれている場所は、筆に力を入れて書くところであり、この筆格を間違えないようにして、さまざまな形の異体字を上手に書いてみなさい、と言われる類です。

ところで字を覚えると、手本は返せと、取り上げられてしまいます。また文字はあるだけすべて教わりましたが、その読みについては、まだ私は教えを受けていません。字を残らず教えておいてから、後にそれらの字を使うべきときが来れば、師匠の術により、一時に読みを明らかにして覚えさせるということです」

○私「墨や硯、筆などは、こちらの世のものと違いはないのか」

寅吉「墨や硯、紙などは、こちらの世の人が使っているものと全く同じです。筆はこちらの世の人の使う筆も用いますが、何であるのか梔子《くちなし》の実に似た、〔図11〕〔二六八頁〕のようなものの先をうちほぐすと、馬のたてがみのようになりますので、これを筆にして書きます。しかしかなり細かな字になると、書くことのできない代物です」

○美濃国《みの》〔岐阜県南部〕の御代官（五字欠）様の家来に、（七字欠）という人がいる。この人は火の用心の守札を印刷して施しているが、それは□より伝授されたものであると噂されている。その図はこのようなもの〔欠〕である。私はこれを寅吉に見せて、このような書体はないかと訊ねた。

寅吉「それは火垂の書法というもので、瀉水《しゃすい》の法を行うときに用いる字を、その書体で書きます」

○私「瀉水の法とは、どのように行うものか」

寅吉「（この箇所二行欠）」

○屋代翁が、ある御家から出されているこの守札〔図欠〕を寅吉に見せて、「あちらでこのような字を見たことはないか」と訊ねられた。

寅吉「私の知っている守札は、多少字形が異なりますが、全部で十三文字書かれているものです。それはこのような文字であったと記憶しています〔図欠〕。この中の四文字ではなかろうかと思われます」

○私「符字や守札などを書くための書法はないのか」

寅吉「符字や守札、神号などを書くときは、心を正しくし、息をつめて、その一呼吸の間に一字を書かなければなりません。できることならば、守札でも符でも一枚書きあげる間は呼吸をせず、一息で書ければそれに越したことはありません。一字を書く間に息を継いでしまっては、守札も符も効験のないものになる、との師匠の教えです。九字や十字、晴明九字などは、わけても一息で書かねばなりません」

＊――臨レ兵闘者皆陳列在レ前虎

○私「九字や十字、晴明九字の書き方はどのようなものか。また、九字を切るときに唱える言葉もあるのか」

寅吉「九字や十字、晴明九字は、ともに図〔欠〕のように一筆で書かなければなりません。九字を切るときには云々、十字を切るときには云々と、世間では唱えますが、そのような必要はありません。もとは十字なのですが、十字では相手にあまりにも強い衝撃を与えてしまいますので、九字を用いるのです。臨兵などという言葉も、唐人《からびと》（中国人）が後から作ったものであると、師匠から聞きました」

○山崎美成の家は下谷長者町にあるが、その屋敷内にある井戸の水の質が非常に悪く、寅吉がそれを見て気の毒に思い、自分一人で別の場所に、造作もなく濁りのないよい水の出る井戸を掘ったという。私はこの話を聞き、どのような術があるのかと訊ねた。

寅吉「長崎屋では、井戸の水は雑用に使うだけだということでしたので、それほど丁寧には掘っていません。山で師匠に聞いた掘り方は、まず鋤と鍬で、井戸側を入れるために、四角に深さ二丈〔約六メートル〕ほど掘ります。それから後は、周囲七寸ほどの竹竿の根元の節のところに図〔欠〕のような鉄の錐《きり》をつけ、竹竿に荒木田《あらきだ》〔荒木田土の略。赤土の一種の黄褐色の粘土〕という土を入れて重しにしながら、突っ込んでいきます。

始めの内は土も柔らかく簡単に通りますが、だんだんと土も堅く通りにくくなり、土地の低いところでは二、三丈、また高いところでも四、五丈ぐらい入ると、全く通らないところにぶつかります。そこのところで竹竿を引き抜き、普通の井戸掘りの場合のように側板、といっても樋《とい》の穴を開けた底のついている井戸側を入れます。そして底の穴に樋を差し込み、井戸側の継ぎ目やまた樋の差し込み口に杉皮を詰め込みます。それから樋の中にちょうど入る太さの竹を図〔欠〕のようにこしらえ、井戸の中に一人入ってその竹筒を樋に差し込み、何度も突き入れては出してつつくと、水が泥とともに竹筒から吹き出し、井戸側のところまで上がってきます。その泥水を井戸の外にいる者が、桶でかき出します。こうして泥水をかき出し、ほぼ濁りのないきれいな水になれば、細い女竹の根元を〔図12〕〔二六八頁〕のように細工したものを、先を狭めて樋の口から入れて通し、何度もねじると、樋の底の部分が空洞になり、図に描いたようになります。このような竹でねじらなくても空洞になっているはずですが、このようにするとさらにその空洞が広くなり、水の出がよくなるのです。

さて、数度水を替え終わった後で、鰐の皮を百匁〔三七五グラム〕ほど刻み、棒状の塩硝〔硝酸カリウム〕と合わせて、樋の底に突き入れておきます。これは水がいつも変わりなく出るようにする呪法です。また、井戸側の底と樋の口のそばに、よく磨いた六寸ほどの鏡を入れておきます。これは水が濁らないようにするための呪法です。鏡を入れておくと泥水でもよく澄んでくるものです。塗盆でも構いません。ただし塗盆の場合には石を重しに付けて入れなければなりません」

○私「七韶舞《ななしょうまい》に用いる楽器以外には、何も楽器はないのか。

また七韶舞の他には舞はないのか」

寅吉「十二弦の琴があります。形はこちらの世のものとそれほど異なりませんが、弦は真鍮で、弦の下ごとに〔図13〕〔二六八頁〕のような小さな穴があいています。弾き方は知りません。また簫《しょう》もありますが、細かいことは知りません。ただこちらのものとは違っていたように記憶しています。また打ち鳴らしといって、□で〔図14〕〔二六八頁〕のように作り、手拭いかけのようなものにかけておき、図〔欠〕のようなものを持って打ち鳴らす楽器もあります。ただしこの三つは独奏用の楽器です。

舞にはショタンの舞というのがあります〔ショタンの舞の着物〕。刀と盃とを持って舞うものです。しかし私は舞い方を知りません。舞に付随する歌もありますが、それも覚えていません。この舞のときには太鼓を打ちますが、海豚《いるか》の皮を張った太鼓です。形は三味線の胴に似ていますが、中に仕切があり、仕切の両側に小豆を入れます。そのため太鼓を打つと中に入れた小豆がばらばらと響く音がし、こちらの太鼓に較べて音がいいとはいえません（打ち方は、左手で隅のところを持ち、右手にばちを持って打つ）。また拍子木のような木も打ちます。これは何の木でもよく、とにかく堅い木で図〔欠〕のような台を作り、この堅木の台の上を打ち鳴らします。中程が高くなっていますから、その左右を打ちつけ、舞の足拍子にしたり、太鼓に合わせたりします」

十二弦の琴の図〔図13〕

弦は真鍮の針金で皆同じ太さであり、十二弦ある。
琴柱の糸道に真鍮をつける。
普通の琴の同じように削らず、下には息ぬけはない。
木は桐でも何でもよい。
長さは普通の琴ぐらいだが、巾は分からない。厚さも普通の琴ぐらいである。
譜も歌も分からない

打ち鳴らしの図〔図14〕

○ある人が寅吉と食事をともにしながら、「あちらの世界では、ふだんおかずにどのようなものを食べるのか」と訊ねた。寅吉は笑いながら答えた。

寅吉「この種の問いにいつも困ってしまいます。すべて自由自在ですから、何であれ食べたいと思うものはすぐに前に出てきます。それゆえこちらの世の食べ物と異なることはありません」

○その人はなおしつこく、「そうであるとしても、何か、普通こちらの世では食べないようなものを食べることもあるだろう」と訊ねた。

寅吉「まだ葉のほぐれていない松の新芽を取って、皮をむき、さっとゆでて塩漬けにして食べるとおいしいですね。また杉の若芽は、塩漬けにしてよく塩がなじんだころに塩を洗い落とし、ふだんのおかずに食べています。この二品は口腔内の薬になります。また松の若葉も、同じ分量の塩を入れて漬けると、食べ物になります。

すべてどのようなものであっても、等量の塩で漬物にすれば食べ物になり、それを食料に生きていくこともできるという話です。笹の葉さえ食べられます。また松の木に付く苔を丹念に洗い、餅にして食べることができます。餅米《ママ》を蒸し、つきながら混ぜ合わせると、とりわけ結構なものです。さらにまた粘土を何度も水干しして砂を取り、団子にして火であぶれば、それなりに食べられるものになります。これらはすべて命をつなぐための食べ物ですが、このようなものも食料になるということをよく知っていれば、飢饉などがあっても困らぬものであると、師匠が言っておられました」

○またある人が、煎茶を飲みながら「あちらの世界にもお茶はあるのか」と訊ねた。

寅吉「こちらで使うようなお茶の葉は用いません。タラノキの芽をさっと蒸して揉んで陰干しにしておき、煎じてお茶のようにして飲むことはあります。また茶菓子として、焼き鳥や炒った赤小豆を食べることがあります」

＊――麦の皮を煎じてだしに使うと鰹節より甘い。茄子《なす》の木の皮やシキミの皮を味噌漬にして食べる。霊芝《れいし》のこと。霊芝を机に活けてみる、稲穂を活けてみる。

○またある人が、餅を食べながら「あちらの世界でも餅を食べるのか」と訊ねた。

寅吉「無論、餅もついて食べます。餅の話といえば、こちらの世でかき餅というと、ただ餅を切ったもののことですが、あちらの世界でかき餅といえば、種を取り去った生の渋柿を混ぜてついたものを干した餅のことです。火であぶって食べるととてもおいしいものです。ただし、ついたその日に餅を焼いてはいけないということです。餅に限らず、一般に、一度煮たものや焼いたものは、できるだけ火にかけないほうがよいということです。もっとも味噌や醤油も一度火にかけて作ったものですが、これは煮て食べるためのものですから、再度火にかけようと別に問題はないということです」

○私は食膳に向かう度に礼をし、まず箸《はし》を、次いで飯椀をとって頭上に掲げ、そして目を閉じてしばらく唱えごとをするのだが、寅吉がこれを見て、「先生は、師匠と似たような振舞いをされるのですね。一体何を念じておられるのですか」と訊ねてきた。それで私は詳しく丁寧にこう話して聞かせた。

「世に在りとし在るもので、神の恩頼に因らずに生じたというものは存しないが、とりわけ五穀は、伊勢外宮に鎮座しておられる豊宇気毘賣《とようけびめ》神といわれる神の御身体よりなったものであり、それを内宮に鎮座しておられる天照大御神《あまてらすおおみかみ》が、これは愛《うつ》しき青人草《あおひとくさ》〔人民〕が食べて生きていくべきものであると宣《のたま》われて植え育てられ、そしてこの世のものとなったのである。またその他の食物といえども、外宮の神の神徳に因らないものはない。それゆえに食膳に向かっては、まず大神たちに感謝の御礼を申し上げている。

箸を頭上に頂くのは、何であれ一つのことの役に立つものには、すべて霊があり、それゆえ疎略にはせず、少しでもその徳に感謝しようとしてのことである。この感謝の礼は、箸に限ることではない。机に向かうときや机から退くときに、すべての文具に礼をするのも、同じ理由からである。また、飯碗を持ってしばらく何を念じているかといえば、日々私の身分相応に、天地間に坐《いま》すあらゆる鬼神に供物をしてはいるが、それだけでは満足できず、いつも食事の度にその初穂を天地間に坐す鬼神に手向け、私はその余りをいただきますという気持ちを、表明しているまでのことである。

もっとも食事ごとに鬼神に手向けることを、僧侶はときに行うが、普通の人はしていない。私は思うところがあってこのようにしているが、弟子といえども同じようにしなさいとは教えてはいない」

それから私は、「私のこの振舞いが、おまえの師匠の振舞いに似ているとは思ってもみなかった。師匠のその様子を、具体的に話してくれないか」と頼んだ。

寅吉「師匠も世の人と同じく日に三度食事をとられます。その度ごとに、師匠は柏手を打って、笏をふだんのように手に取り、膳に向かって恭しく礼をし、そして神恩に感謝の言葉を述べられます。それから笏に入れてある箸を笏のまま頭上に頂き、次いで飯や汁は無論、膳の上にあるものはすべて笏ですくい、左手の手のひらに入れるかのようにし、それから笏を下に置きます。そして左手で受けたものを両手で持っているかのような格好で頭上に捧げ、天地間のすべての鬼神に手向けられてから食べます。一椀ごとにこのような動作をされます。

三度の食事は三度ともに、途中でいったん食べるのをやめられます。しばらくしてから再び食べ始められますが、そのときには手向けることはせず、頭上に頂く動作だけをなさいます。ですから食事は三度ですが、日に六度なされるようなものです。

師匠はこの食膳に向かっての儀礼を私たちも行うように教えられるのですが、誰も師匠のなさる通りにはせず、ただ頭上に捧げ持つだけです。しかし師匠はいつも同じように行い、その儀礼を変えられることはありません」

○私「笏に箸を入れていると言ったが、理解できない。それは笏の形に似た、箸箱ではないのか」

寅吉「箸箱ではありません。形は神拝のときに用いる笏と同じですが、一回り大きく、下側に物を入れる口のある、図

〔欠〕のような笏です。その中に飯を盛る杓子と箸が入れてあります」

○私「杓子の形はどのような形か。箸は竹の箸か。また食膳やお椀の形は、こちらのものと違うところはないのか」

寅吉「杓子は図〔欠〕のようなものです。箸は竹ではなく、松の木で作ります。こちらの世のものと変わりありません。松の木の箸は、歯の薬になるという話です。ただし神への供物にそえる箸は、ノデンという木を太く削って作った箸を奉ります。この木がとても丈夫な木だからです。およそ木というものは、重いものをかけると下に曲がりますが、この木は上へ曲がるということです。

食膳は白木の盆のようなものです。またお椀の形はこちらのものと同じで、漆に水銀を入れて白く透きとおるように塗ってあります」

○私「師匠が食事をなされるときに、おまえたちは給仕をするのか」

寅吉「誰も給仕はしません。師匠がご自身で礼儀正しく厳かに、飯も何もかも盛って食べられます」

「閏正月二十七日来問」〔文政五年〕

○問「九頭龍《くずりゅう》権現は、絵に描かれる龍の姿形に似ておられるのか。それとも蛇の青大将などのような姿形に似ておられるのか。そしてまた大きさはどれくらいであったか」

寅吉「師匠と一緒にその石《（穴か）》に入って見ましたが、絵に描かれているような龍の形では全くなく、一見青大将のように見え、一尺余りの大きさ（「太さ」か）でした。体半分はとぐろを巻き、耳のある大きな頭が一つと、その他に小さな頭が六、七個ほどあるものでした。そして何やらぱりぱりとかみ砕きながら、時々浅葱《あさぎ》色〔薄い藍色〕の息を吐いており、生臭く、穴の中は曇っていてはっきりとは見えませんでしたが、大体はこのように見受けられました。

師匠が、恐れたりするなと言われましたが、やはり恐ろしくて、急いで穴を出てしまいました。そのとき穴の中で何か足にひっかかったものがありました。何だろうと、手に取って見るとお経でした。これは不思議なことだと思い、よくよく穴の中を見渡してみると、お経の切れ端がたくさん落ちていました。今思えば、浅葱色の息は毒気を吐いていたのであり、私がその毒にあたらなかったのは、全く師匠の威徳によることであったと思います」

○問「火災除けの守札を出すのか。『但天災なれば是非もなし』と記されているが、これはどういうことか、なおもう少し話を聞きたい」

寅吉「まず、火災には神明の罰としての火災と、天狗などの仕業による火災との二種類があり、神明の罰であるものを天災と言うわけです。天狗などの仕業の場合は、神明の守札で避けることができますが、神明の罰の場合には、逃れることはできません。それでこのことを指して天災は仕方がないというのです。また天狗などの仕業による火災を、同じ天狗の出す守札で避けることもあります。しかしまた、神罰としての火災も、神が天狗に命じられて起こすという話です」

○問「立山《たてやま》は仏法の山であり、それゆえ天狗はいないと言われている。しかし比叡山《ひえいざん》は伝教大師《でんぎょうだいし》〔天台宗開祖最澄《さいちょう》の諡号《しごう》〕の開いた山であるにもかかわらず、比叡山の横川《よかわ》には、昔から俗に天狗所と言い伝える場所がある。これはどういうことか。また立山には鬼がいるという記録があるが、この鬼はどのような姿形のものであるのか」

寅吉「私の師匠は仏法を嫌っておられます。世間では師匠のような存在もひとくくりに天狗と呼びますから、それで私もしばらくの間は天狗と言ってきましたが、私の師匠は、本当は浅間山に神代より今日に至るまで変わることなくおられる神人です。

そして天狗にも、仏法を嫌悪するものと好むものの二種類があります。仏法を好む天狗はどこの山であっても住みますが、仏法を嫌悪する天狗は、仏法だけの山を嫌うということです。しかしこれは師匠に聞いたことではありません。同門の左司馬に聞いた話ですから、確かとはいえません。

ところでまた、鬼というものの姿形もいろいろで、決して一様ではありません。牛頭馬頭《ごずめず》の姿をしているものも、天狗の姿をしているものもいます。立山に住むという鬼のことは知りませんが、山々や空中で度々鬼を見たことはあります」

○問「赤坂あたりの酒屋で、鞍馬山の大餅つきのために借りるとかで、半切桶を持っていかれたという話を聞いたが、これは事実だろうか嘘だろうか」

寅吉「山々の神仙界や天狗界でも、ともに餅つきも酒造りもこちらの世の場合と同じように行いますから、一概に嘘だとは言い切れません。また、こちらの世の人の諸道具を借りて使うということも、時々あちらの世界であることです」

「四月十九日物語」〔文政四年〕

○製薬の法は三十種類ほどあり、これで用はすべて足りるという。

胡蘿蔔《こらふ》の作り方は、まずニンジンの種を土地の痩せた、水気の少ない場所に植える。するといじけたように小さなニンジンができる。根も小さいが、実も同じように小さなものである。それを採っておき、翌年、唐辛子の粉を干鰯《ほしか》の粉に混ぜてその種にまぶす。何度も洗って土を取り除いた砂に、おからを混ぜて深さ七寸ばかりの箱に入れ、そこに先程の種を植え、日向に出しておく。しばらくして芽が出ると、それからは日陰に置いて育てる。太り過ぎたら根に唐辛子の粉をふりかけ、水気を減らす。そうすると、茎や葉も根も痩せたニンジンが育つ。芯がたってもつめない。このようにして栽培したニンジンは、大きなニンジンよりも薬効が優れている。

○三ツ葉芹《せり》の根を用いた薬の作り方。右のニンジンの場合と同じように植え、日光に当てて育てる。疥癬《かいせん》の付け薬として、この粉と硫黄とを混ぜて煮たものを用いる。〔小豆の粉〕

烏瓜《からすうり》の作り方は右に同じ。目薬・火傷《やけど》・淋病・消渇《しょうかち》に用いる。

○きちがい茄子《なす》の作り方。右に同じ。根を使うという。柿の汁に漬けて用いたり、粉にして用いる。刃物で切った傷や腫れ物に効き、またこれを付けた刃や針の先で傷を付けても痛まない。

○大黄《だいおう》の作り方も右に同じ。どんな病気にも用いる。

○馬糞石〔馬の胃の中の結石。糞とともに排泄されるのでこの名がある。馬の玉〕と霊芝《れいし》の実と皮とを粉にし〔馬糞石のみでもよい〕、ひまし油で練り、土の中に長期間埋めておき、切り傷やできものの付け薬として用いる。よく効く妙薬である。

○鯉や鮒を清水で飼い、よく泥を吐かせてからビードロ〔ガラス〕の器に入れて密封し、周りに紙を張って漆喰《しっくい》で塗り固め、土の中に埋めておく。十年ほどしてから取り出し、鯉や鮒を真綿で包んで日陰に干し、乾燥したものを粉にする。この粉は血の道〔血行不順からくる婦人病〕の薬になる。粉末にしてつけて目薬にも用いる。

○鮑《あわび》の背に付いている〔図15〕〔二六九頁〕のような形の貝の身をすりつぶすと、眼病の妙薬になる。

○蜥蜴《とかげ》を干して朝鮮朝顔に混ぜ、粉にして飯粒で練ったものは、腐り止めの薬になる。また少量の蜥蜴を嘔吐用の薬として用いることがある。毒を飲んだときや、食べ物がつかえたときなどである。

○松脂を箱に入れて、あるいはそのままであってもよいが、土に埋めておく。これを粉にして付けると、腫れ物の薬になる。

○脈を診ることはないという。

○痣《あざ》、たむしには、薬として朝鮮朝顔の粉末を糠《ぬか》油で溶いたものを付けると、即座に治る。

○師匠の考えでは、人はすべて古い時代の人のようにする心構えで、自分で細工でも何でも考えて、いろいろと作り出すべきである。何某はこういうことができたということを、その人だけのことだと思ってはならない。自分も工夫して同じようにしようとすれば、できないことはない。

○忍術法は〔『浅間道中物語』〕、一糸まとわずに髪の毛を垂らした裸の女が股を開いて陰門を出し、中腰で□骨のところに手を当てて立っている像を椿の木で彫り、これを本尊として祀る。その祀り方は、この像を糞壺の中に逆さまにして数日漬けておいてから取り出し、骸骨に入れた女性の月経の血を手に付けてその像に何度も塗り、「ウンタラタサフラン」と唱えて祈ること。忍術だけでなく、これによっていろいろと邪な術ができるという。

○蛇の腹を桑の枝で逆さまになでると、蛇が足を出す。

○風鳥〔極楽鳥〕は足はないが、尾を巻いて止まり、胸を土に擦り付けておいて、虫を捕らえて食べる生き物である。

○杉葉染めは、緑礬《りょくばん》〔硫酸第一鉄の通称〕で返す。

○感通台というものがある。これは堅い木で碁盤のような形に作った箱であり、足も碁盤の足と同じく四本で、〔図16〕〔二六九頁〕のような形をしており、木と木の間のビードロの部分には水と油が入れてある。そして箱の中には小さい琴が仕込んであり、箱の一方の側に付いている肘金《ひじがね》を右手で回すと、中の琴が鳴る。琴の製造法および鳴らし方は云々。

感通台の図〔図欠〕

さて感通台は、その上に座り、松や杉・柏《かしわ》・楠《くすのき》・樫《かし》・槻《つき》〔欅《けやき》の古名〕などの類の老木の、ちょうど人がその台の上に座ったくらいの高さのところに鉄の鎖を付けて左手に持ち、右手で台のねじを回しながら目を閉じて、考えるべきことを考えたり、祈るべきことを祈ったりする。着物などが箱より下に着いてはいけない。またねじを人に回させてもいけない。師匠がこのようにしておられたときに、「私がそのねじを回しましょうか」と訊ねたところ、「人が回しては効果がない」と言われた。

世間のことわざに、逆立ちをして考えても分からない、などということがある。これは昔そのようにしていたからである。つまり神世では難しいことを考えるときに、左手だけを地面に着けて逆立ちして考えていたが、これは簡単にはできない。それでもものを考えるときの、昔のこの仕業の理屈を応用して作った道具が感通台である、という師匠の話であった。

それからまた師匠は、「すべて世のことわざに言うことは、多くはもと実際にあったことである。だからそのことわざから思い起こして、古の仕業を考えていけば、最後にはそれを知ることができるものである」と言われた。

○玉の作り方は、まず寒水石〔石膏〕の透明度の高いよい部分を選んで微塵に砕き、細かな粉末にする。そこからさらにできるだけ細かい粉末を選ぶには、ふるいでは粗過ぎる。それでもみ革の袋に入れ、その袋をもう一度なめし革の袋にいれて外から叩く。すると非常に細かい粉末だけが、もみ革の袋の目を抜けてなめし革の袋にたまる。これが極上の細かい粉末である。

この革袋に入れてふるい出した粉末に、朱色や紺青、緑青など何色でも、さまざまな色の岩絵具をよい色合いになるように程よく混ぜ、麸糊で練り、思うままの形のものに作る。丸い玉などの場合は、それをろくろの先に松脂で付け、形を丸く直して磨く。磨き方は、木にその玉がちょうど入るくらいの大きさの穴を掘って差し込み、たわしのようなものに何か白い粉を付けて磨くのである。

＊――瑠璃《るり》色にするには、着物の袂の垢のようなものを入れる。

○麸糊《ふのり》の作り方は、生の麸《ふ》〔小麦の粉をとった残り滓《かす》〕にごま油を二、三滴かけ、日に干してほうっておくと、餅のようになる。これで練るのである。

○薙刀《なぎなた》の形は、大体こちらのものと同じであるが、長さに比べて柄が細く、鍔《つば》がチャンチャンと鳴るようにつけてある。柄の尻は子供のおしゃぶりのような形になるように、柄の端に玉をつけ、その玉を右手の手のひらに当てて振り回せるようになっている。四十八手の使い方がある。切どめという法を習練すれば自由に使えるようになるものである。その方法は云々。

○佐備剣の法（また三備剣ともいう）。その形は〔図17〕〔二六九頁〕のごとくで、少し反りがある。また内側に隙間を取り、へこみがある。これは突き通して切るもので、これをまた矛ともいう。使い方は云々。

○鎧甲の製法〔楯の法〕

（この箇所一行欠）

○国開の祭は、神壇を四段に構え、いつもの祭のときのように左右に竹を立てて注連縄《しめなわ》を引き、根ぐるみ掘り出した榊《さかき》に、木綿《ゆう》〔楮《こうぞ》の樹皮の繊維で作った白い布糸〕をつけて中央に立てる。師匠がいつもの祭用の装束で供物を調え、一段目に幣を三本、二段目に五本、三段目に三本と、〔図18〕

〔二六九頁〕のように大小に作って立てる。これは神がよりたまう御《み》霊代《たましろ》である。

さて、神降しが済むと、師匠は四段目に供物を供え、それを終えてから祈願をし、そしてわきに退いて環座の中に座る。次に図〔欠〕のような白と赤の鶏の装束をした者が二人、前に出て神前で一度出会い、それから左右に別れて、羽ばたきや鶏の鳴きまねをし、また鶏が駆ける格好をする。しばらくすると、図〔欠〕のような装束（眉を白く鼻を高くして髪を垂らし、太刀をはき、矛を持って鉢巻きをする。括袴《くくりばかま》と赤衣を着け、履《くつ》をはく）をした者が、鶏をまねて駆けている中に入り、鶏の格好をしていた者は左右に別れる。中に入った者はしばらく矛を回して舞い、舞い終わると、わきに寄って立つ。その後、次々と神楽舞が十二、三番行われ、神楽が終わると、まず猿田彦がその場に入ってき、次に鶏の格好をした者が時を作る声を出しながら入ってくる。これが国開の祭の終わりである。

○天神待といって、書の腕を上げようするならば、毎月二十四日に、天神に供物と御酒を供え、夜になると神前に机を調え、一心に「天神様、上達させてください」と祈りながら、書の練習をするとよい。その一心が通れば、天神の感応があり、多くの従者を引き連れた束帯白髪の神が机の前に現れ、両三字の筆法を教えてくれる。そうすればその後は、抜群の腕前になるという。

○書法。鉄筆や長筆を用いる。実に書きにくいものである。身体を板で挟んで姿勢を正す。○飛白の書法は、はけで四十七字を書いて与えられる。これは仮名の字音の字である。習いはしたが、わずか十二字しか覚えていない。

○鉄砲の撃ち方と弓の射方。

○飢饉には、地主祭として、蟇蛙《ひきがえる》を祀るべきであるという。概して田畑の作物が不作のときは、この祭をする。地主とは蟇蛙のことであるという。

○目の治療（以下三行欠）

○わらじを裏返し、表裏逆に履いて歩く法がある。

○大勢で一緒に小石宮などに入ることがある。

○師匠が言われるには、神世においてモモというのは、梅のことである。梅から李《すもも》が分かれ、李から桃が分かれて出来たのである。梅の枝の中で、これがよいと思う枝を切り取ると、魔除けになる。一心を込めると人の首も切れる。

○かやつり草の織物（二行欠）

○蟇目《ひきめ》して神を招き奉る法。弓を逆さに引く。

○神楽殿は、十二軒一町四方に造る。

○仏像の白□《（ごう）》〔白毫《びゃくごう》〕に赤猫の血を塗る。

○身延山《みのぶさん》〔久遠寺《くおんじ》。日蓮宗総本山〕の奥の院の本尊は、阿弥陀《あみだ》である。

＊――道雄が言うには、□□□□に身延山の阿弥陀は後ろ向きであると記されているという。

○阿部郡□利介の話。荏原郡エハラの郷の者である。

＊――西方村の者である。

○龍爪山〔龍爪山《りゅうそう》の誤か〕に、龍爪権現という神がいる。元禄《げんろく》以前は小さな社であったが〔三月十七日に鉄砲祭という祭があり、五百挺もの鉄砲が集められ、空に向けて撃ち放つ〕、元禄年間〔一六八八～一七〇三〕に、大層繁ってうっそうとした林になり、それで大きな社となった。神主が四人おり、瀧大和《やまと》、瀧摂津《せっつ》、望月何某、瀧紀伊守《きいのかみ》という。この山奥で囃子《はやし》を聞く〔笛・太鼓・鉦《かね》・三味線・鈴〕。龍爪山のある山並みの端の黒川滝の山で〔険しい山である〕、鹿を撃ち損なった。治郎八という者と一緒であったが、このとき撃ち損なった鹿は、軍配団扇《ぐんばいうちわ》の紋〔軍勢の指揮に用いる軍配団扇を図案化した紋所〕を付けた大鹿で、その後、四寸角の柱の三丈〔約九メートル〕ほどの高さのところに、御幣があるのを見つけた。それ以来、治郎八は猟をやめたという。

＊――治郎八は五十過ぎの男である。

○この山から七、八里奥にある千丈が嶽〔仙丈ヶ岳〕に野宿したとき、荷車ほどの大きな糞を見つけた。篶竹《すずだけ》を立ててあり、二尺余りもある足跡があった。源右衛門という者と二人で見つけたのだが、その臭気は、草木を蒸したようなにおいであった。

○千丈が嶽のわきの林の梢で、五、六人の天狗が喧嘩《けんか》をしているのを聞いたことがある。天狗の毛を拾ったが、白赤く、太くて柔らかであった。とてもたくさん落ちていた。木の枝もばさばさと落ちてきた。

○龍爪山で、木がぼんやりと霞んで曇り、太陽も見えなくなったので、そこから引き返した。後で源右衛門という者がそこに行き、その曇りに向けて鉄砲を撃ちかけたところ、鉄砲の先をちぎり取られた。

○同所の杉の門前で、背丈が一丈〔約三メートル〕もある人に会った。

○江尻の町に近い小柴の森で、森の中の木の上に立ち、松明を手にした人を見た。身の丈が七尺〔約二メートル〕ほどもあった。顔は見なかったが、松明の長さが八尺ばかりもあり、それを逆手に持っていた。

○駿府材木町に住む伊三郎という者が、阿部川で鮎を釣り、釣った鮎を十六匹、総髪の男に貸したところ、その夜のうちに荒川の鮎を持って返しにきた。一時《とき》〔約二時間〕の間のことである。
○三枚がたうちというのは、肩骨を左右どちらでも□□□□土佐ではセリワキという。これは肩を打つことであり、どんな獣でも、ここを打たれると死ぬ。
○山犬と狼の区別。〔山犬は水かきがない。狼は水かきがあって強い〕
○鶏小屋に蛇が来て卵をとるときは、樒《しきみ》を卵と一緒に呑ませると死ぬ。
○鶏小屋にイタチが来て卵をとるときは、瓢箪《ひょうたん》を吊るしておけば近付かない。子供に千生《せんなり》瓢箪を下げさせておくと、怪我をしない。しかし、口穴を空けてしまうと効果がない。
○昆布を人の形に切り、名前を書いて井戸の中に入れると、その人の影が出る。
○昆布を人を形に切って名前と年齢を書き、針を刺して敷物にすると、その人は骨の病気になる。
○蟇《ひき》・蛭《ひる》・かずのこ。
○瘧《おこり》〔マラリア性の熱病〕には、常山《じょうざん》〔ユキノシタ科の灌木。根が薬用〕、檳榔《びんろう》〔ヤシ科の常緑高木の種子。びんろうじ。薬用〕、烏梅《うばい》〔梅の実を干していぶしたもの〕を入れて夜露に当てて。
○疫神を隣へ投げる。
○鳥の手足となる。
○猫の祟り。
○土龍の生血、疱瘡《ほうそう》〔天然痘〕の山をあげる。
○葡萄《ぶどう》は水気があるとよく育ち、実も多くなる。藤や柳なども水気があると育つ植物である。
○藤の芽やまた実を食べて水を飲み、水を見れば吐く。
○松の苔を餅にしたものに、米の粉を少し入れる。
○杉葉染めは、杉の葉を煎じ詰めて染め、明礬《みょうばん》で返す。
○ホロのこと。
○阿部郡下村の山に、福成大明神がある。この地では時々神楽が聞こえる。またここで太鼓を拾った者がいる。三輪の里である。
○粥占《かゆうら》は荏原郡の三穂社で、正月十五日に行われる。益津郡のナベの社でも正月十三日に行われる。当時当目の虚空蔵という阿部郡行翁山に岩屋がある。

＊――『藝園日抄』〔『藝園日渉』村瀬栲亭著〕に天狗の記述がある。

○深山に入って、山神に山を借りること。〔図19〕〔二六九頁〕このように柱を四隅に立て、布を張る。また注連縄でもよい。
○天真院殿は紀州〔紀伊国。和歌山県と三重県の一部〕が故郷である。わがままな女は天真院殿を礼拝するという。
○山人の褌《ふんどし》のこと。

○相模の大山不動の前にある上総屋の女房は、今から二十年ほど前、水中に五年か七年、住んで帰ってきた。話せば長い話である。
○近江国〔滋賀県〕日野の晒し屋久二郎。
○費長房〔『後漢書』方術伝中の方士〕のことは、『神仙通鑑』および『増補夷堅志』の二十七巻に見える。
○縄を使うこと。
○信濃《しなの》国〔長野県〕水内郡南山中は聖山聖新田と呼ぶ。古代より聖権現の宮がある。
○松平甲斐守《かいのかみ》殿の家来の娘は、六歳の時にさらわれていき、十四歳の時に帰る。松岡清助親類を髪を生やし。○木ヲレ。
○清助門人の何某に嫁いだ後では、祈祷が効かず。○上総〔千葉県中部〕でも女性で連れさられた者がいる。
○細川長門守《ながとのかみ》殿の家中の岸小平治七十三元〔歳〕は、国元にいる家来であり、夫婦とも長楽寺の知人である。
○大聖寺の同郷の者に金玉のことをいう。
○御花御用の隠居が長者町一町目の岸本へ行った理由。
○上野町の看板かき。
○井口の小僧〔上の一之巻参照〕は今年二十歳と思われるが、神隠しにあう。寅吉の兄弟分になる。
○二節の竹に込められた多種多彩な音色を伝える山人の笛□やしろ。
○木の葉、笹の葉を塩に漬けて織る。榎の葉が一番よろしい。
○かやつり草の織物の縫い方は、鼻緒のようである。
○矢花のとらというもの、狸を退治する。深屋のそばである。
○大隅と河内の両神主は、追分の諏訪の神主である。
○クツカケ八幡の神主は堀籠権正。
○宝性寺の真言クツカケ別当。
○小室の岩屋から千尺《せんが》滝《たき》の岩屋へ異人。
○治郎吉の跡継ぎは、佐久郡今井から出てきた治介という。
○筑波郡狢打村の名主の所に、時を告げる瓶《かめ》がある。

時の果物	鉄棒一本	鉄床《かなとこ》一丁
昆布	鉄槌一丁	やすり
麻	石台一ツ	香箸《こうばし》
もみ切三尺ばかり	焼きごて一丁	
奉詔《ほうしょう》	鋏一	
西の内	裁ち包丁一	
	たがね（ヌク料）	

○鹿や鳥が食物を運ぶ。稲をこいて持ってくる。毛の色は金色で白い。
○鹿がカワウソのように魚を捕る。
○雉の腸を塩に漬けてビードロ玉に入れ、鏡をいくつも立てた箱に入れて光らす。箱には穴が一つある。

○月夜木〔上の一之巻参照〕は十町ほど離れても見えるものである。〔図20〕〔二六九頁〕カントウ。

○「神国の人を見知らぬ犬ならば、この日本に居るはずはなし」。これは犬除けである。

○馬の頭骸骨の目に豆を植え、出来た豆を採って焼けば、人々が馬の顔に見える。

○はく虫で骸骨を書き、た□□（たわら・たにし・たわし）を三つ付けて暗がりの隅に置くと、髑髏《どくろ》に見える。

○たばこに狼の糞と、い□《(ち)》ゞくの葉、かまえび〔ブドウ科のつる性落葉低木。えびづる〕の葉を混ぜ合わせて字を書く。

○思うことを夢に見る方法は、着物を裏返しに着て、念じて寝る。

○寒中の蚯蚓《みみず》を干して灯火にかざすと、人の頭が長く見える。

○お産のときの穢血をこよりに染み込ませて火をつけ、その明かりで馬のわらじを紙に包むと骸骨に見える。

○声を出さずに人を呼び出す方法は、蟇蛙の背中を裂いて墨を入れ、十字路に埋めて数日置く。それから取り出し、その墨で呼び出そうと思う人の名を書いて張り出しておくと、その人がうかうかと出てくる。

（この箇所原本二頁空白）

○風神の御幣の切り方の伝

東方に向かって息をのみ、折るときはとりわけ息をつかずに風神の御名を唱え、折り終わってから、その息を吹きかけること。ただし、人に見られないようにすること。

火神の御幣は、その形に火の形がある。

金神。

水神の御幣の形は、細く末を大きく。

土神はさらに細く、末はさらに大きい。

日照には五柱の神、ならびに龍神と雷神を祈り、水を用意してその水を撒いて祈ること。

〔図21〕〔二六九頁〕

このあたりのところを、力を入れて切ること。

右辰年十二月二十七日伝授

○雨乞いの歌

天の川苗代水にせき下せ、世に水分《みくまり》の神ならば神
古の人も人なり我も人、我が祈る雨も降らせ給ひね
天津神国津御神のもれ落ちず、聞し給はね雨の祈りを
この見ゆる雲ほびこりてとの曇り、雨も降ぬか心たらひに
天津水仰ぎてぞ待つ神の道、世人に知れと祈る心に

神の道思ふ心のやるせなく、しひてぞ祈る雨を賜はね
天津水あふぎて祈る玉くしげ、二つなく神を仰く心に
平田大角　篤胤

「越谷降臨の記」

三月二十二日のことである。午後六時頃から、寅吉が奥座敷の床の間の前にふせって、何かぶつぶつと言っていた。それで「どうしたのだ」と訊ねると、「先日から痳疾《りんしつ》〔淋病〕のようで困っています」と言う。寅吉はこの日は午後五時頃、「甘茶〔ユキノシタ科のアマチャまたはウリ科のアマチャヅルの葉から作る飲み物〕が欲しい」と言って煎じさせ、たくさん飲んでいた。それで私は、飲み過ぎで気持ちが悪くなったのだろうと思い、いつも通り菰《こも》を敷き、「寅吉、寅吉」と、寅吉を呼び起こして、菰の上に連れて行き、少し休ませておいた。

しかし、寅吉がまた何か言い始めたので、折瀬《おりせ》、おかね、善次郎が、三人とも心身を清めて、寅吉のそばに行き、様子をみていた。しばらくの間は口の中で低くものを言っているだけで、何を言っているのか分からなかった。そのうちに寅吉の声がだんだんと高くなってきた。そこへおゆう、篤利の二人も身を清めてやって来た。そして寅吉の様子を見ていたところ、寅吉の口からこんな声が聞こえてきた。

「これほどまでに神の道を広めようと思い、そのために行をなしているというのに、その行に疲れたところへ付け込み、悩ませるとは、不届きな奴め」

その声は、非常に腹を立てている様子であり、「たとえ大勢で引き込もうとしても、そうやすやすとは引き込ませはせぬぞ。不届きな奴めが」と、押し問答をしながら叱りつけているという様子であった。そして何度も何度も繰り返し、「神の道を広めずにはおくべきか。久伊豆様もここにおいでなっておられるぞ」と口にした。

*――久伊豆様といわれるのは、越谷宿の産土神であられます。

いよいよ腹を立てていく声に、寅吉の様子を見ていた者にも、ようやく事情が分かった。これは寅吉を悩ませる禍神《まがかみ》がやって来ているためであると思い、折瀬が申し上げた。

「恐れ多くはございますが、お伺いいたしたいことがございます」

すると「おまえは何者だ」と、その声がお訊ねになった。

「平田大角の妻でございます。先程より、殊のほか御立腹になっておられますが、どうしてでございましょうか」

「禍神がやって来るのも、一人二人ならばどうにでもなる。しかし百人余りもここに押し寄せて来て、寅吉を悩ませてい

る。既に大角にも、かなり以前に疫病にかからせた不届きな奴だ」

「それでは、寅吉の苦しみを取り除かせますには、どのようにすればよろしいのでしょうか」

折瀬がお伺いをたてると、「それはこちらでよいようにいたすから、構わないでよい」との仰せがあった。それでさらにお伺いした。

「あなたさまは、寅吉の先生であられましょうか」

「そうである」とのご返答があり、誰もが皆恐れ入ってひれ伏した。頭を上げている者は一人もなく、皆はありがたく思い、心からお祈りをしていた。すると、「久伊豆様はもうお帰りになられるそうだ」という仰せがあり、それから久伊豆様がお帰りになられていく様子であった。皆は畏まっていた。

そのまま少し時が過ぎ、「さあ、禍神どもよ、帰れ、帰れ」という声が聞こえ、禍神が皆帰っていく様子であった。しかしまだ禍神が一人、後に残っていたらしく、「おまえは不届きな奴だ。このまま捨ててはおかぬぞ。こちらの法どおりにしてくれる」と言われた。その禍神も立ち去ろうとしている様子であったが、「待て待て」と、三度ほど声をかけられ、「まことに不届きな奴だ。明日八時までに浅間山に来い。法どおりに裁いてやる」と、声高に仰せられた。とても御立腹しておられる様子であり、恐れ多いことであったが、その御姿が眼前に浮かんでくるようで、そばにいた者は誰も皆、ぞっとして身の毛がよだち、ありがたくも恐ろしい気持ちであった。

しばらくしてから、折瀬が「お願い申したいことがございます」と申し上げると、「何なりと申してみよ」との仰せがあった。それで折瀬が申し上げた。

「この家におります母が、長らく病気を患い、困っております。いつごろ治りますでしょうか、お伺いしたいのです」

すると「しばらく待て」と仰せられ、「ちょっと行ってこい」と、使いの者をお出しなられた様子で、少しすると使いの者が帰ってきたのか、「この病気は難病であり、秋にでもなればよくなるだろうが、しかし長引く」と仰せられた。

「母は、大角が大きな恩を受けた者でありますから、少しでも早く全快いたしますよう、お願い申し上げます」と私が申し上げると、「十分よくして差し上げる」と仰せられ、そしてさらにこう仰せられた。

「大角も神の道を広めたいと思っているようだが、このように禍神どもが大勢邪魔をし、床に就くほどのことではないが、二、三日体の具合が悪くなる。十分に周りの者も気をつけてやるとよい」。まことにありがたいお言葉であり、私は恐れ入ってしまった。それから「寅吉は、この頃は何事もないか」と仰せられた。

「先日以来、痳疾を患っているようで困っております。子供のことゆえ、今日になって本人が、甘茶がいいというまま、早速煎じて飲ませました」

「その病には、一日に麦を六合ほど食べさせるのがよい。ただし寅吉は麦が嫌いだが、無理にでも食べさせるとよい。麦は七合でもよい。先頃から寅吉がふさぎ込んでいるのは、禍神の所業である」との仰せであった。そして「よく気をつけなければならぬ。もう他には用はないか」と仰せられた。

「長右衛門の養子にという件は、どう計らえばよろしいでしょうか」

「北の方角からくる相談はよろしくない。一、二年待ちなさい。いずれ東の方からやって来る別の人がよろしい」

次いで「寅吉にあたえるものを言うから、書き付けておけ。麦・粟《あわ》・稗《ひえ》・青物・川魚・葛《くず》・砂糖がよい。寅吉は行をしてもしなくてもどちらでもよい。少しだけの空白でまた行わせるから、病気の間は布団に寝かせてやってもよい。では、これにて発ちましょう」と仰せられた。しかし、すぐにまた振り向かれて、「そこにいる幼い者の名は何というのか」と、訊ねられた。

「この子は善次郎と申します」

「ことによると、その子は病気にかかるが、そのときは、飯を一日に一杯にひかえ、そのぶん軽い食べ物を食べさせるのがよろしい。奉公には冬になってから出すとよい。それまでは親類にでも預けるなり、何なりとしておくとよい」

「奉公先として本屋はどうでしょうか」

「かなり小さな、よい店に奉公に出しなさい。もうこれで何もないか」

さしあたって他に思いつくこともなく、誰もが皆恐れ入ったまま、それ以上は何もお伺いもしないでいると、「それではもう発ちます。いつもどおり、寅吉に酒を吹きかけて飲ませなさい」と、最後に言い残されて、神様はお帰りになっていかれた。

さてもさてもありがたいことであり、またその後でも、あれこれといろいろ思い出し、実に心に残ることの多く思われる出来事であった。

（この箇所原本一頁空白）

『捀拾捀招』（一説には『捀抬捀拐』〔古代インドの身の安全を祈る言葉サンバラの音写、さむはら〕、ただし守札の板形を写す）という四文字は、慶長年間に、大樹公が狩りに行かれたときに、鶴の羽にあった文字であるという。怪我除けになるということで、お守りになっているが、寅吉は、「これは仙人がいつも唱える符字のようなものの中にある文字です。仙骨の人がいつも唱える符字のようなものの中にあるのを見たことがあります。ジャク、コウ、ジャウ、カウと言っているように聞こえましたが、よくは知りません」と言った。

筑波山は昼に三度、夜に三度景色が変わる。男体《なんたい》山に雲が少し懸かると、雨が降る。毎年五月一月《〔ママ〕》は薄雲が絶えない。

同山は、天地開闢《かいびゃく》の山であるという。男体山は伊邪那岐《いざなぎ》命、女体山は伊邪那美《いざなみ》命を祭る。男体山に日の外宮という所がある。いつも神を信じている人は、死ぬとここに生まれてくる。死んだ後もまた人に生まれ変わる。女体山に夫婦木という杉が三本ある。この杉のある所は、六所という場所に近い。そこには石地蔵がある。〔図22〕〔二六九頁〕

鹿島神社の神庫に、甕槌《みかづち》神が鬼の頭を射抜いた跡であると、黒い春慶塗《しゅんけいぬり》のように塗った□□《（ほかい）》〔外居〕のような入れ物の中に、鬼の頭を貫いたという矢を入れたものがある。その蓋の部分に少しひび割れがあり、そこから透かしのぞいたところ、矢が見えた。

高さ二尺ばかり〔図23〕〔二六九頁〕

長寿を祈るには、「宵の明星イハサクノ神」と拝む。共に「明けの明星ネサクノ神」とも拝む。

常に師が身に帯びている剣の刀身

〔図24〕〔二六九頁〕　上に言う剣の図である

あちらの世界において打鉄砲に火炎硝を用いることはない。風を込めて撃つ。撃つ音もしない。

〔図25〕〔二七〇頁〕

ここを回す　ここへ回した金具を引き上げておく

神仙界において師匠が湯を沸かす器具

唐金《からかね》〔銅と鉛の合金、青銅〕のようなもので作り、同じく唐金の棒二本を上の穴から入れて回せば、湯になる。

〔図26〕〔二七〇頁〕

二人これを回す　この合わせ目が時々開く

二本の棒には筋が付いている　ここより湯が出る

羽団扇の下部には、矢の根のように刃を付け、これには木鞘をはめておく。

〔図27〕〔二七〇頁〕

緑　赤　青筋あり　切羽《せっぱ》脛金《はばき》なし

〔図28〕〔二七〇頁〕

バンクツという。これを履いて行をする。鉄で作る。鼻緒は普通の世の人のもののようである。

〔図29〕〔二七〇頁〕

ショタンと言い、唐金で造る。香を焚き、常に用いるものである。

〔図30〕〔二七〇頁〕

　右の羽扇、剣、バンクツ、ショタンの四種の品は、本当は私が拝謁した神仙の持っておられたものです。しかし私にはそれをあからさまには言いがたい理由があり、言わなかったのです。『平兒代答』の記述者の誤りです。

　天狗が邪魔をするとき、それを避けるために焼く香がある。薫陸《くんろく》・白檀《びゃくだん》・樒葉《しきみば》の三つは、天狗が特に忌み嫌うものである。

雄〔図31〕〔二七一頁〕　表　裏

雌〔図32〕〔二七一頁〕　表　裏

右の木剣二振りを常に持っていれば、災難などは起きない。また狐憑きなどは、たちどころに落ちる。

　これは、岩間山の使者たちが世間に出て加持を行い効験があるために、思いついて神仙の花押を書き加えたものである。

〔図33〕〔二七一頁〕

下は寅吉の書判、平馬の二字を合わせたものである。

寅吉の書いた符字を、寅吉に心を込めて刻ませた。

〔図34〕〔二七一頁〕

この形は二つある。一枚は矢の根が黒い。

右の札は、師匠が鹿島神社の神庫にあった板木を借りてきて、岩間山で刷ったものである。下山のときに百枚ほど持ってきたが、残りが少なくなり、それで翻刻しようと思うと言ったところ、木をよこしたので、自分で彫った。この札の名を矢大臣と言う。

　今思えば、鹿島の事触れ〔近世、鹿島明神の神託と称して、正月、その年の吉凶などを触れ歩き、その災難を祓うお札などを与えて、米や銭などを要求して歩いた下級の神主。後には浮浪の徒の所業となった〕の配る札であったものを、岩間の使者の中に、以前鹿島の事触れであった者が紛れ込んでおり、その者が事触れの配る札の板木を神庫から借りてきたように話したので、それを事実と思ってしまったのです。まことに私の過ちです。

文政三年庚辰《かのえたつ》の冬神無月九日　山崎美成

右『平児代答』本文並頭書共令清書畢

文政六年　癸未《みづのとひつじ》 三月　平篤胤

〔図35〕〔二七二頁〕

お守り

〔図36〕〔二七三頁〕

これは寅吉の書であるが、何か不明

〔図37〕〔二七三頁〕

これも寅吉の書であるが、不明

〔図38〕〔二七三頁〕

剣の図〔図39〕〔二七三頁〕

鉄弓の図（半弓であるという。弦は通常のものと同じ）

〔図40〕〔二七三頁〕

この幣でもって祈るときは、邪正ともに成就しないということはないという

頭に麻を挟む〔図41〕〔二七四頁〕

ケズリカケ　魔除け　木は何か

〔図42〕〔二七四頁〕

この矢三本、何に用いるのか不明

〔図43〕〔二七四頁〕

大弓である（ぐんと鳴って飛ぶ。三羽）

〔図44〕〔二七四頁〕

通常の矢と同じくらいの長さ

これくらい　三羽が付いている小矢がある

二羽　四寸ばかり　あまり重くしてはならない

〔図45〕〔二七四頁〕
管に針を入れて、目つぶしに用いる　管が先に出て、針は後から出るようになっているものである　半弓である

右の他に矢の図が数種ある　別に記す〔図欠〕

へんどかん〔辺津鏡〕　かんどかん〔澳津鏡〕
はやちやらけん〔八握剣〕　いきみ玉〔生玉〕
くわへん玉〔死返玉〕　くわつ玉〔足玉〕
どうへん玉〔道返玉〕　じゃひれい〔蛇比礼〕
はちひれい〔蜂比礼〕　今一つあり〔品物比礼〕

〔図46〕〔二七五頁〕

〔図47〕〔二七五頁〕
紙雛を作り憎い人の名を書き、この下に敷いて笞《しもと》でたたく　これを持たせておいて神降しをする　またこれで〔以下欠〕

〔図48〕〔二七五頁〕　祈りの台　渾天儀《こんてんぎ》に似ている

蟇目にこれを用いる〔図49〕〔二七六頁〕　祈り物差し

〔図50〕〔二七六頁〕　祈りに使うオサ

〔図51〕〔二七六頁〕　ヒの図　ここに糸を出す穴がある

○祈りをする神前に立てた刀が、自然に鞘走って魔物を切り、人を切るようにするためには、まず人の命を書い（と）て、抜き身のまま土中に埋め、霊気が頭に上ってきたときに、刀の切先を頭に突き付けて土をかけ、よく祀った後で掘り出し、その刀を取り用いる。

○識神《しきがみ》〔式神〕を使うほど、よいことはない。

○学問であれ何であれ、そのことに苦しんだ人の魂を祀ると効験が大いにある。霊代《たましろ》には、その人が死んだときの状態を、何一つ違うことなく作って祀る。またその人の墓所から取ってきた土も祀るとよい。

仙童寅吉物語 一之巻

「仙境異聞 下」（外題）

平田篤胤 筆記考按

高山嘉津間《かつま》、もとの名を寅吉という。当初は山崎美成のもとに居候していたが、その後私の家にきて、長く逗留することとなった。この間の事情については別に記したものがあるので、ここでは省略する。今はただ、寅吉が問われて答えたことのみを記しおくことにしたい。

○問「その山人に誘われたきっかけはどのようであったか」

寅吉「文化九年、私が七歳になったとき、ふと卜筮《ぼくぜい》のことを学びたいと思いました。当時、同所〔池之端〕茅町の境稲荷の前に住んでいた、貞意という名の易者が、その占いがよくあたり、はやっていました。それで貞意について学ぼうと、私は教えを請いました。しかし貞意は、私が子供だと思ってからかったのか、七日間手に火を灯す行を勧めて、それからやって来れば、教えてやろうと言いました。私は早速その夜から手灯の行を始め、七日間勤めあげて、貞意のもとに行きましたが、貞意は笑っただけで教えてはくれず、私は非常に残念に思いながら日を送っていました。

＊――この易者は後に上方あたりへ行ったという。

ある日、東叡山の前にある五條天神あたりで遊んでいるところ、五十歳くらいの翁が、直径五、六（三、四）寸もあろうかと思われる壺から薬を取りだしては売っていました。日暮れになり、その翁は取り並べていたものを、小つづらから敷物まで、何もかもその壺の中に入れていきましたが、何ということもなくすべて入ってしまいました。それから自分もその中に入ろうとしました。どうしてあんな壺の中に入ることができようか、と思って見ている間に、片足を踏み入れたと見えるや、全身が入ってしまいました。そしてその壺は大空に舞い上がり、いずこともなく飛んでいってしまいました。

私には不思議でたまらず、後日また五條天神に行き、夕暮れになるまで見ていましたが、この前と同じでした。その後もまた行って見ていると、その老人が、『おまえもこの壺に入れ』と声をかけてきました。しかし何とも薄気味悪く思い、私は断りました。すると老人は傍らで売っていたお菓子などを買い与え、『卜筮のことを知りたいのなら、この壺に入ってわしと一緒においで』と誘ってきました。それで行ってみようかなという気になり、その壺の中に入りましたが、入ったかと思うと、日もまだ暮れぬ間に、とある山の頂に着いていました。その山は常陸国の南台丈という山でした。

＊――この山は加婆山と我国山との間にあり、獅子ケ鼻岩という岩の突き出た山である。

ところがまだ私も幼かった頃のことであり、夜になると両親が無性に恋しくなってしまい、声をあげて泣いてしまいました。老人は、『それならば家に帰してあげよう。だが、おまえの身に起きたことを決して人に話したりはせず、毎日五條天神の前に来なさい。わしが送り迎えをして、卜筮を習わせてあげよう』と言って、大空を飛んで私を家まで連れて帰しました。こうしたいきさつから私は老人の戒めを固く守り、今日に至るまで、父母にもこのことを話しませんでした。

さて約束どおり、私が次の日五條天神の前に行くと、その老人が来ており、私を背負って山に連れて行きました。このようにして長らく日を過ごしましたが、いつも広小路の井口という薬屋の男の子と一緒に遊びに行くようなふりをして家を出ていました。

私が連れられて行った山は、長くずっと南台丈だったのですが、いつのまにか同じ常陸国の岩間山になっていました。それでかねてからの私の念願でしたから、『卜筮のことを教えてください』と言ったところ、『教えるのはとても簡単だが、易卜は好ましからぬ占いの技だ。だからまず他のことを学べ』と言われ、祈祷の仕方や符字の記し方、呪禁その他、幣の切り方、文字のことなどを教えられました。

またあるとき、こういうこともありました。天狗の面をかぶった男が、わいわい天王と囃しながら、赤い紙に天王の二字を書いた札をまき散らしていました。その後ろを子供が大勢ついて歩いており、私もその中に交じって囃しながら行くうちに、本郷の兼康《かねやす》の先まで行っていました。ところが日暮れになり、天狗の面をかぶった男が囃すのを止め、その面をとった素顔を見ると、いつものあの老人でした。

その老人は、私を家に送っていこうと言って、連れ立って家路につきました。そのうちに榊原様の表門の前で、私を捜している父を見つけ、『向こうからおまえの父が捜しにやって来た。わしとのことは決して言うな』と、私に言いました。そして老人は私の父に、『この子を捜しているのではないかね。遠くまできて迷っているように見えたから連れてきたのだが』と言って、私を父に手渡しました。父はその老人に名前を訊ねましたが、老人は、どこそこの某だとありもしない名を言って別れていきました。

後で父がその住まいを訪ねていきましたが、始めから偽りであってみれば、そこにそんな人はいませんでした。総じてわいわい天王といって札をはり、お金をとらない者のなかには、天狗がまじっています。

いずれにせよ、こうして毎日その老人が私を送り迎えしてくれましたが、私は両親をはじめ人には決して話しませんでした。また、私の家は貧乏でしたから、私のことをそれほど構うこともなく、世話をかけず遊びにいくことは結構なことだと、何も聞きませんでした。私がこのようにして山に行き来していたのは、十一歳の年の十月までのことでした。十二、三歳頃にはこのようなことはなく、ただ時々老人が現れて、いろいろなことを教えていくだけでした。

ところで、父の与総次郎は、私が十一歳になる八月から病床に臥していました。父の病中に老人が現れ、しばらく寺へ行き、経文をも覚え、いろいろな寺の様子も見ておけということでした。それで私は出家したいと父母に願い出て、下谷池之端の正慶寺という禅宗の寺に出されました。この寺から帰った後、同所にある覚姓寺という日蓮宗の寺にも出され、その後また宗源寺という日蓮宗の寺に行き、そこで出家しました。

しかし、文政二年五月二十五日に、師匠に連れられて空中を飛行し、遠い唐の国々にまで行きましたが、再び常陸国の岩間山にもどり、さまざまの修行を行い、師匠から名も高山白石平馬《へいま》と名付けられ、平馬の二字を書判にして授けられました。

そして去年の秋八月〔旧暦〕に、一度家に帰り、その後また師匠に同行して東海道を行き、江ノ島や鎌倉などを見、それから伊勢大神宮を拝しました。そしてその他の国々や各地を見て回って、今年の三月二十八日に家に帰ってきたのです」

○問「岩間山というのは、常陸国の何郡にある山か」

寅吉「筑波山から北へ四里ほどの所で、峰に愛宕《あたご》宮がありです。足尾山、加婆山、吾国山などが連なり並ぶ、笠間の近所です。また龍神山という山もありますが、この山は師匠が雨を祈られる所です。

岩間山に十三天狗、筑波山に三十六天狗、加婆山に四十八天狗、日光山には数万の天狗がいるといいます。岩間山はもとは十二天狗でした。しかし四、五十年ぐらい前、筑波山の麓の猪打村という所に、長楽寺という真言宗の僧がいました。彼はいつも空に向かい、仏道を念じていましたが、ある日、釈迦如来が来迎して招くので、真の仏と思って一緒について行きました。しかしそれは岩間山の天狗が化けて来た釈迦如来でした。こうして長楽寺も天狗に加わってしまい、それから十三天狗になったということです。私の師匠はこの十三天狗の一人で、杉山そうしょうといいます」

岩間山のことについて、その地方のことを知っている人々にあれこれと訊ねたところ、細川長門守《ながとのかみ》殿の御領地で、岩間村のなかの、小名を泉村という所にある山であるという。十八、九町〔約二キロメートル〕ほどの登りで、山の上には愛宕宮があり、その後ろの少し高くなっている平地に、本宮であるという小さな宮がある。青銅の六角形の宮で、上の方は丸くなっているという。この宮の周りに十三天狗の宮であるという石の宮が十三あるが、遠い昔はこれは五天狗の宮であり、のちに十二天狗になり、十二の宮であったという。

またその長楽寺というのは修験者であったという。常々西方に向かって大日如来の真言を唱えていたが、もともと孝行心が厚く、母親が諸国の神社仏刹や旧蹟を見てまわりたいと言うので、どうにかして母親の願いをかなえようと、特別に十二天狗に祈願したという。そして祈願のかなうまで断食の行を行っていたが、その途中で山の下に蹴落とされてしまった。しかしそれでもなお懲りずに、また再び断食の行を続け、断食の行を終えた後は、いつものように西方に向かい阿字観をしていた。

ところがある日、釈尊が迎えに来られたと言って、空に向かってにっこりとほほえみ、飛び去ってしまった。しかしその後また帰ってきて、母を背負い、母の望む場所を五、六日の間に見てまわらせた。それから家にもどり、母に「とても疲れました。しばらく寝ますが、長く寝ていても私が目を覚ますまで、決してご覧になったりしないでください」と言って、部屋に籠ったきり、五、六日たっても起きてこなかった。それで母親はとても待ちきれず、そっとのぞいてみると、六畳の部屋いっぱいになるほど大きくなって寝ていた。母親は「あっ」と叫んで逃げ出してしまった。長楽寺はその声で目を覚まし、そばの襖をけやぶって飛び出し、それから後はもう帰ってこなかったという。

一説には、母に諸国を見せて回った後で、「決して人にはこのことを話さないでください」と、母親に口外を禁じたが、母親は嬉しくてたまらず、こっそりと人に話してしまったところ、長楽寺は家を飛び出して、その後は二度と再び帰ってこなかったともいう。

さて長楽寺が家を出た後、誰であったかは分からないが、麓の村々の家ごとに、「これまでは十二天狗ゆえ、膳を十二膳供えていたが、長楽寺も加わったから、これからは十二膳の他に、精進の膳をもう一膳、ふやして供えるように」と、触れて回った者がいた。それで村々の天狗を信仰している者たちが、その講中を作り、毎日十三の膳を供え、拝むときにも、十二天狗並びに一天狗と、唱えるということである。

ところで愛宕宮の別当は真言宗であり、祭礼は二月二十四日である。愛宕宮にも、十三天狗にもそれぞれに膳を供えるが、十三天狗の膳は残らず皆食べられているという。祭日の前日に別当が行う水行は、なかなか普通の人にはできない業であるという。

細川家の留守居役である岸小平治という人は、今年七十三歳になるが、その親族の人の話では、小平治は国詰であった若輩の頃、天狗になった長楽寺と親しく付き合っていたという。それゆえ長楽寺の人となりをよく知っているが、長楽寺は剛強で正直な人であったと、またその当時のことをよく知っており、今でもときに話すことがあるということであった。寅吉の話と考え合わせるべきである。

＊――岩間山の天狗が釈迦に化けて長楽寺を騙し、天狗の仲間に引き入れたことについて、考え合わせるべきことがある。それは今昔物語に云々。

○問「十三天狗たちのことを、こちらでは天狗と言うが、そう言われて腹は立たないのか。あるいはそちらの世界で、何か他の呼び方はないのか」

寅吉「世の人が天狗と呼ぼうとも、腹を立てることはありません。というのも世の人は、人間界の外にいる仙人は言うまでもなく、悪魔や天狗など、その他さまざまの怪しげな類のものであれば、すべて天狗の仕業であると言いますから、そういうことにしているのです。けれどもあちらでは天狗とは言いません。山人と言います。

しかし十三天狗の中で、本物の山人はわずか四人だけです。その他は、鷲《わし》や鳶《とび》などが化身したものであり、本当の天狗です。それなのに岩間山の別当が出す守札に、鼻が高く翼のある十三人の天狗を描いているのは、笑うに堪えないことです」

○問「おまえを誘っていった老人は、やはり杉山そうしょうであるのか」

寅吉「あの老人は、最近山替えをしてどこかに行ってしまい、現在はその所在さえ分からない、と聞いたように覚えています。私にも全く理解できません。その当時のことは、今思えば夢のような話で、そうしょうの分身のようにも思われますし、また別人のようでもあります。

＊――寅吉に初めて訊ねたときには、誘っていった老人が確かに杉山そうしょうである、と言ったように聞いたのだが、後にまた詳しく訊ねたところ、寅吉は右のように答えたので、後で聞いたことではあるが、ここに記しておく。

○問「杉山そうしょうという人は、もとはどこの国のいかなる人であったのか。またそうしょうとは、漢字でどうのように書くのか知らないか」

寅吉「師匠が、もとはどこの国のいかなる人であったか、ということについては知りません。何代もの世を経た天狗（山人）であり、それゆえワケモチノ命と申します。字は僧正と書いて、そうしょうと清音で読みます」

　この後にあっても、度々そうしょうと清音で言うと、寅吉はしきりに言っていた。ところで現世でいう読みと、読み方が異なるということについては思いあたることがある。というのも、石原正明が、かつて話のついでに、幽界にいるものの名は現世の人の名と同じ字であっても、何となく読み方が違うものであると言って、その例をあれこれ話していたことがある。石原の話が気にかかり、その後は気に止めて考えていたが、最近、安芸《あき》国に住む稲生《いのう》平太郎《へいたろう》という人の所に出た物怪は、「我は山本五郎左衛門《さんもとごろうざえもん》という者である。サンモトとは山本と書く」と、また「その仲間に、神野《しんの》悪五郎《あくごろう》という者もいる」とも言ったという。ヤマモト、カンノとは言わず、サンモト、シンノなどと称することには、きっと何か理由があるのだろうと思われる。そう思うと、僧正を濁らずに清音で言うということも、関連して考え合わせられることである。

○問「ワケモチノ命とは、どういう意味か」

寅吉「大天狗になると、その魂を祭り、ワケモチノ命とつけることになります。つまり在世のときの名を上にして、例えば杉山僧正という名であれば、杉山僧正ワケモチノ命といい、長楽寺であれば、長楽寺ワケモチノ命というぐあいです。また在世のときの名が分からないときは、誰であれ別持命と名をつけて拝むことになります」

　私はこのように聞いたが、美成は、「死んで神となった後に、ワケモチノ命という」と聞いたという。どちらが正しいのかは分からない。またどのような字を当ててワケモチノ命と書くのか、ということは問い損ねたが、字はきっと別持と書き、山々を互いに別け持っているという意味であろう。なぜなら神代の伝にも、「野神山神、山野によりて持ち別けて」「速秋津比古《はやあきつひこ》、速秋津比賣《はやあきつひめ》神、川海によりて持ち別けて」などというからである。この古語の意味を思い合わせて理解すべきであろう。
○問「その魂を祭るとは、どのようなことをするのか」
寅吉「大天狗（歴々の山人）になったならば、各自がおのおの自分の魂を幣《ぬさ》に留めて、日々に拝み祭るのです」
これもまた、古意にあっていることである。このことについては思うところがあり、ここには記さない。『古史伝』の出版を待ち、『古史伝』を見てもらいたい。
○問「その幣は、どのような形に作るのか」
寅吉「その幣の切り方は、普通の幣の場合と何も変わりはありません。ただ、中心に玉を掛けておきます。これが魂の印であるということです」
○問「その玉は何の玉であるのか、またどのような形をしているのか」
寅吉「何の玉であるのかは知りませんが、瑠璃《るり》色の玉を数珠《じゅず》のようにつなげてあります。数は百十二粒で、その他に親玉が二個ついています。白い絹の打紐で通して、房をさげたものです」
○問「師匠が龍神山で雨を祈るというが、それは理解しがたい。そちらの世界では田畑を作ることがない以上、長雨でも日照りでも、ともにそれで苦しむというようなことはなかろうと思われる。どういうつもりで雨を祈るのか」
寅吉があざ笑って答えた。
寅吉「そのように浅はかなことを思うのが、人間の心というものです。神は言うまでもなく、山人にとっても、世の中が悪くていいわけがありません。それゆえにあちらの世界にあっても、人間界についての祈りが重要なのです」
○問「そうしょうは何歳ぐらいか。ふだんはどのような衣服を身につけているのか、またいつもはどのようなことをしているのか」
寅吉「四十歳ぐらいです。髪は生やしっぱなしで腰のあたりまでたらし、真鍮のはちまきの合うものを図〔欠〕のようにはめ、山伏の着る衣と袴を身につけています。緋色の衣です。背丈は普通の人よりも五寸ほど高い程度です。いつもは座を組み、ナイの印（内縛印か）を結び、呪文（いかなる呪文か）を唱えておられます。また太刀もさしています」
○問「袈裟《けさ》とか篠懸《すずかけ》〔山伏が衣の上に着る麻の法衣〕もあるのか。頭巾《ずきん》をかぶることはあるのかないのか」
寅吉「袈裟や篠懸はありません。頭巾はかぶることもあります。しかしこちらの人のものよりはかなり大きく、形も少し異なります」
○これはのちに質問したことではあるが、ここに記しておく。
問「その衣服はどのようにして調達するのか」

寅吉「大天狗たちは、人間であったときに用いていた衣服を、末永く着ておられるということです。私たちは素裸でいることが多く、それゆえ衣服が傷むことはあまりありません。しかしもし着ている着物が破れたら、師匠に願い出て、鹿島や筑波、岩間山などで出す守札のあまりを諸国各地で配り、その初穂として得た金銭で、服を調達して着ます」

＊――師匠も古呂明も古着をも着る。ただし女の着たものは着ない。

＊――師匠が在世のときから着ている衣服は、麻のようにも見えるが柔らかなものである。縫ったもので、少しも悪くならない。

人間であったときの衣服を末永く着るといったことについて、思い当たることがある。それは、最近小嶋惟良氏が話されたところであるが、こういう話である。

江戸小石川の牛天神下に堀江平兵衛という人がいる。この人の養父も平兵衛という名であったが、養父の平兵衛には、実は一人息子がいた。しかしその息子は、文政三年現在よりさかのぼること二十八年前の寛政五年、二十四、五歳のときに、わけもなく家を出て行方知れずになり、それで星野源左衛門という人の弟を養子にしたのであった。

＊――この人がすなわち現在の平兵衛である。

ところがその息子が、家を出てから十一年後の享和《きょうわ》三年に、不意に帰ってきた。その衣服は無論、腰に差した大小も履物も、その他のものも何もかもすべて、十一年前に家を出たときそのままの格好であった。少しも傷んでいないし、垢も付いておらず、髪の月代《さかやき》すら十一年前とそっくりそのままであった。父と母は息子を見て驚き悲しみ、「どこにいたのか」と訊ねた。「こちらの人の世とは異なる世界に行っていました。一度は両親に会おうと思って帰ってきたのです。今後はもうお会いする機会もないでしょう」と、息子が答えた。父母は一層泣き悲しんで、「どうかここに止まっていてくれ」とかきくどいた。しかし息子は、「なかなかそういうわけにもいきません」と言って聞きいれなかった。ただ「ごはんを食べさせてください」と言うので、食事の用意をしたが、「あちらの飯よりもまずい」と言ってほとんど食べず、暇乞いをして立ち上がった。父母は左右からとりすがって引き止めようしたが、息子はそれを振りはらって出ていってしまった。そしてその後は帰ってきていないという。

＊――この話は、以前に鳥海松亭という人から聞いていたが、その名前を忘れてしまっていた。しかしこの度の寅吉の件をきっかけに、小嶋氏が話されたのである。

また、私の遠い親戚に浜田三次郎という者がいるが、三次郎の妹婿に能勢平蔵という町同心がいた。平蔵には息子が二人、娘が三人いたが、五十年ほど前に、平蔵はこれという理由もなく家を出てしまい、行方知れずになった。それで能勢の家は断絶になり、五人の子供たちは三次郎の家に引き取られて養育され、男の子の一人は他家の養子となり、高橋太右衛門という名になっている。

さて太右衛門の家の近くに、昔平蔵の家に仕えていた老女が住んでいるが、今から六、七年前、その老女が太右衛門の家を訪ねてきて、こう言ったという。お父上の平蔵様が、昔家を出られたときの姿そのままで、今私の所に来ておられます。そして「わしは今、この世ではない世界にいる。子供たちをしばしば見ることもあるが、言葉をかけることはできず、そのまま過ごしてきた。わしが今日ここに来たのは他でもない。わしが家を出てしまい、それで死んだわけではないが死んだことにし、家を出たその日を命日と決め、仏法風の戒名まで付けられている。それゆえあちらの世界で高い地位に進むことができない。おまえが太右衛門の家に行き、このことを話して、わしに戒名をつけて死人扱いにしていることをやめるように、そう伝えてくれないか」と、おっしゃっておられますと。老女は泣く泣くそう言ったと、三次郎に話したという話であった。

この他にもたくさん、幽界から年月を経て帰ってきたという人のことを伝え聞いているが、皆もとのままの衣服の格好で帰ってきたということである。だから人間であったときの衣服を末永く着るという寅吉の話も、本当のことなのであろうと思われる。

○諸国各地に守札を配りに出るということも、この衣服の話の後、寅吉がいったことであるが、ここに記しておく。

問「金銭はどのようにして手にいれるのか」

寅吉「札配りやわいわい天王などに出て、受け取った金銭を使います」

また、札一枚で一歩〔一両の四分の一〕あまりも貰って来ることがあると、かつて天狗に誘われた者の話として聞いたこともある。ある人が「銭はどうやって手に入れるのか」と訊ねたところ、こう答えたという。

「町中を卑しい巫祝《ふしゅく》のような者が、天狗の面をかぶり、子供を集めて『わいわいと囃せ、囃せや子供、天王様は囃すがお好き、喧嘩《けんか》をするな、天王様は喧嘩が嫌い、それぞれ撒くぞ』などと言って、赤い紙を細かく切り、天王の二文字を印刻した札を撒き散らすことがあります。また同じ札を家ごとの門口に貼っていき、その後から初穂を乞うてまわります。初穂を与えなければその札をはがしていく者もあり、また中には家ごとに貼っていきはしますが、初穂を乞うことはなく、与えられれば受け、与えられなくても乞いもしない者もいます。あるいはまた世の子供がおもちゃにする、彩色をほどこした小さな絵を撒き与えたり、また神宮や山々の守札などを配って初穂をもらう者もいます。このような者にもなって町中に出ます」と。

既に寅吉も下山のときに、師匠が鹿島の神庫に保管してある板木を借りてきて、岩間山で師匠自身が守札を刷ってくれたという。図（以下欠）

このような守札を寅吉は持ってきていた。紙は、寅吉が師匠に命じられて麓の垣岡宿という所に行き、買ってきたという。下山するときに百枚ほど持ってきたが、残りが少なくなったので翻刻したいと、寅吉が言い、それで美成が聞き入れて木を与えたところ、寅吉は自分で彫って刷った。右の札は、名を矢大臣というとのことである。この札は、世間で鹿島の事触れ〔上の三之巻参照〕と言っている者たちが配る札である。もっともある人が言うには、鹿島の事触れが配る札には天津《あまつ》祝詞《のりと》太祝詞《ふとのりと》所という字はないということであった。このようなことなどもいつも思い合わせて、深く考えるべきである。

○問「遠江国で異人に誘われて帰ってきた者が話して言うには、あちらの世界にも、金、銀、銭ともにあるという。小判や小粒〔江戸では一分金、上方では豆板銀〕、南鐐〔銀一両の八分の一、二朱銀の異名〕も不自由することなく使うので、その男がどうしてあるのかと訊ねると、異人は、即座に一個の白玉を取り出してその男の目に当てさせ、人は気付いていないが、海中のみならず陸地にも多量の通貨が落ちていることを見せ、『これらは皆、紛失したまま忘れられているものであり、これを拾い上げて再び世に活用させることは、我らの仕事である』と言ったという。このようなことはなかったか」

寅吉「そういうことは見ませんでしたが、この世で使われている金銀通貨がいくらでもあり、思い当たるふしもあります。というのも、この世で通用する金がたくさんいるときには、師匠がすぐにどこかへ行って持ち帰ってくるのを、しばしば見ました。きっと海や陸に捨てられていたお金を拾ってきていたのでしょう」

○問「大天狗たちや、またおまえたちがいつも居る所には、家を建ててあるのか」

寅吉「家を建てようと思えば一晩で建てられますが、ふだんは山に住み、雨降りのときなどは宮に住んでいます。十三天狗の居場所は岩間山の愛宕宮です」
○問「十三天狗には、それぞれ使者が三、四人ずついると聞いている。しかし岩間の愛宕宮は二間四方の広さであるというではないか。それで狭くはないのか」
寅吉「宮であれ家であれどれほど小さくても、また大勢入っても、決して狭いということはありません。人数に合わせて、広くも狭くも思い通りになるものです」
　この条は、後でふと思いつき、寅吉に訊ねた問であるが、ついでにここに記しておく。ところでこの話から、家々で神棚を上げて小宮を置き、八百萬神を招き奉っているが、神々がそれを狭いとはなさらず、霊屋に先祖代々の親族を鎮めておくが、また狭いとはされないという道理のことと も考え合わせるべきである。
○問「愛宕宮には、参詣する人もたくさん来るだろうし、神主や別当などが神前のお勤めにも行くだろう。そのようなとき、大勢の天狗たちはどこに隠れているのか」
寅吉「参詣の人が大勢来ようと、また別当が来ようと、向こうからはこちらは見えません。しかしこちらの大勢の者の目には向こうが見えます。あちらにいる私たちであっても、師匠が『よし』と声をかけなければ、師匠を見ることはできません。また師匠が『さがれ』と声をかけると、見えなくなってしまいます。

　何にせよいつも師匠に連れられてどこに行っても、私たちの方からは人々が見えますが、人々は私たちが傍らに来ているとは気付いていません。私も今は人の世に帰ってきていますから、このようにお目にかかることができますが、今すぐにでもあちらの世界に入ってしまえば、お側に来ていても皆様には見ることができなくなります。

　また、何であれ自由自在の存在ですから、家を建てているとも見えないのに、障子やふすまなどもしつらえ、こちらの世の住居のような大きな家に住むこともあります。また家であると思っていると、突然山であったり、その山も岩間山であると思って見ていると、他の山になっているということもあります。どうしてそのようなことがあるのか、今思えば全く夢のようで、私のいる場所も、私はそのままいるのに他の場所に変わっていたということもあり、何とも幻のようで、確かなことは申し上げようがありません」
○問「十三天狗の名は、それぞれ何と言うのか。また並んで座るようなときの序列はどのようであるのか」
寅吉「めいめいの名を何と言うかは知りません。ふだん並んで座るときには特に序列はありませんが、幣を立てて祭るときには序列を正して行います」

○問「おまえを見ると普通の野郎頭であるが、あちらでもそのままであるのか」
寅吉「あちらに行ったときには、誰か分かりませんが大勢の者が寄ってたかって、髪の毛を全部むしりとってしまいました。その後は生えるままにして山で使われていました。三月に家に帰ってから、野郎頭にしたのです」
○問「大天狗たちは、きまった食事はとらないのか、それともとるのか」
寅吉「自由自在ですから、食事はいつということもなく、食べたいものをすぐに前に出して食べます。それに十三天狗には、毎日村々からそれぞれ膳を供えられますから、私ら弟子たちもそれを存分に食べます。けれども現世の供物は減ることがなく、そのまま残っています。しかし天狗のほうでは食べているのです。もし不思議に思われるのでしたら、私があちらに行った後で、何か食べさせたいと思うものを棚に供えておいてみてください。次に来たときにそのお礼を申し上げましょう」
○問「食べ物を自分たちで煮たり炊いたりして食べることはないのか」
寅吉「自分たちで煮炊きすることもあります。しかし岩間山には村々の信者からの膳が供えられますから、それだけで十分であり、煮炊きすることはありません」
○問「煮炊きするときの鍋や釜はどうするのか」
寅吉「あちらにもそういうものが何もかもあります。もし必要なものがないときには、誰の家であろうと人家に行って借りてき、用がすめば返しに行きます。しかし借用していても、人家にもそれがそのままありますから、人がそのことに気付くことはありません」
○問「魚や鳥、五辛の類も食べるのか」
寅吉「魚も鳥もともに煮たり焼いたりして食べますし、また生でも食べます。ただ四つ足の動物は神が嫌っておられますから、決して食べません。それは非常な穢れです。すべて神の嫌っておられることは、犯さないようにするほうがよいのです。犯すと魔道に陥ってしまうといいます。臭いのきついもののうち、葱だけは食べます」
○問「私がまだ幼く、出羽の秋田にいた頃、ある人が異人に誘われて行き、八十日ほどして帰ってきた。その人の話によると、途中でひもじくなったので腹が減ったと言ったところ、その異人が、懐から指ぐらいの大きさで、甘くて、お菓子のボウロのようなものを出して食べさせてくれたという。そしてその後は帰ってくるまで、飢えを感じなかったという話であった。少しだけ残っていたその滓《かす》を見たが、薄黒くて粘り気のあるもののようであったと記憶している。そういう食べ物はないか」

寅吉「それはアリという食べ物です。いちご（いちぢく）、桑の実、梅、林檎、山葡萄、柿、桃、梨など、栗は水気がないので不向きですが、その他、ありとあらゆる甘い果物を集め、皮をむかずに、雨や雪のかからない堅い岩のくぼみの中に入れておきます。そのまま長く置いておくと、自然に熟し、とろりとなって醗酵し、水分は分離して上のほうに溜まり、底にワラビ粉を練ったような塊が沈澱します。この上澄みの水は甘いので飲みますが、底に固まった沈澱物に上澄みをしたたらせて、飴を引き伸ばすようにすれば白くなります。これを日に干して固めたものがアリです。

また布で滓をこして取り除き、ほうっておくと自然に固まってしまいますが、そのようなときには、熱湯を入れた徳利をその中に入れておけば、すぐにもとどおりになります」

＊――本づくりは水でも、酒でもよい。

＊――アリは水には溶けない。

＊――アリを作る近くに銀杏の木があると変質してしまう。銀杏とは全く相入れない性質のようである。この他に昆布のようなもので、とても高価なものがある。これもアリと同じく、二百日ほどは飢えを覚えなくてすむ食べ物である。また、田螺《たにし》を干して食用にすると、やはり飢えることはない。

＊――田螺は三つずつ三度に分けて九つ食べると、お腹がいっぱいになる。

＊――田螺と餅米〔ママ〕の粉を混ぜ合わせた粉末は、腹の減らなくなる薬。

○このように訊ねた日からかなり後の十一月十一日のことである。寅吉に蜜柑《みかん》を与えると、果汁をしぼって手のひらに受け、酒のようにして飲むので、私は寅吉に、「蜜柑酒というものは蜜柑から造り、葡萄酒というものは葡萄から造るものである。これでアリは造れないのか」と訊ねた。すると寅吉は、「葡萄や蜜柑も使います」と答えた。そしてアリは、熊も猿も岩穴に造っておいています」と答えた。「それはどういうことか」と、私が訊ねたところ、寅吉はこう答えた。

寅吉「私のいた山で、熊や猿が造っておいたアリを見つけたことがあります。それを取って食べたこともあります。熊は手のひらにつけてなめます。熊や猿も造るということに関連して、山で聞いた話があります。

ある土地の人が、冬に山で道に迷ってしまったそうです。大雪が降り積もり、山を下りる道も分からず、飢えて死ぬだけになっていたとき、大きな熊があらわれました。その人は、俺を食い殺すつもりなのだろうと思ったのですが、熊はその人の衣服をくわえて肩にひっかけました。その人は、熊にも何か心づもりがあるのだろうと思い、そのまま背負われていったところ、熊はその人を山奥の巣穴に連れて行き、穴に貯えていたものを手のひらにつけ、なめさせてくれたそうです。それは甘くて、飢えをしのぐことができました。その後も毎日、熊は手のひらにその甘いものをつけてなめさせ、冬の間中養ってくれたそうです。そして雪の消えたころ、熊がまたその人を背負って穴から外に出してくれたそうです。

それでその人は里に帰ろうとしたのですが、ちょうどそのとき、山に登ってきた猟師がその人を見つけ、どうやって生きのびたのかと訊ねてきました。それで冬の間のことを詳しく話すと、猟師は、どうかその熊の穴を教えてくれ、と言いました。しかしその人は熊に受けた恩を思い、教えませんでした。すると猟師は、それならおまえを撃ち殺すぞと、鉄砲を向けてきたので、その人がやむを得ず話したところ、その熊が早くもそれを知り、飛ぶように駆けてきて、その人を八つ裂きに引き裂き、猟師には手を出さず、ただ鉄砲だけを折り曲げて走り去ったということです」

＊――出羽国雄勝《おがち》郡本木村の幸太という者が、中仙道村に行こうとして熊の穴に入り……

○問「アリをこちらで材料をそろえて、造ることはできないのか。昆布のようなものとは、熨斗《のし》鮑《あわび》のことではないのか。田螺は生のまま干すのか、茹でてから干すのか。またそれを粉にして食べるのか、そのまま食べるのか」

寅吉「こちらでも造れます。昆布のようなものは熨斗鮑ではありません。田螺は殻のまま茹でて干し、殻のままかみ砕いて食べます」

○問「大天狗になると、いつまでも死なないのか」

寅吉「あちらの世界に入ると、二百歳とか三百歳、または五百歳、千歳などのように、寿命がおのおの定まります。その寿命の歳を記して封じ、祀ってあります。そして天狗になったときの、その歳のままの姿で、幾つになっても老いるということはありません。しかし定まった寿命がつきると、たちまち老い衰えてしまい、その身を隠して神となります。これが人間にあっての死というものにあたるでしょう」

○問「そのような寿命の年数を、どのようにして知るのか。占いとか、あるいはまたはおみくじなどを取って定めるのか」

寅吉「占いもおみくじも用いません。あちらの世界に入ったときに、ふと心にうかんだ歳の数を記して箱に封じ、その前に幣を立てて毎日拝むわけです。私もあちらの存在となって、二百歳の寿命と定まっています」
○問「天狗には一日に三熱の苦しみとかいう、身体の中から三度火が燃え出たり、あるいは天道から煮えたぎる鉄の湯を飲まされたりするという苦しみがあると聞いたが、そういうことがあるのかないのか」
寅吉「そのような三熱苦は、私のいる山の十三天狗などのような正天狗にはありません。世に災いをなす天狗や、魔物、行人天狗、あるいはまた慢心して魔天狗の世界に引き入れられた者などが、そのような苦しみを受けると聞きました」
○問「行人天狗というのは、どのような天狗のことをさすのか」
寅吉「行人天狗は、世に数え切れないほど数多くおり、世にいたずらをなす者たちです。日光は行場ですから、とりわけたくさんいます」
○問「日光の古峯が原の前鬼隼人という者が、天狗の首領としてこの世にいると聞いたが、知っているか」
寅吉「古峯が原の前鬼隼人というのは、行人天狗たちの宿の人です。それゆえ世間で神隠しにあった人などがいるときに、隼人に頼むのです。しかし隼人が天狗を使っているわけではありません。日光の山は天狗の行場で、天狗が隼人の家を宿にしていますから、隼人が天狗に頼んで捜してもらうわけです」
○問「行人天狗も、後には正しい山人となるのか」
寅吉「行人天狗が正しい山人になるのは、容易なことではありません。しかしたまには正しい山人になる者もいるということですが、容易ではない理由は、もともと彼らの性質が悪く、その性質は結局は直らないからです。ただし自在の技は身につけることができます」
○問「師匠に連れられて行くときは大空ばかり行くのか。地上を行くこともあるのか」
寅吉「地上を歩いていくこともありますが、遠くへ行くときは大空を飛んで行きます」
○問「大空を飛んで行くとは、足で空中を歩くのか、それとも矢のようにすうっと飛んで行くのか、それとも絵にあるように雲に乗って行くのか。また、そのときの気分はどのようなものか」
寅吉「大空に上ると、雲か何であるのか分かりませんが、綿を踏んでいるような感じのするものの上に乗り、矢よりも速く、風に吹き送られるようにして空を翔けて行きます。ですから私たちはただ、耳がグンと鳴るのを感じるだけです。さらに上空を行く者もあり、また下空を行く者もいます。例えていえば魚が水中で、上のほうでも、底のほうや中のほうでも、互いに上下になりながら泳いでいるような具合です」
○問「大空に飛び上がるときは、高山の峰とか、高い木のこずえなどのような高い所から飛び上がるのか」
寅吉「自由自在です。造作もなくどこからでも飛び上がります」
○問「大空を飛ぶとき、寒い所を通るのか、暑い所を通るのか」
寅吉「まず大地から高く上がるにつれて、だんだん寒くなります。しかし寒さの極まる所を通り抜けてしまうと、とても暑くなります。多くの場合は寒い所と暑い所の境目を通って行きますので、腰から下は水中につかっているかのように寒く、腰から上は焼けるように熱くなります。無論その境目よりもさらに上まで上がり、暑い所ばかりを通ることも多くあり、そのときには髪がちぢれて螺髪〔仏の三十二相の一つ。縮れて右巻の巻貝のような形をした頭髪〕のようにもなります。また、寒い所ばかりを通ることもあります。いずれにせよはるか上空に上がると、雨が降ったり風が吹いたりすることはなく、天気はとても穏やかです」
○問「元文年間のことであるが、比叡山の御修理が行われたときに、神隠しにあった者がいた。木内兵左衛門というが、その人は帰ってきた後で次のように話したという。私を連れて行った異人は、上の方に柄のついた丸い盆のような物をだして私を乗せ、両手を肩にかけて押しつけたかのように思うと、そのまま地上を離れ、空中高く上がっていたと。おまえの師匠であれば、自在の身であろうから、大空を行くことも当然であるかもしれないが、未熟者のおまえなどが、空中高く上がることはできなかろう。だから兵左衛門が乗った盆のようなものを使って、おまえを連れて行くのではないのか」
寅吉「今までそのような器具を使用したことはありません。仰せのとおり、私自身は何も自由にはできません。しかし私は未熟者ですが、師匠にどのような術があるのか、師匠に従いさえすれば、進むのも退くのも思いのままに空を行くことができます。例えば雁や鴨などの群れで、一羽が飛び上がれば皆後に従って飛びたつようなもので、師匠に付き従っている限り、どこまでも行くことができるのです」
○問「讃岐国の象頭山《ぞうずさん》に鎮座する神の紋には羽団扇がついており、また古い絵として伝わる鞍馬山の僧正坊の絵でも、手に羽団扇を持っている。これにはきっと何か理由があるのだろうと、古書に当たりながら考えると、いろいろと思うことも出てくる。おまえの師匠はどうだ、羽団扇を持ってはいないか」

寅吉「私の師匠も、羽団扇をいつも肌身離さず身近に置いています。空行のときは、まずこの団扇でもって空を指し、目的地を定めてから飛び上がります。また空から下りるときも、その場所をこの団扇で指して見定め、そして下りていきます。羽団扇は、例えていえば舵のようなものです。しかし空行の最中に、いつも羽団扇を舵のように用いるということではありません。ただ空に上るときと空から下りるときに使うだけです。下りるときなど、上空で目的の地点とわずかにずれるだけであっても、地上に下りれば、四、五十里ぐらいの距離のずれにたちまちなってしまうものですから、羽団扇で舵をとることは、非常に大切な業なのです。実際、高所から小石を落としても、寸分違わず糸を引くようには落ちてはいかないものです。このことからも、羽団扇を用いる技がどれほど大切なものであるか、分かると思います」

○問「羽団扇は、大空を上り下りするときにだけ用いるものであるのか。他の用途はないのか。また、どのような形をしているのか」

寅吉「羽団扇の用途は、無論他にもありますが、まずその形は〔欠〕このような形の団扇で、羽は十一枚です。要の部分に付いている雁股〔やじりの一種。二股に開いた内側が刃になっている〕には図のような鞘がはめてあり、真紅のふさがついています。空行の最中は無論、座っているときであっても、妖魔を討とうとするときには、鞘を払い、羽先を持って手裏剣を投げるようにして撃ちつけるのです。それゆえ羽の根元には孔雀のとさかの毛が差し込んであり、撃ちつけるときには水か唾液でその毛を濡らして撃ちます。孔雀の額の毛ほど猛毒のものはなく、鴆毒《ちんどく》というのも、孔雀の額の毛の毒のことであると聞きました。また悪鳥や悪獣などを、羽団扇を撃ちつけて殺すこともあります。このような用途もあるものですから、羽団扇はいくつも作ってあります」

○問「その羽団扇に用いる羽は、何鳥の羽か。鷲の羽ではないのか」

寅吉「何鳥の羽であるのか、私は知りません。この春、下山するときに、その羽を二、三本持ってきたのですが、その羽も私の家の者たちに焼き捨てられてしまいました。高所から落ちても怪我をしない方法や、水におぼれない方法、天気を見る方法などを記した書も焼かれてしまいました」

＊――女の仙人が民二郎に羽団扇を与えたという。

○問「昔、源義経がまだ幼く、牛若丸といっていた頃、山城国〔京都府の中部と南部〕の鞍馬山におられたが、義経はその鞍馬山に住む僧正坊という異人から、武術の奥義を授けられたという。そのことが古文書に記されているが、山人も武術を習うのか」

寅吉「私の属する部族の武術稽古場は加波山にあります。専ら主として習うのは剣術、次いで習うものは棒術です。また石打の稽古もあります」

○問「剣術や棒術の稽古はどのようにするのか」

寅吉「剣術の稽古の最初は、まず豆を一つかみつかんで口にふくみ、一粒ずつ吹き出しては太刀で打ち落とします。千粒すべて打ち落とせるようになったら、次には二粒ずつ吹き出して打ち落とし、さらには三、四粒ずつも吹き出しては、両刀で打ち落とすようにします。この稽古をこなし、よく上達した後で、甲冑を着て真剣で試合をします。ただし太刀を何回合わせるまでと、回数が決められており、そばで審判する人がいて引き分けます。立ち会っている者同士は、互いに勝負にのみ心がはやり、幾太刀合わせたか、分からずに戦ってしまうからです。

棒術の稽古は、まず図（欠）のように、九字を切る形から習い始め、その形をよく習熟してからいろいろな形を学び、そして試合稽古をします。

また石打の稽古は、一人が一本か二本の刀を持ち、礫《つぶて》を打ちつける者と向かい合います。礫を打ちつける者は、相手の顔を狙って間断なく礫を打ちつけ、刀を手にした者は刀で礫を皆打ち落とします。石打だけは少し稽古をしました。他の武術の稽古はただ見ていただけです」

○問「甲冑はどのようにして作るのか。革具足か、竹具足ではないのか」

寅吉「甲冑は、こちらのものと同じであったように思います。また保呂《ほろ》〔矢を防ぐために鎧の上につける武具。母衣《ほろ》〕を背負うこともあります」

○問「保呂の形はどのような形か」

寅吉「（欠）」

○問「そちらに弓もあるだろうと思うが、どのような形をしているのか。また弓の稽古はないのか」

寅吉「ふだん用いる弓は、弦もまた矢の作り方もこちらのものと変わりはありません。大弓も半弓もあり、その稽古もします。左手でも右手でも思いのままに弓を引きます。この他に大弓で射る管矢があります。また半弓につがえる二羽の矢もあります」

○問「弓の稽古は、安土《あづち》に的をかけて射るのか。また巻藁《まきわら》を射る稽古もあるのか」

寅吉「的や巻藁を使って稽古をすることはありません。鎖《くさり》帷子《かたびら》を着けて面をかぶった者が、距離をおいて四方八方に逃げまわります。その人を標的にして追いかけ、射止めさせるのです。だから稽古のときに使う矢の先には、無患子《むくろじ》がつけてあります。簡単には射当てられないものです。百本射て、二、三本も射当てることができるようになれば、静止した的であれば百発百中です」
○問「管矢というのは、どのように作った矢か」
寅吉「管矢は、普通の矢の長さの管になっています。普通の矢が入るぐらいの竹を割ってきれいに節をとり、矢尻にあたる部分には、三、四寸くらいで同じ太さの鉄管をつけ、先を丸錐のような刃にします。鉄と竹の管のつなぎめを含め、全部で四箇所ほどに鉄のたがをはめ、四箇所ほどに穴をあけておきます。そうしなければ管に風が入って重くなってしまうからです。

さてこの管矢の中に、普通の矢と同じ太さで、管矢より三、四寸ほど短い、図（欠）のような矢を入れて射放ちますと、管矢はグンと鳴って、射当てた的を砕いて止まり、管矢の中の矢はさらに向こうにまで飛び出していきます。大魚や猛獣などを射るときにとても便利な矢です。また、管矢の中に鉛玉を入れて射ることもあります」
○問「半弓につがえる二羽の矢は、どのように作るのか」
寅吉「半弓は普通の半弓と同じようなものですが、押出しの竹を常に弦に通してあります。矢は図（欠）のような作りで、矢筒にたくさんたくわえておき、弓を握る手に、木の中にその矢が入る、図（欠）のように作ったものを持って矢を入れ、押出しの竹で射出します。これは戦にも用いますし、鳥や魚をとるときにも用います。

また、二寸ほどの管に針をたくさん入れて、握り手に持った木の中に入れ、矢の場合と同じように射出せば、戦では目つぶしになります。小鳥の群れに向けて射出し、捕獲用にも使います。豆を入れても小石を入れても同じように使えます。また逆に、半弓の矢のみを手裏剣のようにして用いることもあります。しかし手裏剣として投げるよりも半弓で射るほうが、命中率が高くてよいものです。

ところで、この管矢や半弓を使って矢玉や二羽の矢を雨あられと射かけ、その矢を太刀で切り払い、棒で打ち払う試合をすることがあります。上手な者同士の試合は、戦を見ているような気のする、実に面白い見物です」
○問「鳴弦といって、弓の弦を鳴らして妖魔を退けることはしないか。また、蟇目《ひきめ》といって図（欠）のような矢を射ることはないか」
寅吉「鳴弦というものがあるのかないのか、私はまだ知りません。蟇目法というのはあります。私も既に教わりましたが、用いる矢はそのような矢ではありません。雉《きじ》の羽をつけた萩の矢を、桑の弓につがえて行います」
○問「真々木《ままき》の弓といって、槻《つき》・梔《くちなし》・梓《あずさ》・檀《まゆみ》などの類の木を、何も手を加えずそのまま弓に用いることはないか」
寅吉「(この箇所原本二行欠)」
○問「相撲は、今は遊びごとのようになっているが、古くは戦における組み討ちの勝負として、名高い勇者たちが相撲を取ったと聞いている。いかにももっともなことに思えるが、後世になるとそのような話は聞かなくなってしまった。あちらで、戦のために相撲を習うということはないか。また柔術や馬術などはどうか」
寅吉「力比べの遊びとして相撲を取ることはありますが、戦のために稽古をするとは聞いていません。柔術もありません。また馬に乗ることはありませんので、馬術というものもありません。ただ馬は当然乗るべきものですから、馬と相性の合う人は、どんな荒馬であっても乗りこなせるものであると聞きました」
○問「あちらの世界の太刀とは諸刃の剣のことか、それとも片刃であるのか。その形はどのようなものであるのか。また、師匠はいつも帯刀しておられるのか」
寅吉「諸刃の剣もありますし、片刃の刀もあります。師匠も他境に出かけられるときには、必ず剣を帯びておられます。その形は、図（欠）のような形で、柄は刀身に打ち付けてあります。他の人たちの刀も大抵はこのような形です。

　ところであるときのことですが、師匠のおられない隙に、師匠の剣をそっと抜いてみたところ、大雨が降ってしまいました。それで師匠がすぐさま帰ってこられ、叱られたことがありました」
○問「鉄砲はないのか」
寅吉「鉄砲もあります。しかし火を用いない鉄砲です。この鉄砲は百匁の鉄玉を三里ほども飛ばします。それほど大きな音はしません」
○問「その鉄砲の作り方を知っているか」
寅吉「その作り方は、図（欠）のようにしてねじをまわし、空気を圧縮させて打ち出す鉄砲です。風嚢には三百匁の風がたまります。その風を一度に吹き出すと、大木も折れ、山をも貫きます。それゆえ袋には吹き出す風の量をしるす目盛りがあり、必要に応じて、遠くにも近くにも見当を定めて撃ちます。鉄砲の玉に書状をつけて、岩間山から筑波山の山人に送ったこともあります。岩間山から筑波山までは、直線距離にして二里たらずぐらいのものでしょう。

　鉄砲の作り方を詳しく知っていることには、わけがあります。あるときその作り方を知りたくて、師匠がいないのを見計らい、分解して中を見てみたからです。そのとき砂を吹き込んでみたので、鉄砲の具合が悪くなってしまい、ひどく叱られてしまいました」

○問「以前、異人に連れられていった者から、このような話を聞いたことがある。

その異人は、途中で行き合う人に唾を吐きかけたり、また突き倒したり、あるいはそばに立って印を結び、呪文などを唱えて喧嘩をさせたりしたという。そうかと思うと、また逆に行き合う人に頭をさげ、礼をして通ることもあったという。しかしそのようにされても、人々は気付くことかなく、突き倒された者は石につまずいたか、あるいは坂道を踏みはずしたと思い、喧嘩をするように呪文をかけられた者は、互いに口論をし始めてついには喧嘩になり、唾をかけられた者も礼をされた者も、ともに気付くことなく通りすぎていった。それで連れられいた人が、なぜそのようなことをするのか、と訊ねたところ、その異人は、唾を吐きかけ、突き倒し、喧嘩などをさせるのは、穢れた者や慢心している者、信心が薄く神を敬わず、神の守護のないやつらであり、礼をしたのは、徳行をを積み、神を敬う心が深く、神の加護のある人々であるからだ、と言ったという。このようなこともあるのか」

寅吉「確かにそういうこともありますが、それは十三天狗のような正天狗のすることではありません。位の低い天狗たちのすることです。いずれにせよ慢心することなく、敬虔で、慈悲心のある正しい人であれば、天狗のほうでも皆敬い尊びます。まず天狗道に入ると、どんなに尊い人であったとしても現世の人よりも低い位になりますが、大天狗になっていくにつれて、だんだんと現世の人よりも位が高くなっていくのです」

○問「天狗の位はどうのようにして定まるのか」

寅吉「行を重ねていくにしたがって、位が上がっていきます。十二天狗のような大天狗になれば、その位は正一位です」

○問「その位を誰から受けるのか」

寅吉「誰から受けるのか、私は知りません」

○問「天狗も神を信仰するのか。また、諸神社へ参詣にも行くのか」

寅吉「ありとあらゆる神々をすべて信仰し、常に拝んでいます。また諸神社に参詣することもあります」

○問「どのようにして神を拝むのか。柏手をうつのか」

寅吉「柏手をうつときは、『天《あめ》の御柱《みはしら》』と言って大きく一つうち、『国の御柱』と言って小さく一つうち、それから『八《や》百万神《およろず》たち、これにより給え』と唱えて祈願をします。祈願が終わった後に、また『国の御柱』と言って小さく一つうち、『天の御柱』と言って大きく一つうって、『八百万神、もとの宮へ帰り給え』と唱えます。

神を拝むにあたって、『天の御柱』『国の御柱』と言うと、神々に祈願がよく届き、聞き入れてくださるものです。また禊《みそぎ》のときに、『日向《ひゅうが》の御柱』と唱えることもあります。これは清めの言葉です。『出雲《いずも》の御柱』と唱えることもありますが、これは大社、大国様のことであらせられるそうです」

○問「毎朝、朝日に向かって礼拝し、東雲の気を呑むことはないか」

寅吉「朝起きても、すぐに顔を洗うことはしません。手のひらに何かの字を書いて顔を洗うようにし、手に図（欠）のような笏の手元のところで、口中を楊枝《ようじ》でほじくるような格好をします。それからすっと一町ほど日に向かって進んでいき、そして後ずさりしてもとの場所にまで戻り、立ったまま笏を身体の前に当て、笏に届くほど頭を下げて拝みます。頭は尊いものゆえ、地面に直接はすり付けないものであるということです。進んで行くときに、気を呑むのか呑まないのか、それは知りません。これが終わってから、神前に向かって拝み、その後で神前に水の字を、図（欠）のように人さし指で書くまねをして退きます。顔を洗うのはそれからです」

○問「十三天狗は誰も皆そのようにするのか」

寅吉「誰であっても皆この作法は同じです」

○問「仏を信仰し、毎朝念仏や題目などを唱え、数珠をつまぐることはないのか」

寅吉「あちらの世界は両部《りょうぶ》ですから、神棚にならべて両部の仏も安置してあります。しかし念仏や題目を唱えることはなく、また数珠をつまぐることもありません。ただ毎朝神を拝んだ後、すぐに西方に向かって、『西方牟尼ハン仏』と、一度唱えてよく見つめ、二尺ほどの桑の木を『エイ』と言って投げつけて退きます。牟尼ハン仏とは阿弥陀《あみだ》のことであるということです」

○問「桑の木を西に投げつけるのは何のためか」

寅吉「何のためであるのか、私は知りません」

○問「神を拝むときに、両手をそろえて手のひらを上にし、いただくことはないか」

寅吉「朝日に向かって一町ほど進むときも、神を拝むときにも、そのようにして肩へ引きかぶせるようにします」

○問「天狗は特に愛宕の神を信仰しているのではないかと思うが、どうだろうか」

寅吉「愛宕に限らず、いずれの神であっても、その山の神を大切にして信じています。しかし火の行をしますから、愛宕の神をいつも信仰しているわけです」
○問「火の行をするからといって、なぜ愛宕の神をいつも信仰することになるのか」
寅吉が笑いながら答えた。
寅吉「分かりきったことをお訊ねになられますね。愛宕の神は火の神、加具土命《かぐつち》であるからです」
○問「火の行の様子はどのようか」
寅吉「火つるぎといって、腕の太さほどの炭を長くつなげて並べ、一町ほど離れた所で炭を起こし、加持して幣をかざし、それで燃えないときには、片端から一つずつこすっていきます。また衣を着たままその上をはだしで歩きます。つまりこれは火渡りです。火の勢い次第で、一尺ほども炎が吹き上がり、衣の裾がひらめいたりします。火を手足にかけるときに、熱いだろうなと思うような臆病な心があると、火傷《やけど》をしてしまいます。そのような雑念が全くなければ、踏むこともつかむこともできます」

*――火の行のような非常の行でも、すべてこのようにすればできると言ったこと。

*――また山人の行は、人間のためにするものであると言ったこと。

○問「その他にもさまざまな行があるのか」
寅吉「はい、いろいろな行があります。まずその季節ごとの衣服を一枚しか着ないことも、行の一つです。決して重着をすることはありません。夏はひとえの着物、春と秋は袷、冬は綿入れの着物を着ますが、また冬に夏のひとえを、夏に綿入れを着る行もあります。

ところで天狗道の修行は、まず百日の断食行から始まります。断食行は耐えがたいほど苦しいものです。私の場合も、四、五日ばかり過ぎると、ひもじくてひもじくて我慢できず、人からこっそり結び飯を一つもらって食べてしまいました。それでこっぴどく叱られ、山の下に七回も蹴り落とされてから、山の木に縛りつけられて、やり直しさせられました。こうして夜も昼も分からず、ただ何日か日が過ぎたと思うころ、とてもひもじくてたまらず、目の前に栗が一つ落ちているのを見つけ、無性に食べたく、額からは油汗が出てきましたが、縛られているのでどうすることもできず、ついに耐えて断食の行をなし遂げました。

断食もある程度を過ぎると、それほどつらいものではなくなります。その後は死んでしまっていたようなもので、ふと気が付くと既に百日がたっていました。私としてはやっと七日ぐらいは過ぎたかという程度にしか思われず、今になって考えてみると、百日の断食行がこれほど速く終わってしまったことは、何とも理解できません。とりわけ不思議なことは、私はこの行を始める前に、師匠から怠ることなく行を勤めるという誓詞を書かされ、師匠が直々に私の小指の爪を抜かれた、そのときの激しい痛みは確かに覚えているのですが、しかし行を終えて我に返ってみると、爪がそのままであったことです。

この後も師匠に付き従っている間は、時々手一合の行や、また冷水に七度入り、熱湯に三度入る行がありました。この行は年に四回行います。また毎年、寒中〔小寒から大寒の間〕には三十日の水行があります」

○問「百日の断食行が終わった後では、きっと身体も疲れ衰弱してしまっているだろうと思うが、どのような状態であったか」

寅吉「身体は干からびたようになり、筋骨が浮き出てしまって、力も入らず、動くこともできませんでした。歩こうとしても足は立たず、手に物をつかむこともできず、何かいおうとしても舌が動かず、耳も聞こえませんでした。そして何日間か際限もなく眠り続け、目を覚ましませんでした。その間、夢かうつつか、誰かが絶えず口の中に食べ物を入れて、私は夢うつつのままそれを食べていたように記憶しています。

とにかく数十日間眠っていたようで、目が覚めた後は、現世のことはきれいさっぱり忘れて、生まれ変わったようにあちらの世界の心になりました。これが修行の最初です。こちらに帰ってくると、かつてこちらであったことなども思い出しますが、あちらの世界にいると、こちらであったことなどは夢のように忘れています。また、こちらに来てあちらの世界のことを考えると、多くがまるで夢のようなことばかりです」

○問「日々に冷水に七度、熱湯に三度入る行の様子はどんなか」

寅吉「極めて冷たい水に、長く息をつめて七度つかり、寒くて耐えきれなくなったときに、熱湯に入るのです」

○問「その熱湯はどのようにして沸かすのか。風呂であるのか違うのか。焼けただれることはないのか」

寅吉「固く山のような石に、縦一間、横二間ほどの広さのくぼみを、風呂のように掘り、鉄で図（欠）のような作りの器具に水を入れ、上の穴から鉄棒二本で図（欠）のようにかきまわすと、鉄棒と器具のふちがこすれ、摩擦熱で火のように熱くなり、熱湯となります。この熱湯を先程掘ったところに入れるのですが、このようにして湯を沸かすだけでは、かなり手間取ります。それで近くに竃《かまど》を作り、火を焚いてこの鉄の器具をかけ、何杯も湯を沸かして掘ったところに入れ、湯をたたえます。そしてその湯の中の両側に、図（欠）のように火を入れた壺を並べておくと、湯はますます沸き立ちます。そうすると師匠がまず加持をし、そして裸になって目を閉じ、図（欠）のように湯のなかを端から端までくぐって出ます。入った直後は、もう耐えがたくほど熱いのですが、別に皮膚がただれるということはありません」

○問「寒中の水行はどこでするのか。どのようにしてするのか。断食してするのか」

寅吉「寒中の水行は、筑波山の白滝、不動の滝、日光山の華《け》厳《ごん》の滝などでします。これらの滝のうち、筑波山の滝は普通の人や山伏なども行をしますから、多くは日光の華厳の滝で行います。素肌の上にひとえの着物を一枚身につけ、腹のみぞおちの所と、足の土踏まずと、手首の所と額とを太い縄で結び、頭巾か手拭いの類をかぶります。そして日の出から日の入りまでずっと滝に打たれ、夜は滝から出て寝ます。食事は取ります。

この水行の功が積もると、団子ほどの大きさの白いふわふわした息を吐くようになり、その後身体が丈夫になります。水行の最中に目をまわすと、周りの人々が暖めてくれます。目をまわしたままのときには、唐辛子《とうがらし》水を飲むと意識がもどります」

○問「そこに寝るのか。それともいつも住んでいる所へ帰って寝るのか」

寅吉「いつもの住まいにまで帰るということはなく、その山で寝ます。寝るときには、地面の平らな低い所に熊手で松葉をかき集めてどんどん燃やします。松葉が白い灰になり、地面が焼けて熱くなったところに、木の葉や松葉が落ちて腐り平たくかたまったものを持ってきて、厚く敷きつめます。

そしてまずその上に、連れの者たちが裸になり、着ていた着物を二枚ほど並べて敷いて寝ます。例えば五人連れであれば、三人が寝ころび、一人が残っていて、二枚の着物を三人の身体の上にかけ、その上にまた木の葉や松葉の腐食した塊を、たくさん積み重ねてよく押しつけます。残りのもう一人は尻の方からもぐり込んで寝ます。毎晩代わる代わるこのようにします。夜半ごろまではまだ熱が残り暖かいのですが、明け方には歯に震えがくるぐらいの寒さです。しかし夜が明けるとすぐに滝に入ることは、今お話したとおりです」

○問「大塚町に石崎平右衛門という者がいるが、この人はまだ若かったとき、筑波山に住む天狗に誘われ、天狗に数年仕えていた。そのため、その後帰ってはきたが、どのようにして生計をたてればよいのか分からず、それで日光山に行き、林蔀という者に頼んで、天狗に世渡りのことを願い出たところ、算盤《そろばん》で占うことを教えられたという。
こうして平右衛門は算盤占いのこつを身につけ、平右衛門の占いは当たらないということはなかったという。そしてもし自分で占いえないような事柄であるときには、林蔀のところにまわし、蔀が筑波山の天狗に伺いをたてて答えを言ってよこすという話であった。この蔀が言うには、天狗はとりわけ鰹節を好むということであったが、本当にそうであるのか」

寅吉「よく御存知ですね。鰹節は精のつく食べ物ですから、天狗は鰹節を殊のほか好みます。百日行ではなく、ふだんの断食の行をするときであっても、少なくとも鰹節と田螺だけは必ず食べます」

○問「妖魔の類や木霊《こだま》・天狗などが、特に嫌がって避ける香がある。この香を焚けば、妖魔は決して災いをなすことはない。私はこのことをおまえに教えたが、他に何かこのように妖魔やまた天狗が恐れる香はないか」

寅吉「あちらでも、行をするときなどに、邪魔をする魔を防ぐために焚く香があります。山の赤土・白檀《びゃくだん》・軽粉《はらや》・薫陸《くんろく》・樒葉《しきみば》の五種の香です。これらはとりわけ悪魔が嫌う香ですから、行をするときなどに焚きます。ただしこれは非常に大切な秘密です」

○問「昔、といっても享保年間のことであるが、備後《びんご》国に稲生平太郎という十六歳の若者がいた。剛強無比の若者であったので、この国に古くから魔物のすみかと言い伝えられてきた比熊山という、登る人もなく、木の葉一枚とっても祟《たた》りをなすという恐ろしい山に、平太郎は登り、魔物が宿ると言い伝えられている木に印を付けて帰ってきた。するとそれから平太郎の家に妖怪が現れ、三十日の間、千変万化して平太郎を苦しめようとしたが、平太郎が少しも恐れなかったので、ついにその妖怪は立ち去ってしまったという。

しかし立ち去るときに、その妖怪が姿を現し、『我は山本五郎左衛門という、妖魔の首領である。我と同じことをなす者に、神野悪五郎という者もいる。およそ男子は十六歳になったときに、人によって災いが降りかかるが、それらは我らのなす業である。我は比熊山でおまえを見て、災いをなしてやろうとここにきたのだが、今帰る。よく見ておけ』と言って、こちらの世の武家のような行列を仕立てて駕籠《かご》に乗り、やがて雲間に入って西の方に去っていったという。

この妖怪は天狗であるというようにも聞かないが、一体何者なのであろうか。あちらでこういう者を見たり、聞いたりしたことはないか」

寅吉「そのような名前の者を聞いたことはありません。ですが世に悪魔はたくさんいますから、その中にそんな名の悪魔もいることでしょう」

〇問「世に悪魔がたくさんいるとは、一体どういうことか。悪魔と天狗とは違うのか。悪魔のすみかはどこであるのか」

寅吉「悪魔どもがどこに住んでいるのか、私は知りません。しかしおのおの群れがあり、一緒にいるその仲間の数はとても多く、いつも大空を飛び回っては、世に災いをもたらしています。つまり悪人であればいよいよその悪を増長せしめ、善人であればその徳行を妨げて悪心を起こさせ、人々の慢心や怠慢を見つけてはその心に取り入って、いろいろな禍や災難を引き起こし、そして人の心をねじけた邪なものにしていきます。そして仏や菩薩や美男、美女に化け、地獄であれ極楽であれ、その他の何であっても人々の好むままに、その姿形や様子などを現し出して騙し、誰もかも皆自分の仲間に引き入れ、世の中を自分の思うままにしようと企んでいるのが悪魔です。

私が自分の目で見たことのある悪魔は、下に描いた図〔欠〕のような姿でした。輿《こし》を押しているものを大力《だいりき》といいます。格好はこの二種類に限りませんが、はっきりと見覚えているのは、このような姿の悪魔です。もう一人描いた悪魔が、何という名のものかは知りません。着ていたものの図〔欠〕を描くとこのような感じで、耳に鎖を下げていました。

悪魔は手から糸を出し、下に垂れたところを両手でにぎって災いをなします。また頭は針金のようですが、それは毛髪のようにも何かをかぶっているようにも、どちらにも見えます。手から糸を出して引っ掛けますが、善人にはかかりません。また人々の家をのぞき歩いています。悪魔には虻《あぶ》のような虫がたかっています。また髑髏を首にかけた悪魔もいます。

神が人々をお助けになられるのも、このような悪魔がいるからです。世の人も、このように悪魔が数多くいることを知れば、徳行を積み重ねようとすることだろうと、師匠は言っておられます。

これに対し天狗というものは、深山に自然に生まれることもあります。また鷲や鳶・鳥・猿・狼・熊・鹿・猪ほか、どのような鳥や獣であっても、非常に長生きをすれば、天狗に化けることがあります。鳥には手足ができ、獣には羽が生えてきます。また人の死霊が天狗になることも、人が生きながらに天狗になることもあります。ただし人が化身した天狗には、邪なるものと正なるものとがあります。邪天狗はやがて妖魔の仲間になります。世間一般ではこれらいろんなものの仕業を区別することなく、すべて天狗の仕業と言うのです。

ところで私の師匠のような存在も、世間では天狗と言っていますから、取りあえずは天狗と言ってきましたが、本当は天狗ではありません。山人という存在です。

また、これまで述べてきたようないろいろな者が飛行して回る道が、大空にはありますが、それは地上に道が縦横に走っているのと同じことです。時々火の見櫓が押し倒されたり、半鐘がはずされたりすることがありますが、それらはすべて先に言う大力どもの仕業です。大力というその名は、どれほどの力があるのか、その計り知れなさに由来しています。大力ほど恐ろしいものはありません。俗に世間で鬼と呼ぶものも、大力の類です」
○問「仙人と山人とは異なるのか。日本でも役行者《えんのぎょうじゃ》などはまさに山人であり、そして仙人と呼ばれている。また遠い昔には、楊勝仙人、久米仙人などと呼ばれる者が数多くいるが、現在では仙人と言われる者はいないのか」
寅吉「唐の人を仙人といい、日本の人を山人といいます。どちらも同じような存在ですが、日本にあっては仙人と言いません。楊勝仙人、久米仙人などという人が、昔はいたかもしれませんが、私は何一つ聞いたことがありません。役行者は、今はこの国にいないと聞きました」

＊――山人は唐にも行き、仙人もこちらにやって来ること。
双岳、古呂明も、もとは唐にいたのであり、この名はそのときの名前である。この他に実名がある。
○問「下総国の東葛西領新宿という所に、藤屋荘兵衛という者がいる。先年この人の家に、名を常昭といい、富士山に住むという山人がやって来たことがあった。そして二、三日滞在し、三社の託宣のようなものを書いて荘兵衛に与えていったという。この山人を知っているか」
寅吉「常昭ということであれば、富士山ではありえません。常昭は大山に住む山人の名です。きっと大山を富士と聞き違えられたのでしょう」

この話は、下総国葛飾郡柏井村に住む門人、中尾玄仲という者が、かつて話してくれたものである。私は富士山の山人と聞いたのだが、寅吉がこのように言うので、わざわざ玄仲の所に人を遣わし、さらに詳しく訊ねさせた。書状で返事をよこしてきたが、次のような内容であった。

この荘兵衛は、常日頃から大山の神を信仰していたが、ある日、それも昼近くにもなってから、「今日、大山参りに行く」と言って支度を始めた。家の者たちは、「今からではもう遅いから、明日にしては」と引き止めたが、「思いたったことだから、引き止めるな」と言って、昼も過ぎてから出かけた。

さて荘兵衛が十八、九町ぐらい行ったときであった。柿色の衣を身に付け、山伏のように髪を長くのばし、常人よりも大きな目をした、恐ろしそうな男が向こうからやって来て、声をかけてきた。「おぬしは大山参りに行くために、金を二歩を持って出たが、そのうちの一歩は通用しない金だ。わしがそれを銭と替えてきてやろう。こちらによこすがいい」と、荘兵衛はそう言われて、何を考えることもなく一歩を渡したところ、その男は忽然と目の前から消え失せたように見えなくなってしまった。

荘兵衛はわけが分からぬまま、とぼとぼと歩いていると、その異人がどこからともなく現れきて、「銭と替えてきたぞ。では大山に連れて行ってやろう。目を閉じてわしの背中に乗るがいい」と言った。言われるままに荘兵衛が背中に乗ると、そのまま空中に舞い上がったように思われ、やがて気がつくと大山の麓に着いていた。

「ここから一人で山に登って社を拝み、御札をいただきて、ここに戻ってくるがよい。わしはここで待っているから、おまえを送り返してやろう」と、その異人が言った。それで荘兵衛は異人の言葉通りにして麓に下りて来たが、時刻は午後三時過ぎ頃であった。異人が、また「目を閉じろ」と言って荘兵衛を背負い、瞬く間に初めに出会った場所にまで連れてきた。そしてその異人は、「ここから先は一人で帰れ。近いうちにおまえの家に行くから、よく清めて掃除して待っているがいい」と言って去っていった。

さてそれから五、六日して、その異人が門口からやって来て、「荘兵衛は在宅か」と言いながら、案内も請わずに奥の部屋まで入ってきた。そして「おまえが正直者だからやって来たのだ。わしは常昭という者だ。一緒に酒を飲もうではないか。火をおこして持って来ないか」と言った。それから二人は酒を酌み交わし、親しく語り合い、常昭は五、六日滞在していった。

この間に、噂を聞きつけて多くの人が訪ねてきたが、その中には心の中では常昭のことを蔑み、試してやろうと思いながらやって来る人もいた。そのときには、常昭はそういう人であることを素早く察知し、「今この家に来た何某という者は、わしを侮り、試してやろうと思ってやって来た、何とも穢らわしい奴だ」と言って唾を吐き、忌み嫌ったという。

さて荘兵衛は、逗留している常昭に、「どうか何か尊いものを書いていただけませんか」と頼みこんだ。すると常昭は、雨の降る暗い夜に、明かりもつけずに筆を執った。

荘兵衛にはただ書き回しただけのように見えたが、常昭はたちまちのうちに鹿島、香取、息栖《おきす》の三社の神号を書き、その下には託宣のようなものを書きあげたのであった。また隣家の次郎兵衛という者も常昭のことを信じていたので、常昭は同じものを書いて与えた。そして常昭は、荘兵衛の家を立ち去るにあたり、長らく滞在して世話になったことを深く謝し、「今後はおまえたちの家が火災にあわないようにしてあげよう。といってもこの家にいつも居るというわけにはいかないから、火災にあったときには、富士山の方に向かってわしの名を叫ぶとよい」と告げて去っていった。

この後のこと、新宿で火事が起きた。荘兵衛の家は火元に近く、狼狽して常昭の名を叫ぶことを忘れてしまい、類焼してしまった。しかし隣家の次郎兵衛は、家の四方の軒先に火が燃え移ったときに、常昭の言葉を思い出し、富士山の方に向かって「常昭さま、常昭さま」と叫んだ。すると誰が消すということもないのに火は消えてしまった。

またその後、雨の夜に、荘兵衛の家の屋根の上に、屋根が抜けるかと思うほどの大きな音がして、物が落ちてきた。何事が起きたのかと思って外に出てみると、丸い石を一個包んだ藁包みがあった。荘兵衛は不思議に思い、それを拾ってしまっておいた。しばらくして次郎兵衛の家に常昭がやって来て、「先日鹿島神社に使いにきたついでに、荘兵衛の家にみやげをおいていったが、雨の降っている夜であったから、気が付いただろうか」と訊ねた。次郎兵衛が、「家に入って少し休んでいってください」と勧めたが、常昭は「今日も急ぎの使いの途中ゆえ、そういうわけにもいかない」と言って、そのまま消えるように見えなくなってしまった。

またさらに後のことであるが、荘兵衛の親類で、江戸神田に住む何某という者が神隠しにあった。その人が帰ってきてから荘兵衛の家を訪れ、「先年、この家にやって来たのは、常昭という人ではありませんか」と訊ねた。それで人々が驚き、「常昭さまを知っているのか」と聞くと、「その人はもう隠居して富士山の麓におり、今は神様のお使いをしていない」と答えたという。

藤屋は、現在の当主も荘兵衛といい、六十五、六歳になるが、この人は常昭と親しかった荘兵衛の子で、この人が十二、三歳のときのことであり、今も覚えているという話である。また常昭が書いた神号を、荘兵衛の家では現在も秘蔵して持っているという。そして先年その神号を模写しておいていたものを、再び模写して送ってよこしてきた。

その書体は、〔この箇所一行欠〕このようなもので、下に云々と記し、最後に田村氏、日向国《ひゅうが》〔宮崎県〕坂野上常昭山人と書き記している。

常昭はもとは田村氏であり、日向国の坂上の生まれであるが、山人になって大山の神に仕え、その後に富士山の麓に隠居したという。私は富士山に住んでいるとだけ聞いて記憶していたのであった。しかし寅吉が、常昭は大山の山人であると言ったのは、とても不思議である。年代のことから推測すると、常昭山人は、いったんは大山の神に仕えることをやめ、しばらく富士山の麓に隠居していたが、近年になって再び仕えることになったのではなかろうかと思われる。そうでなければ、常昭が大山の山人であると、寅吉が知っているはずがなかろうからである。

しかしそれに以上に不思議なことは、寅吉がこの常昭の書いた神号の模写を見て、常昭の筆跡とは違うように思うと、何度も言ったことである。模写に模写に重ねたものであるからではなかろうか。ところでこの後で、寅吉が私と一緒にいて書いたものを見てみると、「神風野福、神野心悪、鬼野心神」などというように、助詞の「の」に、「野」の漢字を当てて書いている。常昭山人の書も、助詞のところに六度とも「野」の字を当てて書いてある。このことは思いがけざる符合であり、とても不思議なことである。

○問「古い書物などに記されて、その名前をよく知られている天狗に、鞍馬山《くらまやま》の僧正坊《そうじょうぼう》、愛宕山《あたごやま》の太郎坊、比良山《ひらさん》の次郎坊、伊都奈山《いづなやま》の三郎坊、富士山の太郎坊、常陸の筑波法印《ほういん》、上野の妙義坊《みょうぎ》、彦山《ひこさん》の豊前坊《ぶぜん》、比叡山《ひえいざん》の法性坊《ほうしょう》、伯耆《ほうき》の大山《だいせん》に住む伯耆坊などがいる。このように天狗の名をもって知られているものの数ははなはだ多いが、このような山々の天狗を知ってはいないか。また山々には、それぞれの山の山人も数多くいることだろう。知っている人はいないか」

寅吉「世に天狗と呼ばれるものが、高山という高山に、住んでいないということはありません。ただその中に、邪なものも正しいものもいるということです。またその邪天狗の中には、本当は悪魔であるものもいますし、山人もまた住んでいるはずです。ただし越中国《えっちゅう》〔富山県〕の立山《たてやま》は、とりわけ高い山ではありますが、仏法のみの山であるため、正しい天狗は住まず、悪魔だけが住んでいると、同門の友人である白石左司馬が言っていました。もっともこれは左司馬の話ですから、筆録などはなさらないでおいてください。ところでまたそれぞれの山々の天狗や山人は、それぞれ別の地域に属する別のものですから、名前を知っている者は全くいません」

○問「左司馬はもとはどこの人で、いつ頃から僧正の弟子になったのか。年は何歳ぐらいなのか。また左司馬も仏法を嫌っているのか」
寅吉「左司馬は二十歳ぐらいに見えます。もとは妙義山かどこかの社人であったということです。あちらの世界の人になったのは、左司馬が二十歳のときで、元禄《げんろく》十三年〔一七〇〇〕三月三日からのことであると聞きました。もとは仏法好きでしたが、この道に入ってからは嫌いになったということです」
○問「唐土にいるという仙人が、日本の国へもやって来ることがあるのか。おまえはその仙人とやらを見たことがないのか」
寅吉「私の師匠など、唐でもその他のどこの国々へでも行くことがありますから、同じように唐土の仙人がこの国に来ることもあるはずです。どこの国であったかは知りませんが、師匠に連れられて大空を翔けていたとき、少し下の空を、鶴に乗り、歌をうたいながら通っていく老人を見たことがあります。頭に手拭いか何かを畳んでのせたようにしている老人でした。その歌は符字のようなものでしたが、これが仙人であるということでした。この他には見たことがありません」
○問「神の御姿が、山人や天狗や、またおまえなどの目に見え給うことはないのか」
寅吉「師匠などの目には見えておられるのかどうか、そこまでは分かりませんが、私などはまだ一度も神の御姿を拝見したことがありません。しかし時々、金色の幣束のように思われる形のものが、ひらひらと大空を飛ぶことがあります。それは神の御行幸であるということです。そのときは誰もが地上で畏まって、拝礼をいたします」
○問「天狗が釈迦に化けて長楽寺を迎えに来たというが、それでは天狗は、他の仏や、また神にも化けるものであるのか」
寅吉「天狗は、仏ならどんな仏にでも化けますが、神に化けることはありません」
○問「どうして仏には化けることがあって、神には化けることがないのか」
ある人がそばにいて、「神は尊く、仏は卑しいものゆえに、神には化けず、仏にならば化けるということではなかろうか」と言った。

寅吉「そういうことではありません。仏にはおのおのその像がありますから、その像をまねて化けることができるのです。しかし神にはその像を立てるということがありませんから、まねて化けようにもまねようがないのです。天狗は仏に化けるだけではありません。地獄や極楽のありさまをも現してみせます。これもまた絵に書かれているものをまねてのことです。私も天狗が映し出した地獄や極楽のありさまを見たことがあります」

仙童寅吉物語　二之巻

平田篤胤　筆記考按

○問「山人や天狗なども、夜になると寝るのか」
寅吉「普通の人と同じように寝ます。私らが寝ることは言うまでもありません。師匠はいったん眠られると、そのまま十日も二十日も高いびきをかいて寝ておられます」
○問「山人や天狗などは、夜でも目が見えるものなのか」
寅吉「見えます。私らであっても、師匠の徳にすがると見えることがあります」
○問「山人も夢を見ることがあるのだろうか」
寅吉「私の師匠などの場合はどうであるのか、それは知りません。しかし私らは夢を見ます。こちらの世にいるときと変わりはありません」
○問「人に夢を見せたり、また夢によって人を諭したりすることもできるのか」
寅吉「神通自在ですから、人に夢を見させる方法もあると聞きました。ただしその方法は、人の夢枕に立つわけですから、諭す側の者も、諭そうと思うので苦しく、諭される人も、非常に苦しくうなされるものであるとのことです」
○問「山人の所に何か頼みたいことや尋ねたいことがあるとき、どこか高い所に上がり、そちらの方角に向かって言えば、それで届くのだろうか」
寅吉「普通にものを言うような言い方では、どれほどの大声であっても届くことはありません。神に祈願する場合と同じように、祈りを込めて言えば届きます」
○問「先方の山人に祈願が通じたかどうか、どうやって知ることができるのか」
寅吉「山人が聞き入れて引き受けたならば、願いがかなえられますし、また夢などを通しても教えてくれるはずです」
○問「山人に何か訊ねたいことがあるときに、山に行って直接お目にかかり、訊ねたいと思うが、そういうことはできないだろうか」

寅吉「それはできない相談です。そのように自由に会えるということになれば、あちらの世界とこちらの世界との区別がつかなくなってしまうからです」
○問「そちらでも、穢《けが》れた火を知ることができるのか」
寅吉「十分に知ることができます」
○問「どのようにして知ることができるのか」
寅吉「燠火《おきび》であれ灯火であれ、穢れた火は、ともにくすんだ黒っぽい色で炎に勢いがありません。あるいはそうでなければ、燃え方が荒っぽく、炎が飛んだりします。蝋燭《ろうそく》の火は、障子を一枚へだてて、障子越しに見ればよく分かります」
○問「山人や天狗などの世界には、女人はいないのか」
寅吉「他の山のことは知りませんが、岩間山や筑波山などは女人禁制の山ですから、全く女はいません。また女の穢れに触れた人が山に登ってくれれば、怪我をさせたり、突き落としたりします」
○問「そういったことは、師匠自身がするのか、それともおまえなどもするのか」
寅吉「師匠が自ら手を下すこともありますが、大抵は師匠に付き従っている者たちが、師匠の命令を受けて、遠くから足を挙げて蹴る格好をしたり、また手をのばして突き落とす格好をすると、その人は倒れたり、落ちたりします」
○問「山登りをした人が引き裂かれて死んだという話を、時々聞くことがある。そのような極端なことをすることもあるのか」
寅吉「山人にも天狗にも、邪な者と正しい者とがいます。また気性の荒々しい者もいれば、温和な者もいます。荒っぽい天狗や山人の場合には、そのような極端なことをすることもあります」
○問「あちらの世界には男色はないのか」
寅吉「他の山がどうであるかは知りませんが、私のいる山などでは、そのようなことは全くありません」
　男色のことは、私自身の口からは問いかね、門人の守屋稲雄に命じて、寅吉がうちとけた頃に、ひそかに訊ねさせた問である。このようにして訊ねた理由は、世間で天狗にさらわれたという者の多くが童子であり、もしかすればそれは、僧などが化身してなった天狗の場合は、この世にいたときの悪い性癖がなおらず、そのために連れて行くからではなかろうかと、以前から考え、疑っていたからである。
○問「天狗や妖怪は、鶏の鳴き声を恐れるものであると聞いたが、そのようなこともあるのか」
寅吉「天狗が鶏の鳴き声を恐れるということはありません。夜になると人に災いをもたらす妖怪がいろいろといます。このような妖怪は、鶏が鳴けば夜が明けることになりますから、それで恐れるということです。

鶏のことを訊ねられて、思い出したことがあります。鶏はとても不思議な鳥です。普通は人家の庭で飼われており、飛ぶことは不得手なように思われていますが、鶏ほど大空高く飛翔する鳥はなく、その飛ぶ姿も、なかなか他の鳥の及ぶところではありません。鶏が美しく優雅に、そして速くどこまでも飛び上がるのを度々見たことがあります。いつも雌雄つがいで飛びます。とても不思議なことに思え、師匠に訊ねたところ、大神宮の御許に参るのであるという話でした」

○問「そちらの世界でも病気にかかることがあるのか」

寅吉「私の師匠などが病気になることはありません。師匠に付き従っている者ならば病気になることもありますが、なるといってもせいぜい腹痛やできもの、擦り傷、切り傷ぐらいのものです。腹痛には丸薬を用い、できものの場合には、長くのばしている爪でかきむしって膿をすべて出し、木の葉や草は当然、そのほか土でも何でも手当たり次第そこにこすりつけておきます。擦り傷や切り傷などの治療方法も同じですが、なめて治すこともまた呪禁で治すこともあります」

○問「その丸薬の成分は何であるのか。またその他にはよい薬の処方を知らないか」

寅吉「丸薬は、山の赤土と狐《きつね》の茶袋《ちゃぶくろ》〔茸《きのこ》の一種〕とを程よく混ぜ合わせ、飯粒で練って丸め、丹か箔などで包みます。寄生虫による腹痛も含め、腹痛全般の薬です。また、タジマ〔杜松《ねず》。ヒノキ科の常緑小高木〕の実と芥葉に、この他はあれこれと何であれ百種類ほどの草を煎じ出し、滓《かす》を取り去って練りこみ、痰、癪、虫下しなどに用いるとよく効きます。

火や熱湯で火傷《やけど》をしたときは、蛤《はまぐり》の白焼きとヒナゲシの白焼きとをはっておくとよく治ります。火傷には胡蘿蔔《こらふ》を煎じて使います。肥料を使わずに育て、洗わずに土を振り払うだけにして、細かい根も取れないように縄でくくり、陰干しにした胡蘿蔔を、煎じてから水温まで冷し、その中に火傷の箇所をひたします。するとその液が熱を吸い取って湯のように熱くなり、痛みがたちまち消え、跡も残らずに治ります。また杉の葉の芽と飯粒をまぜてすりつぶしてたっぷりと塗ると、同じように熱くなります。何度か塗り替えると、痛み止めになります。

足の冷え性を治すには、唐辛子《とうがらし》と山椒の粉を水で溶いて塗ればよいのです。なおこの他の薬の処方については、思い出したときにそのつどお教えいたします」

○問「あちらの世界に、特別な養生の法はないのか」

寅吉「常日頃の行いが、そのまま養生の法となりますから、ことさらに養生の法というような特別なものはありません」
○問「中国の仙人には、不老長寿の薬とかいうういろいろな丹薬の処方がある。山人はそのような丹薬を練り、用いることはないのか」
寅吉「そのような丹薬を練るのを見たことはありません。けれども師匠がいつも服用しておられる薬はあります。その作り方は、柚の実を取ってきて何個でも良質の酒で煮ます。強すぎも弱すぎもしない中火でよく煮ると、溶けてとろりとなります。そのときに滓を取り去り、干した生姜《しょうが》の粉と白砂糖を入れ、もう一度火にかけてよく練ります。それから水でぬらした塗板に、親指の腹ぐらいの大きさの塊にして落とし、冷え固まってからそぎ取り、壺に貯えておきます。師匠はこの薬を常用しておられます。これは胸や腹を整え、痰を治す薬であるということでした。

また、タジマの実と芥葉に、この他はあれこれと何であれ百種類ほどの草を煎じ出し、滓を取り去って練り込み、痰、癪、虫下しなどに用いるとよく効きます」
○問「山住まいであるから、山嵐の障気とかいう、山の気やまた霧や露の悪気に当たることもあるだろう。これらを防ぐ薬は知らないか。また毒消しの薬はないか」
寅吉「梅の実を、酸味がなくなるように黒焼きにし（梅干しでもよい）、酒に入れて飲むか、また全身に吹きかければ、山嵐の気に当たることはありません。

毒消しの薬としては、田植え頃の稲の根を、土を洗い落として鍋に入れ、蓋をしていぶすと、蓋に霜が溜まりますが、これを取り、黒焼きにした黒餅米（餅米がなければ、ただの餅でもよい）と等量ずつ混ぜ合わせて用います。食当たりや毒消しにすぐれた効き目があります」
○問「かつて山人に連れて行かれた者から、山谷などで霧が立ち込めたとき、指で虚空に字を書き、何やら呪文を唱えると霧が晴れた、という話を聞いたことがある。このようなこともあるのか」
寅吉「本当にそういうことがあります。これから自分の入ろうと思う山谷の方を向いて九字を切り、何と言うのかは知りませんが呪文を唱えると、霧が晴れます。また呪文を唱え、白い紙を細かく切って雪が舞うようにまき散らして、霧を払うこともあります」
○問「山人たちも酒を飲むことがあるのか」
寅吉「ふだんは酒を飲むことはありません。しかし正月の二日（蟇目《ひきめ》の式がある）だけは飲みます。けれども酔うほども飲みません。昆布を肴にして、土器に酒をつぎ、少しばかり飲むまねをするぐらいのものです」

○問「節分に豆をまき、赤鰯に柊を刺したり、正月に松を立てて注連《しめ》飾りをし、五月の節句に菖蒲《しょうぶ》湯を沸かす、といったようなことはしないか」
寅吉「正月に、特別に松を立てるようなことはありません。しかし生えている松の木に何か供物をして拝み、祈ることはあります。このことに関連して思うのですが、正月だけではなく、毎日松の木に長寿を祈るならば、人は長生きをするのではないでしょうか」
○このとき私が、タラノキに虫歯を治してほしいと祈ると験があるという話を思い出し、そのことを言うと、また傍にいた人が、鳶《とび》に虫歯治癒の願をかけ、油揚げを与えると、虫歯が治るそうだと言った。
寅吉「立木、魚、虫、鳥、獣ほか何であっても、一心に祈れば効き目はあるものです。不動や観音をはじめ、死者に祈った場合でさえ御利益はあります。犬の糞であっても同じことです。しかし真の神を差し置いて、そのようなものに祈ることはよくないことです」
○問「正月にはじまって、年中行事として毎年決まって行う神祭はないのか。また七月に精霊を祭ることはないか」
寅吉「決まった年中行事の祭として、大晦日から正月にかけては年神を祭り、二月の初午には田植えの神事を行います。田の神になる人は角髪《みづら》に髪を結い、油揚げの供物を供えます。三月三日には伊邪那岐《いざなぎ》、伊邪那美《いざなみ》命を祭りますが、これは雛祭の行事です。五月五日ごろには、素盞《すさのお》鳴尊を祭るだけです。また七月に霊祭をすることはありません」

＊――精霊祭のときには櫛を挿す。

○問「その祭のときの神前に、榊《さかき》・洗米・神酒などを供えることはないか。他に供物はないか」
寅吉「供物は何もありません。ただ水を供えるだけです」
○神前に私がつるしている鉄の鈴を見て、寅吉が「この鈴は真の鈴です」と言うので、「山人の所の鈴は鉄でできているのか」と訊ねた。
寅吉「真鍮のものもありますが、鉄の鈴が太古のものであるということです」
○問「神前において鈴を振ることはあるのか。また、神前に鈴をつっているのか」
寅吉「神前にはつっていません。鈴は手に持って振るだけです。ただし、こちらの人は小指の側に出して鈴を持ちますが、あちらでは親指の側にくるように持ちます。そして音が途切れないように振ります。鈴を振れば土が増え、人が増えるということです」
○問「神前で用いる鳴物は、鈴の他にはないか」

寅吉「神前には鰐口《わにぐち》〔社殿・仏堂前の軒先にかける金属製の平たい鈴。金鼓《こんく》〕をつってあるだけです。その形はこちらのものと同じです」
○問「神前で印を結ぶこともあるのか」
寅吉「あちらの神道は両部《りょうぶ》神道ですから、神前で印も結びます。つまり山伏の行う護身の法の印です」
○問「両部ならば、神前において護摩《ごま》も焚くだろう。用いる木はヌルデではないか」
寅吉「他の木も用いますが、ヌルデを第一に用います」
○問「神前には鏡を立ててあるのか。またいつも鏡は所持しているのか。鏡で魔物を恐れさせることはないか」
寅吉「鏡は大切に祀ってあり、魔除けに使うこともあります」
○問「どのようにして魔を払い除くのか」
寅吉「あちらの鏡には紐が付いていますから、その紐を持って額のところまで鏡を捧げ上げ、自分の後ろに光がとどき、また自分の眼にも見えるようにします。魔は後ろからやって来るからです。すべて魔というものは、前にいるように見えても、実際は後ろにいるものなのです」
○問「その他に魔を払い除く方法はないのか」

＊――梅や桃、柊の細長く真っすぐに伸びた若い小枝を合わせ、鶏冠石《けいかんせき》を入れて、魔を除けることがあると、寅吉が言う。

寅吉「夜に旅をするときや、魔所と言い伝えられている所などに行くときは、何であってもいいのですが、女が身に付けた物を所持していれば、魔物も害をなしません。また家を出るときに、女の股をくぐり抜けても構いません。櫛でも笄《こうがい》でから出かければ、決して魔の害にあわないものであると聞きました」
○問「以前に聞いたことだが、魔物が災いをなすのではないかと思われるとき、立って股を広げ、頭を垂れて股の間から後ろを見ると、魔物の姿を見ることができるという。このようなことは知らないか」
寅吉「山においても魔物の正体を見抜くには、その方法ほど手っ取り早いものはないと聞きました」
○問「十種《とくさ》の神宝《かむたから》の呪文・中臣祓《なかとみのはらえ》・六根清浄祓《ろくこんしょうじょうのはらえ》・三種祓《さんじゅのはらえ》・トホカミヱミタメなども唱えることがあるのか」
寅吉「どれも唱えます。ただしトホカミヱミタメを唱えるのは、卜相のときだけです」
○寅吉が屋代翁の所へ行ったときに、屋代翁がいわゆる舎利《しゃり》を取り出し、「これを知っているか」と問われた。
寅吉「これは舎利という仏教のものです。天竺《てんじく》の海浜にあります。また中国や日本にもありますが、子をふやすものです」

○また屋代翁が、世間で一般に雷斧《らいふ》という、女性が着物を仕立てるときに袖の形を作るのに使うヘラのような形の、小さな道具を取り出し、「これはどうだ、知っているか」と寅吉に訊ねられた。
寅吉「名前は知りませんが、あちらにもあります。座を組み行をしているときに、のどが渇けばなめるものです。その時々によって重さは変わり、種類もいろいろあります。山から掘り出されることもあり、海から出てくることもあります」
○また図（欠）のような形の独鈷《とっこ》を取り出し、「これはどうか、山においても用いることがあるか」と屋代翁が訊ねられた。
寅吉「これは独鈷ですが、あちらのものは中心部が図〔欠〕のように鋭く、剣様の鋒《ほこさき》になっていて刺し通せ、周りにある爪で物をつかめるように作ってあります。これも座を組み行をしているときに、妖魔の妨害を退けるためのものです。親指を隠して図（欠）のように持ち、妖魔が妨害するときに、強く握りしめると、図（欠）のように開きます。それを突きつけて鋒で貫き、そして少し握りを緩めて、妖魔を引き倒すわけです」
○問「独鈷を握るときに親指を隠すというのは、いかなる理由からであるのか」
寅吉「いつでも拳を握るときは、親指を隠しておかなければなりません。印を結ぶにも、常に親指は隠しておくべきものです。そのようにすれば、妖魔の類も邪魔をしないということです」
○私が以前から持っていた矢根石を出し、「これを知っているか。これを用いることはないか」と訊ねた。
寅吉「これは神の矢の根というものです。神が戦をされるときに使われる矢尻であると、聞きはしましたが、あちらの世界で用いることはありません」
○また私が所持しているいわゆる石剣で、左の図〔欠〕のようなようなものを見せ、「これを知っているか」と訊ねた。
寅吉「あちらにおいても使っていますが、あちらの石剣はこれよりも太くて長いものです。行をするときに、右手に持って柄を膝に立て、鋒を肩にかけます。妖魔が災いをなすときに打ち払うものです。ただし質の良い石のもの、質の劣る弱い石のものなど、いろいろあります。この石剣は、もとは木で作られていたのが石に変ったのでしょう。非常に質のよい強い石剣は、鋒が欠けてもその欠けたところが伸びてきます」
○ところで寅吉は、見せるものは何であっても、まず鼻に当ててその匂いを嗅ぐので、その理由を訊ねた。
寅吉「石であっても金属であっても匂いのないものはありま

せん。たとえ匂いのしないものであっても、その性質の強い弱いは、鼻で匂いを嗅いでみればみぞおちのあたりが感応し、判断することができるものです」

○屋代翁の秘蔵の品に、妊玉《はらみたま》であるという珍しい小玉が二つある。その一つは、大きさがこの◎（原寸の半径は二分）ぐらいであり、平たくて中央に穴があいており、紐を通すのであろう。色は茄子《なす》の皮のような色である。もう一個は、色は白くて少し小さめであるが、形は同じで穴があいている。どちらもその光の輝きはとても美しい。

初めに手に入れられたのは茄子色の玉だけであり、白玉は一昨年、茄子色の玉から生まれた子の玉であるという。それで虫眼鏡でもって見てみると、親玉の茄子色の玉の穴に、赤い玉が孕《はら》まれていた。その赤い玉はまだ生まれ出てもいないのに、中央に非常に小さな穴がやはりあいていた。大変不思議な珍しい玉である。

屋代翁が、寅吉にこの玉を見せ、「どうだ、見たことがあるか」と訊ねられた。寅吉は何とも感心した様子で答えた。

寅吉「これほど珍しい玉は、ついぞ見た事がありません。まことに宝物です」

○また私の持っている石笛《いわぶえ》を吹いて聞かせ、「これは知っているか」と訊ねた。

寅吉「ただ穴があいていてブウブウと鳴る石は、いくらでも見たことがありますが、これほど形が整い、そして音色の美しいものは、見たことがありません」

○寅吉はこの石笛に非常に感激し、しきりに吹き鳴らした。それで私は、「石笛がどのようにしてできたものか知らないか」と訊ねた。寅吉は、何やら長い間考えていた末に、はたと手を打って答えた。

寅吉「ようやく思い出しました。どこであったか、とても高い山の峯に木が生えていたのですが、露出したその木の根の所に、刺し込んだかのように、このような石がくっついているのを見たことがあります。とすれば、木の根についた□土が、千年も万年もの長い年月の間にくっついて固まり、このような石に変化するのではなかろうかと思われます。それにしてもこの石の形はとても見事です。こんなに見事に整っている石は、そうではないのかもしれません。石の質をみると、長い間海中に沈んでいたもののようです。

いずれにしても石はもとは存在しないものであり、土の固まったものではないかと思われます。なぜといって石に変化しかけている土が、海辺にはいくらでもあるからです」

○問「この石笛を運んでくるときに、連れて行った供の者がこの石笛を落とし、下にあった石にあたり、割れそうなほどのひびが入ってしまった。人々はいずれ割れてしまうだろうと残念がっていたが、高橋安兵衛門という日頃から口の達者な男が、「この石はいずれ割れてしまいそうに見えます。しかし先生の学業が成就されるなら、このひびは直るに違いない」と言ったことが私の心に残り、どうかしてこのひびを直したいと思い、もとは下総国海上郡小浜村の八幡宮から賜った石笛であるから、私は毎朝その方角に向かい、このひびを直したまえと祈っていた。するとその効験であるのか、ひびが癒えて、今ではひびとも見えないようになった。けれどもこのことを話しても、もとのひび割れを見ていない人の中には信じない者もいる。このように石のひび割れが直り、もとのように付くということもあるものなのかどうか、知ってはいないか」

寅吉「このように質のよい強い石は、欠け落ちさえしなければ、また付くものです。注意してよく見れば、このあたりにも堅い石で色の違う筋の付いているところがあります。それらは皆自然に付いた石です。また石を接ぐ方法もありますし、また石を作る方法もあります」

○問「石を接ぐ方法とはどのようなものか。こららでも割れた石を接ぐことができるのか」

寅吉「何の造作もないことです。鉄粉を混ぜた粘土で石をぴったりと接ぎ合わせ、滝の源などのように水の流れの激しい所に置き、何も当たらないようにして、半年か一年ほどそのままにしておくと、付きます。それでも付かないような大きなひびの場合は、石全体に泥を塗って滝の流れに置いておくと、いずれは接ぎ合うものです。滝でなくても付きます」

○問「それはきっとあちらの世界の山人たちがするから付くのであろう。こちらの人がやっても付くものだろうか」

寅吉「こちらであっても付くと思います。お試しになってみてください」

○私が所蔵している禹餘粮壺《うよりょうこ》〔上の二之巻参照〕を見せ、寅吉に「これを知っているか」と訊ねたところ、「これは海辺や山で時々見かけるものですが、気にも留めていなかったので何であるか知りません」ということであった。それで私は、「これは禹餘粮壺というものだ。自然にできたものだが、中に禹餘粮というものが入っている。米粒のような、土ともいえない柔らかなものであり、痢病の薬に用いると効能がある」と教えた。

するとと寅吉はいつものように鼻に当てて匂いを嗅ぎ、そばにいた者に「釘を一本ください」と言った。そこで釘を与えると、寅吉は釘で壺を少しこすり当て、下に落ちた少量の粉に釘をかざして粉を吸い寄せ、「これは磁気を帯びたものです」と言った。「実際その通りだ。この壺に清水を入れて三十五日ほどおき、鉄醤に用いるとよく染まる。それで俗に鉄醤壺《かね》とも、おはぐろ壺ともいう」と、私が教えると、寅吉は「そういうこともあるでしょう」と、自然の造化の妙にはなはだ感心し、あたかも磁石の性質をよく知っているかのような口ぶりであった。それで私は、「磁石はどのような理から、鉄を吸い寄せるのか」と訊ねた。

寅吉「鉄の本性は物を吸い寄せることですから、磁石というのは、鉄の本性の気が凝り固まって石に変化したものに違いありません。というのも、『この大地の中心は鉄であり、北の方には鉄の気が凝り固まってできた磁石の山がある。それゆえに磁石の針は、同じ気が相呼応しあい、北を指すのである』と、師匠から聞きました」

○寅吉はこう言ってから、磁石の針をどのようにして作ればよいのか、ということを説明した。その製法に少しの間違いもなかった。それで私は、「山人たちが空を飛ぶときにも、磁石を用いるのか」と訊ねた。

寅吉「いつも磁石は所持しており、使用することもあります。ただし日本で作った磁石の針は、遠い異国に行くと、その指す方向が狂ってしまうことがあります。なぜであるのか、納得がいきません」

○寅吉がこう言うので、「その国は非常に寒い国ではなかったか。またその国の風俗はどのようなものであったか」と、私は訊ねた。

寅吉「人のいない山の上で磁石を使ってみましたので、国の風俗はもとより人がいるのかいないのか、それも知りません。しかしとにもかくにも非常に寒く、昼でも夜のように暗い国でした」

○私は寅吉の返答を聞いて考え、世界地図を取り出した。そして□□□の国のあたりを指し、「おまえが磁石を使ってみたのは、きっとこのあたりではなかろうか。そうであるとすれば、磁石が狂ったのではない。磁針はもともと北極の方角のみを指し示すものだ。ところがこの□□□国などは、北極をはさんで日本と向かい合っている。その国へ行って日本の南に当たるということだけを考え、北極をまたいでいることに気付かなかったので、そのように思ってしまったのであろう」と教えると、寅吉は非常に喜んだ。

そしてこのとき、私はふと思いつき、試しに「須弥山《しゅみせん》〔梵語 sumeru の音訳。妙高山、妙光山の意。仏教的世界観において世界の中心にあり、大海の中にそびえているという高い山〕を見たことはあるか」と訊ねた。

寅吉「須弥山という山があると、書物に記されてはいますが、実際にはそのような山はなく、たぶんこの国土から天までの全域をさして仮に呼ぶ名であろうというのが、師匠の考えです。そのように考える理由は、八万由旬《ゆじゅん》〔梵語 **yojana** の音訳。インドの距離の単位。聖王の一日の行程をいい、実際の距離としては諸説がある〕の高さといえば、少なくともその麓がその一、二倍なくてはそびえ立てないはずです。とすれば、山の頂上は見えなくても、山の麓ぐらいは見えるはずで、山の麓も見えないということはありえないことです。しかし師匠に連れられて、星がここかしこに見える大空に昇ってみても、どこまで行ってもそれらしいものは何も見えませんでした。師匠にも見えなかったからこそ、そのような山はないと、師匠は言われたのです。それで須弥山という山は、誰かが言い出したいい加減なことであろうと、私も確信しました。

この話に関連して、前々から私は思っているのですが、この大地は何か丸いものではないでしょうか。というのも、西へ西へと行けば、東へ来てしまうからです。また大地の成り立ちを考えると、丸く潮が凝り固まったようなものであったところに、国々ができたのではないかと思います。そのように思うのも、大空に昇ってみると、国よりも海の方が広く、また高い山の峰などに、牡蛎《かき》の殻をはじめ貝殻がいくらでもあるからです。このようなことから大地は丸いと確信していますが、では海や川の水が溢れず、また丸い球体の回りに国があり、人々が住むことができるというのは、どういうことであるのか、その理屈は分かりません」

○私は寅吉の話を聞き、「大地はもともと丸いからこそ、地球とも言うのだ」と教えた。そして「球という字はマリと訓む字であり、地球は、大空に球を突き上げたような状態にある。それなのになぜ海や川の水が溢れず、周りに人が住むことができるのか、その理由はこういうことである」と、以前『古史伝』に記しておいた考えを読み聞かせてやると、寅吉は非常に喜んだ。

またこのとき、試しに「極楽や地獄は見たことがあるか」と訊ねた。すると寅吉は笑いながら答えた。

寅吉「師匠が言われるには、地獄、極楽というのは、愚か者をおどすために、後の人が言い出した作りごとであるということです。実際、極楽は十万億土にあるといいますが、これでは地続きのように聞こえます。しかし師匠に連れられて大空に昇り、遠くの国々まで行って見ましたが、どのように見ても大地は丸いものであり、ぐるりと一周しても、十万億土はありそうにもありません」

○問「師匠はどのような用があって、時々戎《えびす》の国々にまで回って行かれるのか」
寅吉「何の用事であるのか、私は知りません」
○問「戎の国々の人が、師匠と応対することもあるのか」
寅吉「どこの国に行っても、師匠はその国の人間になり、その国の言葉を使って応じられています。全く言葉の異なる国であっても、その声の音色を考えれば、理解できるということです。だから人間の声のみならず、鳥や獣の鳴き声であっても、その心を知ることができ、虫の鳴き声でも、その気持ちを知ることができるわけです」
○問「文化十一年〔一八一四〕の立冬の前日、十二月二十七日の節分の日のことである。池之端の正慶寺に奉公していた十四歳になる童子がいた。この童子は、以前からしばしば異人に誘われて出かけていたことがあった。この日も近所に糊を買いに出たところで、いつもの異人に出会った。その童子は異人に、『寺には奉公に出るなと禁じていたのに、おまえはどうして寺に奉公に出たのか、今から一緒に来て、奉公に出たことのおわびを申し上げろ』と言われた。それで童子が、『それなら糊を買い、寺に置いてから行きます』と答えると、異人は、『おまえが糊を買わなくても、銭をこの店に置きさえすれば糊が寺へ届くだろう。だから早くわしと一緒に来い』と言った。それで童子は異人の言葉に従い、異人についていった。

異人は空を翔け、一気に筑紫《つくし》の筥崎《はこざき》八幡宮まで童子を連れて行った。ちょうど八幡宮では豆撒きをしている最中であった。撒かれた豆と封守を拾い、そこからまたしばらく空を翔け、どこまで続くとも知れぬ長い石の塀の上に着いた。『これこそ唐土でその名も高い万里の長城だ。いささか遠路ではあったが、これをおまえに見せようと思ってここまでやって来たのだ』と、異人が童子に語った。

それからまた遥か彼方へ空を翔けていくと、とても美しく荘厳な城郭都市のような所に着いた。そこは非常に寒く、太陽はいつも見えてはいるが、大きさは茶の湯に使う天目茶碗ぐらいであった。童子がその内に入って城内を見てみると、人間は皆日本の人であった。いろいろな商人の店も立ち並んでいてこの国と変わるところはなく、通用している金銀も小判や小粒〔一分金〕・南鐐《なんりょう》〔二朱銀〕・丁銀などで、この国のものと同じであった。ただ銭だけは仙台銭《せんだいせん》のようであった。

その異人に案内されて童子が御殿に上がってみると、玉《たま》簾《すだれ》の垂れたの向こうに、五人の貴人がおられた。老いた方も若い方もおられたが、皆日本の方々であり、天子の装束のようなお召し物を着ておられた。その前に童子が出ていくと、貴人の一人が、『おまえはここに留まるか、それとも故郷に帰りたいか』と訊ねられた。童子は、『故郷に帰りたい』と申し上げた。すると異人が童子に、『そんなことを言わずここに留まれ』と勧めたが、貴人たちはそれをさえぎり、『留まる気のないものを無理に引き止める必要はない。四、五日ここに置いてから、また送り帰しなさい』と言われたのであった。そして童子はいろいろなお菓子を貴人からいただいたが、それらは皆日本のお菓子と変わりなかった。またその貴人たちは、『我々と同等の方々が八人いるが、その中の三人は日本に住んでいる。私たちは思うところがあり、ここに住んでいるのだ』と言われたという。

その後、童子が寄り合い部屋のような所に下りていくと、そこには、つい最近異人に連れてこられ、そしてここに留まっていると思われる、とてもたくさんの人々がいた。四、五日滞在している間にそこの様子を見ていると、毎日真っ赤に焼いた鉄製の丸い印璽のようなものを持って来て、呪文を唱えながら一人一人の体中に押し当てていたが、人々は熱がっているようにも見えなかった。また大きな釜に熱湯を沸かし、呪文を唱えながら大勢の人を釜の中に入れ、蓋をして煮てもいたが、やはり人々は熱がっているようにも見えなかった。これが毎日行われていることであった。

数日して年が明けた正月元日、童子の所に人がやって来て、『上にお客が来ておまえのことを話していたから、きっと明日おまえは帰されることになるだろう』と言った。翌二日の昼頃、童子は再び貴人たちの前に呼び出され、『今日、日本に帰りなさい』と言われた。そして貴人たちは六人の異人を呼び出し、各地での用事を果たしながら、この童子を送り帰すようにと命じられた。それから貴人たちは、その座っている高座の前に、金でできているのか真鍮なのかは分からないが、大きな玉の上に磁石の針のようなねじの付いたものを取り出し、貴人の命令を受けて出かける異人たちに、その目的地の方向に針を向けて授けた。すると異人たちはすぐさま童子を連れ、空へと舞い上がった。この器具は、空行の術がまだ未熟な者を使いだすときに用いる器具である、ということであった。

こうして北東の方角へと向かい、各地での用事を済ませながら、いよいよ日本の上空にさしかかり、江戸に入ろうとする頃、童子は寒さに耐えかねてしまった。それでそのことを異人に話すと、深川の霊巌寺で火事が起きるから、そこに着くまで我慢しろということであった。そして霊巌寺の上空に止まったかと思うと、下で火事が起き、異人はその火に童子をあたらせた。夜明けのことであった。それから童子を連れて朝の八時頃、飯田町中坂にある稲荷神社の上空までやって来た。そして異人たちは、童子を稲荷神社の末社の金毘羅神の屋根の上に置き、『近くにおまえの叔父さんの家があるから、間もなく迎えに来るだろう』と言って去って行った。

しばらくして近所の人々が、金毘羅神の屋根の上にいる童子を見つけて抱え降ろし、童子の叔父に連絡した。二、三日の間、童子はまるで夢遊病者のようであったが、正常にもどった後、訊ねられるままにこのように話した、ということである。しかしとりわけ不思議であったことには、髪も月代《さかやき》も今結ってきたばかりのように見えたので、そのわけを訊ねたところ、向こうに住んでいる日本橋あたりの何某とかいう髪結いに頼んで、今朝結ってもらったと、童子が答えたということである。

＊――この話は、倉橋与四郎氏が聞いて書き留められていたところを話されたのであり、それを私が取り上げたのである。倉橋氏の考えとしては、万里の長城よりさらに奥で、太陽がいつも天目茶碗ぐらいの大きさに見える所に行ったということになると、それは韃靼《だったん》〔モンゴル〕の奥地、つまりシベリアの奥であろう。そして焼けた鉄を額に当てたり、熱湯で煮たりするというのは、いわゆる三熱の苦と言われるもののことではなかろうかという意見であった。そうかもしれない。

おまえはこのような地域に、師匠に連れられて行ったことはないか」

寅吉「池之端の正慶寺には私もしばらくいましたから、その話は正慶寺で聞きましたが、私はまだそのような所に行ったことはありません。しかし千里の長城か万里の長城かは知りませんが、本当に千里もあろうかと思われるほど、砂山のように見える高い土手が続いている所であれば、空から見下ろしたことがあります」

○問「未熟な者を飛行させるときに使うという、金色をした玉を見たことはないか。鉄の玉を焼いて額に当てることや、釜に人を入れて煮ることなどは見たことはないか」

寅吉「飛行させるという玉を見たことはありません。鉄の玉を焼いて額に当てるのも、見たことはありません。釜に入れて人を煮るというのは、熱湯の行に似ています」

○問「右の童子の物語で、童子を連れていた異人が、空から霊厳寺に火事を起こしたと言っている。また、以前にもこういう話を聞いたことがある。

天明年間のこと、下総国笹川村にある須波《すは》神社の社木を、同じ下総の銚子の観音堂を建てる材木として売ったことがあった。その年の冬、既に木の伐採も済み、近いうちに築造に取りかかろうとしていた頃、たまたま常陸国石天村の半兵衛という者が、銚子で売りさばく穀物や薪などを積んだ船に乗ってやって来た。そして半兵衛が、銚子の川辺に停泊した船中に泊まっていたある夜のことである。

髪が長く目つきの恐ろしい異人が二人、どこからともなくやって来た。二人の異人は、偶然出会った様子で、お互いに挨拶をしあい、船に入ってきた。半兵衛は横になったまま息を殺して見ていると、二人の異人はまず船に積んであった薪を抜き取り、さっと火をおこして燃やした。火にあたりながら一人の異人が、君はどちらに行かれるのか、と訊ねると、もう一人の異人が、私は中国の方へこういう用事があって行く途中だが、君はどちらへと聞き返した。すると初めの異人が、笹川の須波神社の神木を使って観音堂を建てるというのは、不埒な話だから、焼き払えとの命令を受け、そちらへ向かうところだと答えた。それからなおしばらく二人の異人はいろいろと話をして、やがて出ていった。半兵衛は身の毛もよだつ思いで二人の異人の話を聞いていたが、あくる朝、観音堂の普請場から火が出て、材木は残らず焼失したという。

＊——これは、当の須波神社の神主である五十嵐対馬の話である。

また近頃、江戸は神田三河町の幸慶という仏師が神隠しにあい、十日ほどして帰ってきた。幸慶は西国二十三ケ所の観音をはじめ、その他の名所旧蹟を廻ってきたという。ある夜、火の見櫓の半鐘の音を聞くやいなや幸慶が、『これは小日向音羽の安養山還国寺の火災だ』と言った。それで人々がどうしてなのかと訊ねると、幸慶がこう答えたという。『今さっき、私を西国に連れて行ってくれた異人がやって来て、今夜は面白いものを見せてやろうと言った。それで何をなされるのかと訊ねると、還国寺の僧は身持ちがよくないから寺を焼いてしまうのだと言って、出て行かれたばかりだ』と。

おまえの師匠も、火事を起こしていくことがあるのか」

寅吉「ええ、あります。師匠と一緒に大空の寒い所を通っているときなどに、師匠が、この先で火にあたれる所があると言い、そしてそこにいき、師匠がわずかに煙管の火皿ほどの大きさの火を下に落とすと、それで家が一軒、または二、三軒ないしは十軒、場合によっては一村全部が火事になります。そのときに師匠が、さあ火にあたれと言い、上空で火にあたるのです。しかし師匠のような心を持つ山人ばかりではありませんから、あっちを焼けばこっちも焼く、ということもあります。けれども焼く家や場所は、皆心のよくない人の家や穢れた家、場所などで、何か心にそぐわぬことのある所を焼くのです。社の木を切ることを神は嫌っておられますから、社の木を使って立てたものなどは、いずれ一度は焼かれることになります」

○問「その火はどこから、どのようにして取り出すのか。いつも火打ちの道具や火縄などを、持ち歩いているのか」

寅吉が笑いながら答えた。

寅吉「火打ちの道具や火縄を使うようなことはありません。師匠は胸であれ脇の下であれ、身体のどこからでも、火を取り出します。大体人の身体は火で満ちていますから、そのことに通じるならば、身体中のどこからでも火を取り出せます」

○問「天狗甚右衛門という者が、□年ばかり神隠しにあい、先頃帰ってきて、剣術家の谷川源左衛門にこう言ったという。山人や天狗の類にも邪正強弱さまざまあるが、いずれにせよ世間の悪行や不浄に対して、罰を当てるものであると。本当にそういうものであるのか」

寅吉「その通りです。師匠が体内から火を取り出して家などを焼くのも、他でもなく罰を与えているのです」

○問「そのように山人や天狗が、それぞれ罰を与えるというのは、誰の命令によって行うのか」

寅吉「誰からの命令であるのか、私は知りません。おそらくは神々の命令を伝え聞いて、行っているものではないでしょうか」

○問「大空からこの地球を見ると、どんな様子であるのか」

寅吉「少し上空に上がれば、海や川や野山をはじめ、人が往来する様子まで見え、とても広くて丸く見えます。しかしさらに上に昇っていくと、次第に海も川も野山も見えなくなり、まだらに薄青くなって網目を引いたように見えます。なお一層昇っていくにつれてそれもだんだん小さくなり、星のあるあたりまで高く昇って地球を見ると、月よりもかなり大きく光って見えます」

○問「星のある所まで行ったのであれば、月の様子も見たか」

寅吉「月の様子は、近寄れば寄るほど次第に大きくなり、寒さも身を刺すように厳しく、近寄り難く思えます。しかし強いて二町ほどの距離と思えるあたりまで近付いてみると、思いのほか暖かなものでした。そして月の光って見えていた所は地球の海のような感じで、泥が混じっていたように見えました。また俗に兎の餅つきという所には穴が二、三個あいていました。それでもかなり離れた所から見ただけですから、正確なことは分かりません」

○この寅吉の話を聞き、私はこう言った。「月の光っている所が、地球の海のような部分であるということは、西洋人もそう考えており、そのように思われるが、兎が餅をついているように見える所に、穴があいていたとは理解に苦しむ。そこはこの地球の山のような部分であると言われているが」

するとと寅吉は笑いながら答えた。

寅吉「先生は書物に書かれてあるからそう言っているだけで、それは間違っているのです。私は書物のことは知りません。ただ近くで、実際に見たことを申し上げているのです。もっとも師匠も山であると言っておられましたが、近寄ってみればまさしく穴が二、三個あいており、その穴の向こうには、月の後ろにある星も見えました。だから穴であることに疑問の余地はありません」

○問「星とはどのようなものか、近くで見て分かったか」

寅吉「星は地球から見ると、細かなものがたくさん並んでいるように見えますが、大空に昇るといつも明るいので、ここから見えるほども光っては見えません。しかしやはり次第に大きくなります。そして四方八方に、何百里あるのか分からぬほど遠く離れて、とてもたくさんあり、地球もその中の一つで、どれが地球とも見分けることができません。

ところで星に関して、こういう不思議なことがありました。私が、星とはどのようなものか見てみたいと言ったところ、師匠が、では見せてやろうと、地球から特に大きく見える星を目指し、私を連れて昇られました。その星は、近寄るにつれてだんだん大きく、ぼうとしたもののように見えてきて、とうとうその中を突き抜けてしまいました。しかし突き抜けてそのままさらに遠くまで行き、振り返ってみると、元の通りの星でした。このことから考えてみますと、星は気の凝り固まったものではないかと思われます。

＊――（朱書）また俗に世間で天の川と言われているものは、ただ白くおぼろげに見え、少し水気を帯びたものの中に、非常に小さな星が無数に見えているものである。

○私にはまた、寅吉のこの説が不可解であった。このとき佐藤信淵《のぶひろ》も同席していたので、私は信淵に、「君は天地間の理に精通しているから、寅吉のこの説に関して、何か論じてみないか」と言ったのだが、信淵は次のように記して論じている。

「星の本体は、この地球と同じであり、地球と同質の、重く濁ったものの凝結物である。それゆえ物体が星を突き抜けることは、物体が地球を貫通して通り抜けることがありえないと同様、ありえない。また星の光も、自ら光り輝いているわけではなく、太陽の遍照を受けて光っているのである。とはいえ星は地球と同質のものであるから、いま少し地球に準じて考究してみることにする。

地球では、日没後すぐに暗くなるわけではなく、太陽が地平線から俯角十八度の所に至るまでの間は、まだ地上に薄明が残っている。また日の出前にあっても、太陽が地平線から俯角十八度の所に至れば、もう地上は明るくなってくる。それはなぜであるのか。この地球の周囲、およそ五、六百里の範囲は、いわゆる風際であり、風際はすべて半ば水であり半ば空気の状態であるため、その水気が太陽の限りない光を受けて光り輝くのである。

このことから寅吉の話を推察すると、地上から数万里離れた暗い所から振り返って見れば、地球もまた一個の明星であることが分かる。他の星々もまた、地球と同質のものである以上、地球同様にその外側の周囲には数百里の半ば水の部分があり、そこが太陽の光を受けて光り輝いているのであると思われる。とすれば、寅吉は師匠に連れられて、その半ば水の部分の中を通り抜けた、ということかもしれない。

しかし宇宙空間の中において、太陽の光を受けない限り、星は見ることができないはずである。仮に星を見ることができたとしても、白昼の月のように遠くから見るのであればともかく、近付いてしまえばこの大地と変わりはなく、光って見える原因が存しない。およそどの星であっても、暗い夜でなければ光っては見えない。地球の大地をおおう暗い夜は、この地上から見ると広大に広がっているようであるが、宇宙空間から見れば、地球の影の及ぶ範囲は、わずかに月のあるあたりまでに過ぎない。

仮に山人たちがこの大地を飛び立ち、星のあるあたりに行ったとすれば、そこはどこであっても白昼であり、我々のこの地球といえども所在が分からないはずである。近くとすれば、金星かあるいは水星か火星などの陰になり暗闇になっている所に行ったとして初めて、地球の輝きやその他のもろもろの星も見ることができるだけであろう。とすればやはり星の本体を通り抜けたというのは、論理的には信じがたい。

しかし寅吉の話は作り話ではなく、何もかも事実であり、道理に合わないことがない以上、この話が作り話であると難ずることもできない。きっと金星か水星、火星などの陰で暗闇になっている所に行き、星を取り巻く半ばおぼろな水気の中を通り抜けたのではないだろうか。それを星の本体を突き抜けたと思い、またそこから地球が他の星と同じように光っているのを見たのではないだろうか。

あるいは、列子《れっし》〔古代中国戦国時代の思想家。生没年不明。道家として、その書『列子』は『老子』『荘子』とともに尊重された〕の伝える西極の幻人のように、杉山山人の神通力は広大無辺であって、星の本体に入ることに何の問題もないのかもしれない。とすれば、それはもはや我らの理解できるところではない」

○問「宇宙はいつも明るいであろうから、星が光って見えるはずがないと思うが、どうであろうか」

寅吉「この地上では、昼間は星を見ることができないということから、そのようにお疑いになりますが、〔欠〕」

○問「太陽がどのような性質のものであるか、見て分かったか」

寅吉「太陽は近寄ろうとすると身体が焼けてしまいそうで、近寄ることはできません。しかしここから望遠鏡で見るよりはるかによく見える所まで昇って、太陽を見ました。燃え盛る炎の中に、稲妻のような閃光が飛び交い、暗く見えますので、どのような性質のものか、見分けることはできませんでした。しかし何か一つの物体から、炎が燃え出ているように見えました。また試しに松明《たいまつ》をともしてみたところ、太陽の近くでは全く明かりにならず、炎は太陽に吸い寄せられていくかのように、見ている間にたちまち太陽の方に上がっていってしまいました。

ところで、場所によっては太陽が半月のように見える所も多く、また小さく見える所もあります。夜の国のことをホックのチュウといいますが、そこでは太陽が団子ぐらいの大きさに見えました。また太陽の見えない国もあり、そこでは地面にいくつも穴を掘って光らせていました。その国の人々は鼻が高くて口も大きく、親指が二本ありました」

*——鋏胤《かねたね》〔篤胤の女婿〕注。ホックのチュウとは北国〔極〕の中ということではないか。

○問「太陽も月も、ともに神々の住んでおられる国であるというような説を、山人たちから聞いたことはないか」

寅吉「そのような説は聞いたことがありません」

○問「美成が言うには、寅吉は三十三天〔仏教で言う欲界の第二天、忉利天《とうりてん》のこと。須弥山《しゅみせん》の頂にあり、中央に帝釈天《たいしゃくてん》のいる喜見城《きけんじょう》があり、四方には各八天があって合わせて三十三天となる〕を見たが、第一天は青く、それから順に五色〔青黄赤白黒〕に変わり、その下もまた青蒼であったと言ったという。本当にそうなのか」

寅吉が苦笑いしながら答えた。

寅吉「三十三天などということは、虚妄の話であると、以前から師匠に聞いていましたので、そうは言っていません。美成さんの所で話のついでに、はるか上空に上って見渡すと、青くも赤くも黄色くも見え、またそこで唾を吐いてみると同じような色に見えましたと話したときに、そばに仏教好きの人がいて、それこそ三十三天だと言ったのです。それを美成さんが私の言葉のように聞き誤り、『平児代答』にそのように記されたのです」

＊――大気中に青赤黄の三色が現れるということが、西洋人の考えにある。

○問「熒惑星《けいわく》〔火星〕を近くで見ると、二つの白い星で、太陽の前方を回っていると、そしてまたこれこそが摩利支天《まりしてん》である、と言ったという話だが、事実か」

寅吉「それも違っています。太陽の前方にあって白く見える星が二つあり、これを世間では摩利支天と言っていると、そう私が言ったのを聞き誤ったのです。私は熒惑星という名前さえ知りません。

世の人は、摩利支天を実在していると思っているようですが、実は架空のものに付けられた名前です。なぜなら摩利支天法を行い、三、四日するとその法力により空に紋が現れますが、雉《きじ》の羽を付けた萩の矢を桑の弓で射かけると、紋はたちまち消失してしまうからです。本当に摩利支天が実在する神であり、仏教徒が言うように尊く由緒あるものならば、魔除けの弓矢に射られてしまうはずがありません。試してみようと思われるなら、やって見せましょう」

○問「宇宙を飛行しているときに迦陵頻迦《かりょうびんが》鳥を見たことがある、と話したそうだが、その様子はどのようなものであったか」

寅吉「何という鳥か知りませんが、遠い戎の国で、白く大きな鳥をみました。羽交いのところに手がついており、その鳴き声が簫《しょう》に似ていましたので、そのことを話したところ、やはり例の仏教好きの人が、その鳥の顔は人面ではなかったかと訊ねてきました。私は違うと答えたのですが、それはきっと迦陵頻伽に違いないと、私の見た鳥に、勝手にその名をつけ、寅吉は迦陵頻伽を見たそうだと人々に話しました。そして『平児代答』に、誤ったまま迦陵頻伽の名前を記してしまったのです。

大抵はこのような次第で間違いが生じるのです。実際にその鳥を見た私でさえ、何という名の鳥だろうかと言っているのに、見てもいない人が、名の分からないものにこれと名付けて言うというのは、よいこととはいえません」

○あるとき寅吉が、レンズを太陽に向けて、板に文字を焼き付けたり、文字を書いた紙の字の部分を焼いたりして、

「不思議なことに、白い紙は焼けず、黒い墨の部分ばかりが焼けてしまう」と言った。それで私が、「それは外国の人もしているが、やはりあまりすべきことでない」と言ったときのことである。

寅吉「あちらの世界で、守札や符字などの尊いものを太陽で焼いて用いると、とても効験があります。笏に彫った太兆《ふとまに》を、空中において太陽の火で焼いて占います。太陽の火も、今ここで用いている火も、もとは同じものです。石にも木にも金にも火は含まれていますが、皆太陽の火の分かれたものです。

夏に雷が鳴るのも、このことに関係しています。夏には太陽の火が強くて密であり、宇宙に満ちています。そこに雲ができると、雲というのは水気ですから、火気がこの水気のために凝縮され、水気に包み込まれて雷となるのです。雲は皆水です。それも細かいぽつぽつの水粒です。この雲の水気に包まれた火気の、ほとばしり出たものが稲妻です。ところで雷をよくないものと思い、恐れて嫌っている人がたくさんいますが、雷というのは、これがなければ何も生まれず、人も減少してしまうことになる大切なものです」

○問「雷獣という、雷の鳴るときに雲の中を駆け、雷と一緒に地上に落ちてくる獣がいるが、この獣を知っているか」

寅吉「雷獣という獣は、日光や大山、筑波山をはじめその他の山々にすんでいます。毛の色も、虎毛のものや貉《むじな》のようなものから、黒い色のものも、まれには白い色のものもいます。その性質は獰猛《どうもう》で荒々しいのですが、どういうわけか炎天の雲を好み、雷鳴に乗じて雲の中を飛行し、雷の落ちる勢いで飛び損なうのか、雷と共に地上に落ちてしまうのです。高くまで昇って眺めれば、雲も雷も下の方に見ることになりますから、雷の鳴る様子や雷獣の飛行する様子もうかがえ、面白いものです。白い雷獣が落ちた所に、雷屎というものがあります。しかしこれが何であるかは知りません」

○問「龍を見たことがあるか」

寅吉「通り物と言われるような大きな龍の本体を、そのまま見たことはありません。しかし濃い黒雲が長く延びているような感じで火を吹き出しながら、太い尾が垂れ下がっている姿であれば、度々見たことがあります。世に龍は天に昇るといえ、これも高くまで昇ってみてのことですが、雲のない大空まで昇ってきた龍を見たことはありません。

ところであちらにいたときに、危険な目に逢ったことがあります。とある川原で、小石を拾って遊んでいたときのことです。蝮《まむし》よりも小さな腹の赤い蛇が、どこからともなく出て来ました。その小さな蛇が私の指をなめるので、何をするのだろうかと、不思議に思ってしばらく眺めていると、少しずつ私の指を呑み込み、そして川の中に引き込もうとしました。それで私は腹が立ち、蛇の頭をつかんで両手でその口を引き裂き、その蛇を川の中に投げ込みました。すると突然川に逆波が立ち、水を巻き上げて雨が降り始め、恐ろしげな様子になりました。私は足早に逃げ帰ったのですが、そのありさまを人に話すと、人々は、それは龍であると言っていました。

これに関連していまひとつ、どこであったか、遠い戎の国に行ったときのことです。田や谷間などに、大きなもので二尺ぐらい、小さいもので蜥蜴《とかげ》くらいの大きさの、角はありませんが、絵に描いた龍によく似たものが、たくさんいました。ちょろちょろとはい回り、何かを探している様子でしたが、前足で土をかき回すようにすると、そこから豆粒ほどの白い玉のようなものが出てきました。するとその玉が割れて霧がたちのぼり、たちまちあたりが暗くなりました。薄気味が悪くなり、そこを立ち去りましたが、何という生き物であったのか、それは分かりません」

○問「雲に紫、赤、青、黒などの色がある理由を、知っているか」

寅吉「赤雲は太陽の光りが映って、赤くなったものです。黒雲は雲の濃いものです。その他の色の雲は、どうしてそのような色になるのか知りません」

○問「地震の起きる理由を聞いたことはあるか」

寅吉「地震の起きる理由は聞いたことがありません。しかし大地の下に大鯰《なまず》がおり、身体を揺り動かして国土を崩そうとするその大鯰の頭に、鹿島の神が要石を突き立てられておられるので、国土が崩れるほどの地震は起きないのだ、という話が、虚妄の話であるということは聞きました」

○問「潮が満ち引きする理由を聞いたことはあるか」

寅吉「そのことも聞いたことがありません。しかしよくよく考えてみると、昼夜ごとに国土が浮き沈みするということですから、それによって潮の満ち引きが起こるのではなかろうかと思われます」

○問「世間一般に、丑寅《うしとら》〔北東〕の方角は鬼門であり、重い祟《たた》りのある方角であるという。また金神《こんじん》の祟りである、と言うこともある。この他にもいろいろと祟りについて言う者がいるが、あちらでもそのように取り沙汰することがあるのか」

寅吉「鬼門や金神の方角については、疑いの余地がないという話を聞きましたが、その他の方角のことについては、あちらの世界ではあまり問題にしません。しかし、総じてすべて人間の方がいろいろと名前を付けて祭るから、それで妖魔がその場所に住みつき、祟りをなすのであると、師匠は言っておられます」

○問「人相や墨の色、あるいはまた剣相や家相などのことを聞いたことはないか」

寅吉「まだ聞いたことがありません。しかし人相を見る場合には書物などは不要であり、人相は分かりやすいものです。というのも人間は七情〔人間のもつ七つの感情。『礼記』では喜・怒・哀・懼・愛・悪・欲、仏教では喜・怒・憂・懼・愛・憎・欲〕によっていろいろと顔色が変わるものですから、それに基づいて深く考察すれば、その時々の感情はもとより、内心の善悪までも知ることができるということです。

　また墨の色の場合も、書物は要りません。例えば一の字を書かせ、その墨の色の濃淡、筆のかすれ具合などに符丁を付け、易卜に合わせるだけでよいということです。剣相のことは何も聞いたことがありません。家相は軍陣のたて方から派生したもので、これも易卜に照らし合わせるものであるということです」

○問「あちらで常に用いる卜法はどのようなものか」

寅吉「易卜もありますが、実際に易卜を用いることはありません。いつも行う卜法で、私の知っているものもいくつかあります。まずはあれかこれか、どちらか一方に決める場合に行う卜法があります。また、卜《うらな》いを依頼してきた人の姓名を書いた紙を逆さにして焼き、その焼ける様子を見て卜う術もあります。さらには、しばらく目を閉じ、そのときに見える色からものの形や色を卜う方法、卜いを依頼してきた人に字を書かせ、その字の墨の色を見て吉凶を卜う方法もあります。また両手を懐に入れて脇の下の毛を抜き卜う術や、系卜といって績麻の先を人に持たせ、その元の方を自分の耳に当てて卜う術もあります。この他にもいろいろと異なる卜法があり、そのすべてを話すことはとてもできません」

＊――易は過去のことを見るものであり、今現在のことを見るには気安い卜法がよいという。

○問「江戸の神田鍛冶町に、現に今も生きている人で、天狗庄五郎という者がいる。この人はまだ若かった頃に異人に誘われ、二、三年あまりも帰ってこなかった。その後帰ってきてからは、呪禁や祈祷などによく効験があり、なかでも卜いを得意にしていた。

　その卜い方は、卜いの依頼者を向かいに座らせ、天目茶碗に水を入れて両手に持ち、目の高さあたりに捧げ、向かいの依頼者の顔を念入りに見、そして捧げた水を見て卜うというものであった。初めは的中しないということはなかったが、色欲に溺れた後はこの卜いの術も何も効かなくなったという。このような卜い方を知らないか」

寅吉「山人ごとにそれぞれさまざまな卜法がありますから、その方法もきっとどこかの山人に習ったものでしょう。私はまだその方法を見たことがありません。しかしそれと似通ったものとしては、鏡卜という卜法があります」
○問「その卜法は、どのような方法か」
寅吉「その方法は、まず古い良い鏡を左右の手に一面ずつ持ちます。そして卜相する人の面相をよく見て現在のその人のことを知り、右手の鏡にその顔を映して来年のことを知り、右手の鏡に映した顔を左手に持った鏡に映して、三年目のことを知るのです。人相の卜法として、これほどよい方法はないのですが、私はまだ詳しいことは知りません」
○問「口寄せをする市子《いちこ》〔死者の霊を自分に乗り移らせてその意中を語る職業の女。梓巫《あずさみこ》。いたこ〕などの仕業をどう思うか」
寅吉「あれは犬神法という邪法です。山にいたとき、同門の友だち二人と一緒に見回りをしていて、ある家で市子を招き、口寄せをしているところに出くわしたことがあります。老若男女合わせて四、五十人ほどが集まり、いろいろと訊ねては泣いていました。私たち三人はそのそばで様子を見ていたのですが、市子の腰のあたりに、何やら大切そうにしている箱がありました。私が、『あの箱の中を見てみたいな』と言うと、一緒にいた者が、『あそこに喧嘩《けんか》を引き起こし、その騒ぎの隙に、箱を壊して中を見せてやろう』と言って、喧嘩を引き起こさせました。そうして人々が互いに殴り合ったり、つかみ合ったりし始めた騒ぎに乗じて、その箱を踏み砕くと、箱の中から犬の頭蓋骨がころがり出てきました。ちょうど頭蓋骨の下顎のところを踏み砕いていました。

さて喧嘩が静まった後、その家の主人が、犬の頭蓋骨を見つけ、どうしてこんな穢らわしいものがここにあるのだろうと言って、その骨を家の外に蹴飛ばしました。それを見て市子はひどく泣きわめきました。口寄せで泣いていた老人たちは皆怖がって逃げ出し、泣いていた若い者たちはつかみ合いをして、口寄せをめちゃくちゃにしてしまった様子は、本当に面白いものでした。

さてこの後で、『どうして市子は犬の頭蓋骨など持っていたのだろう』と私が訊ねると、同門の友だちが、こう聞いたと教えてくれました。

市子の方法は犬神法である。そのためにはまず白い大きな、それも非常に強い犬を捕まえて、穴を掘って頭だけが出るようにして土中に埋めてしまう。そして犬の鼻先から三尺ほど離して、飯や魚などの餌をたくさん置き、しきりに食べたがっても匂いだけをかがせて食べさせず、数日放置しておく。すると犬の身体の精気が皆頭に上がり、目鼻から血を流したりするようになる。そのときを見計らい、私に仕えて、必要なことをちゃんと教えるならば、神として祭り、日々このような食事を与えようと、犬に言い含めて、犬の頭を切り落とし、人に分からないように四辻に埋め、百日ほど人に踏ませてから掘り出し、箱に納めて日々祭っておく。すると口寄せのときに、犬の霊が人々の家に行き、その様子をかぎ出してきて告げてくれる。市子がそれを口にすると、聞いている者はしきりに悲しくなり、信じてしまって泣くことになるのであると。

しかし泣くことは天下にとって不吉ですから、とかく人を泣かせる市子という者は、実に不吉な者です」

○問「犬神法というのは、天竺の法か、それともこの国のものか。誰が始めたと言われているのか。また四国に、犬神遣いというものがあるというが、同じ法だろうか」

寅吉「犬神法がもとはどこの法かということも、始めた人のことも聞きませんでした。四国のものは犬神遣いとはいっても、オオサキ狐というものを使うと聞きました」

○問「泣くことが天下の不吉であるというのは、どういうことか」

寅吉「小さな子供であれば仕方ありませんが、大人は泣くべきではないということです。なぜならば、神々は泣き声を耳にされると、耳をおふさぎになってしまわれますから、天下にとって不吉なことになります。それゆえ正しい山人は、殊のほか泣くことを嫌います。女はまだしも、男はできるだけ泣くものではないと、師匠に教わりました」

○外法のこと□□□□□□□□□□□□□□□□□小嶋氏の家で、主人が寅吉に一夜鮨〔鮎の腹に飯をつめて重しをし、一夜で作る鮨〕を差し出し、「悪い鮨だが」と言って挨拶された。すると寅吉が、「悪い、というようには言わないものです」と言ったので、その理由を訊ねた。

寅吉「悪いという言葉は、できるだけ使わないものです。特に悪い天気であるなどと言うのはよろしくなく、よく雨の降る天気であるなどのように言うべきであると師匠に教わりました」

○またある人が、結喉《けっこう》のことを指して咽仏《のどぼとけ》と言ったのを聞いたときのことである。

寅吉「俗世間の人は咽の骨のことを咽仏と言いますが、私のいた山では咽神と言います。同じように米のことを菩薩《ぼさつ》とも言うが、神と言う方がよいと、師匠が言われました」

○寅吉がこのように言うのを聞いて、傍にいたある人が、

「咽仏や菩薩と言うのは、一般に言い慣れているから、聞き苦しくはないが、咽神と言い、米を神と言うのは奇妙に

聞こえる」と言った。

寅吉「それはよろしくない心です。よい言葉は始終用いて、世の人々がおかしく思わなくなるように、言い広めるのがよろしいのです」

○問「あちらの世界にも忌み言葉として、病を休《やすみ》と言い、泣くを塩垂《しおた》る、死を直《なお》り、墓を土塊《つちくれ》、血を汗、仏を中子《なかご》、僧を髪長《かみなが》、堂をあららぎなどというように、よい言葉にかえて言うことはないか」

寅吉「そのようなこともあるかもしれませんが、私は気づきませんでした」

○問「おまえの師匠は、不動法、陀祇尼天《だきにてん》法、聖天法、摩利支天法、飯綱《いづな》法その他、仏道から出たさまざまな法を行われることはないのか」

寅吉「師匠も今言われた種類の法を行われることもあります。しかし、本当のところをいえば、それらの法は、存在しないものに名前を付けて、観音、不動、摩利支天などと称するもののゆえ好ましからぬ法であり、まして陀祇尼天、飯綱、聖天などの法は、天狗や狐、妖魔の類を祭って使う法であってみれば、実際は行うべからざるものであると、常に師匠は教えられています」

○問「師匠が、実は行うべき法ではないと教えながら、その種の法を行われている、というのは納得できない。どういうことであるのか」

寅吉は顔色を変え、むっとした様子で答えた。

寅吉「陀祇尼天法や飯綱法は、狐や天狗などを使う法ですから、私の師匠のような方が行うことはありません。ただ聖天法は、時々行われることがあるということです。なぜかといえば、聖天は世に災いをなすものであり、一名を障碍神《しょうげ》ともいう妖魔の首領ですから、災いをなさしめないように、師匠はその法を行うのです。世の修験者たちのように、利益のために行う法とは、大いに異なります。

というのも、師匠の本行は、ひとえに善事を行い、天下泰平、万民繁栄を祈り、ついには真の神となるためのものです。それゆえ師匠は、神道を根本に据えておられるのです。その上で、世間一般にあってと同じように、仏道から出た法も行い、両部を取り入れて神壇の他にいわゆる須弥壇《しゅみだん》〔仏像を安置する壇〕をも構え、仏法にそった祈りをもして、この世にも自分の行にも、災いを生じさせないようにしているのです。けれども世の人々は、この国の神ではない仏のようなものを多く信仰し、これをもっぱら祈り祭っています。それゆえ神を粗末にすることが始まり、神には威霊がないかのようになってしまっていると、師匠は常々そう言っておられます」

○問「世の修験者などが利益のために行うという聖天法とは、どのようなものか」
寅吉「いわゆる浴油の法です。まず聖天がどのようなものかといえば、着飾った象頭人身の男女が抱き合っている、非常に妖しげな、交合の銅像です。それゆえ歓喜天《かんぎてん》とも言うそうです。

このような聖天の像を油煮にして、一心に祈祷し、修験者の指の血をそそぎ入れた団子を供物にします。そして小麦粉で聖天の像を作ってこれもまた油煮にし、供物の団子と一緒に食べると、聖天と一体になり、願望が成就するという法だと言うとのことです。修験者の験徳が優れているときには、聖天が必ずものをす。このような悪法ゆえに、これを行う人々はしばらくは幸を得ることができますが、ついには身の災いとなります。このことは、人々が皆知っている通りです」

＊――アミダの体に針が生えたということ。

○この後のことである。寅吉が人に頼まれて、寄祈祷というものを行ったが、どのようなものか聞いていると、いわゆる六根清浄の祓詞を読み、十一面観音の真言を唱えて寄本尊とするというものであった。それで寄祈祷が終わった後で、私はこう訊ねた。
「先だって、観音というものは存在しないものであり、ただ像を作ってそう名付けているに過ぎないと言っていたのではなかったか。それなのに、その観音を寄本尊に仕立てて祈るというのは、理解に苦しむ。そのように存在しないものが寄って来ることがあるのは、どういうことか」

寅吉「師匠に聞いたことですが、一般になぜ寄祈祷を行うかといえば、これは一体どうなるのだろうと、人の心に捉えがたいことがあるときに、神に訊ねて知ろうとして行うのです。そのためのものであれば、神を呼び寄せて伺いを立てるのが本来なのですが、神を呼び寄せることは恐れ多いものですから、世間の祈祷者も我々も、両部めかして不動や観音、摩利支天などを寄本尊に立てるわけです。しかしこれらは既に話したように、実は存在しないものに名を付けて像を設けただけのものですから、これらが寄り来ることはなく、その代わりに世にうろついているいろいろな霊鬼妖物などが寄り憑き、何かの験を現すことになるという話でした。

本当にその通りであると思っています。というのも、もともと私は、この法を人から教わったわけではありません。あるとき冗談半分に、寄人を立ててしばらく祈祷のまねをし、とりとめのないことをいろいろと唱えてみたことがありました。ところが何かわけの分からないものがその人に寄り憑き、験を現したのです。それで驚いて師匠にそのわけを訊ねたところ、師匠は今述べたように言われたのです。

　このことがあってその意味を理解してからは、この祈祷を行って、人なみに観音や不動、摩利支天ほか、何であれ両部めいた真言を唱えて祈ると、十回のうち七回までは、何であるのか何かが寄り憑いてきて、験があるようになりました。たとえ妖鬼が寄ってくるのであるとしても、病人などのことについて、この病が癒えるものならば寄人の持つ幣を左に上げたまえ、癒えぬものならば右に上げたまえ、などと祈ると、その言葉通りの験があるものですから、人のためにもなることであり、人から頼まれれば、祈祷を行うことにしているのです」

　私は寅吉のこの話を聞き、その考えを褒めた。そして『古史伝』に記した、久延毘古《くえびこ》の神は歩くことはできなくても天下のことをことごとく知るという条についての記述を、寅吉に読み聞かせた。寅吉は非常に喜び、「今の話で、寄祈祷に効験があることの理由が、よりはっきりと確信できました」と言った。

○この後のこと、寅吉はあちらこちらから呪禁や祈祷などをたくさん頼まれたにもかかわらず、それを行おうとはせず、ただ遊び戯れていた。それで私は傍らから、早くやってはどうだと促した。けれども寅吉は、「はい」と頷くだけで、後は「蜜柑《みかん》が欲しい、椎《しい》の実が欲しい」とねだり、頼まれた呪禁祈祷のほうは、「明日やります、明後日やります」などと言って引き延ばした。私はどうしてなのか、その理由を訊ねた。

寅吉「加持呪禁などを、世の人々は大変好むようですが、私はそれほど気が進みません。それで遊びたくなるのです」

○私は寅吉がこう言うので、再度その理由を訊ねた。寅吉はにじりよってきて、こう答えた。

寅吉「加持呪禁など、随分と効験のあるものも、その多くは両部の法であり、正しいと思われるものは少なく、それゆえ私の心にはそぐわないのです。けれども人の頼みですから、これまでは仕方なくやってきました。しかしたとえ人の頼みでも、自分の心にそぐわないことをするというのは、気分の良いものではありません。

　それに、病には薬を用いることほど適切なことはないのに、加持呪禁の類をまず第一にするというのは、愚かなことです。良い医者にかかり、薬の服用を第一にして、その上でその薬が効きますようにと、神々に祈るべきなのです。加持呪禁にはしばしば効験があるのを、行う人の一念と受ける人の信仰とによるかのように思われていますが、そうではなく、これも世に多くいる鬼物の類が与える効験であろうと思われます。というのも、ある田舎の人が胸が焼けると言って苦しんでいたときに、私がほんの戯れに加持をするまねをして、胸に龍吐水《りゅうどすい》〔箱に入れた水を手押しポンプで噴出させる消火用具〕を描き、そのわきに分からないように『十人火けし』と書いたところ、即座に治ってしまったということがあったからです」

このとき私はこう話した。「加持呪禁の法の類の多くが両部めいているゆえに、心にそぐわないということや、薬を服用して、その効き目があるようにと神に祈るべきであるということなどは、まさにその通りであろう。しかし病気には薬を第一にするというのは、感心できない。なぜかといえば、おまえも知っていると思うが、神代の巻にも、大己貴命と少彦名命の二神が呪禁と薬とをお始めになられたと記されており、上代においては呪禁が第一であったのである。とすれば、今伝わっている呪禁のなかに仏法の技も混じってはいるが、それを取捨選択して上代の正しい呪禁を求め、そしてそれを第一にし、薬をその次とすることこそ、真の道である」

寅吉は感心して聞いていたが、後にまた屋代翁もこの意見に言及し、「わしはたとえ両部の法であっても呪禁を第一にし、薬を次にするというほうが望ましいと思う。というのも、呪禁は両部であっても、行ったからといって身体に害を及ぼすことはないが、薬は服用を間違えると人に害をなすことが多いからである。だから古人も、薬を用いないならば、それだけで名医ではなくても中ぐらいの医者ではある、とも言っているのだ」と言われた。寅吉はますます感服していた。

○ある人がふざけて、「わしはもうこの世に住み飽きたから、山人になりたいと思う。だからおまえが山に帰るとき、どうかわしも連れて行ってくれないか」と寅吉に言った。

寅吉はそれを真に受け、居住まいを正して答えた。

寅吉「それはもってのほかのことです。神を別とすれば、世に人ほど貴いものはありません。それなのに、山人や天狗などの世界のことを聞き、羨ましく思うのは、心得のよからぬ証拠です。人はこの世に住み、この世の人としてなすべき当たり前のことをして一生を終わるのが、真の道です。山人や天狗などは何でも自由自在であるというだけのことで、それゆえに山人には日々またいろいろと行うべき行があって苦しく、天狗にしてもまたさまざまな苦しみがあります。ですからあちらの世界ではあちらで、人というものは楽なものだと、いつも羨んでいます。こちらではあちらを羨み、あちらではこちらを羨むのも、これは皆その道に入ったことがないがゆえに、そう思うだけのことです。人と生まれたからには人の道を守って、人以外のものであることを願うべきではありません。

私の師匠をはじめ山人や天狗となった人々は、何かそういう因縁があって山人や天狗になったはずです。私などの場合も、子供のときに思ったことをいつまでも思い続け、また願ってもいなかったのにあちらに連れて行かれたことなどを考え合わせれば、何か決まった因縁があるように思われます。己の身でありながら己の身のことさえ知ることができず、今日明日にも迎えが来るのか、このままこちらに居ることになるのか、それも分かりません。それゆえ時々このようなことをあれこれ考え出すと、私がこうなったのも善いことなのか悪いことなのか分からず、身の毛がよだつほど恐ろしく思うことも、また夢のように思うこともあります。ともかくもこのようになってしまった以上は、天道様の御指図次第と、あるいはまた師匠の心次第とすっかり任せています。

ですから自ら好んでそうなりたがるなどというのは、要らざることです。それよりも人間相応の勤めを第一にし、身の行いを正しくして、死後には神になれるように、心をきっちりと定めることが肝要です。このことに限らず、一体に人以外のものであることを願うというのは、よろしからざることです。

ついでですから申しますと、世の人々が仏法を信じて、己の身の貴さを考えずに卑しい仏になりたがるというのも、人以外のものであることを願っているということです。この国は仏国ではなく神国です。己も人も貴い神の末裔なのですから、いかにしても神になろうと心掛けるべきなのです。あちらこちらの社に祭ってある神々の中にも、元は人であった神が多くおられます。神が尊く仏が卑しいということは、この世間にあっても貴い人や優れた人を指して、何々大明神などと呼び、神として祭ることはあっても、何々仏と言って祭ったりはしないという、この一事をとってみても分かることです。

それなのに仏になりたがる人がいるのは、山人や天狗になりたがるのと同じことで、心得違いです。いくら坊主が戒名を付けたとしても、天竺の仏の末裔ではない以上、仏になることはありません。人は神の末裔ですから、善くも悪くも神になるのです。それは桃の実から桃の木が生え、梅の実から梅の木が生えるのと同じ道理です。

ですから人は一生涯、善念を立て通して善神となるのが人の道です。世間では最後の一念によって善悪どちらかの生になると言ったりしますが、生涯を通し一念を貫くのでなければば、その生を決めるというほどには、最後の一念も通らないものです。生涯を通しどこまでその一念を固めたか、それによって神にでも何にでもなれるものなのです。私は師匠からこのように聞いています。そして師匠が言われるには、何事であっても成就しないかもしれないと思ってはならず、何であっても成就すると思ってなすべきであると、何であれ自分で必ずできると思ってやれば、できないことはないということです」

○またある人が、「おまえの師匠の杉山山人は、本当に神通自在であり、身の徳も類ないものに聞こえる。だから杉山山人の宮を構えて祀りたいと思う。どうか霊代《たましろ》の幣を切ってくれないだろうか」と言ったときのことである。

寅吉「そういうことは、絶対になさらないでください。というのも、私の師匠は何か思うところがあるらしく、その徳を深くひそめて身を隠し、そして山人となっているのです。人に拝まれ祭られることを、全く好まれていません。

だから私が下山するときにも、世間一般の人には岩間山で使っている名前だけを言い、真面目な思いから訊ねる人であっても、雙岳古呂明という号までは話しても、決して実名は明かしてはならないと、堅く戒められました。それゆえでしょうか、思いがけないことに、山にいたときははっきりと知っていた師匠の実名が、今はどう考えても思い出せません。はっきりと覚えているのは、ただ某王とかいう名で、兄弟ともに三千余歳の人であったということだけです。師匠はこのような古の人ですから、昔の戦のあった時分のことや、頼光や義経などのことも、まるで最近の出来事であるかのように言い出されることが時々あります。

ところでこれは私の考えですが、師匠が祭られるのを好まれないのは、自分を拝み祭ったりすることが、世の人々が神を粗略にすることの一端にもなりかねないとお考えになってのことではないかと思われます。というのも常日頃から師匠は、世の人々が仏を尊んだり天狗に祈ったり、さらには何か少しでも不思議なことがあると、鳥獣木石であれ祭ることを嘆かれています。そしてこのようなものを崇めるゆえに、それに心が移って神を粗略にすることになるのであると、もし何か崇める必要があるとしてもそのときだけ祭り、また祟らないように和らげもして、祭り過ぎないようにし、祠なども数多くは作らぬようにしたいものであると、言っておられるからです。

また天狗を信仰するのもよいことではありません。まして鳥獣木石などを祭ると、すぐに邪な天狗や妖魔やさまざまな物怪が寄って来て、願い事をかなえてみせます。縁切り榎《えのき》、首絞り榎などといいますが、これらも皆、このような物怪が寄って来て現す効験です。『鰯《いわし》の頭も信心から』というように、藁《わら》人形に祈っても、たちまち物怪が寄って来ます。実に嫌なことですが、人々はこのようなことを知らず、悪魔はこのようなことがあるようにと、いつも隙をうかがっているのです。何か効験がありさえすれば善いことのように人は思っていますが、正しい神がおられるのに、正しい神を差し置いて悪魔を尊び拝むことは、やがて魔縁となるということをわきまえない、浅はかな所業です」

○またある人が、「神は尊く、仏は卑しいというのはなぜであるのか」と訊ねた。

寅吉「神が尊く、仏が卑しいものであるということは、何もわざわざ人に訊ねなくても、各自がそれぞれ心の中で考えてみれば分かりそうなものです。この世間のありさまをよく見てごらんなさい。この天地がまず測りがたいものであることをはじめとして、四季が移り変わり、雨が降り風が吹き、人は無論その他にも草や木、鳥、獣などいろいろなものがあり、春には草木に花が咲き、秋には実が生り、そのほか種々さまざまなことがあるのは皆、神の御仕業です。そうである以上この天地も、神のお造りになったものであることは明らかです。仏は釈迦が初めであり、神よりはるか後の人物であると、師匠に聞きました。とすれば、釈迦も神の御徳によって生まれたに違いありません。

神が本であり、仏は末であるということの証拠を、身近な例を挙げていえば、日照りや長雨が続くとき、神に祈って雨を乞い晴れを願うと、その兆しがあります。このことから雨や風、日照りや長雨を、ともに神が司っていることは明らかです。雨や風や日照りや長雨などが皆、神の御仕業であるからには、この天地をはじめ人も鳥も獣も何もかもすべてが、神の御徳によってできたものであるということに、間違いはありません。坊主や山伏がお経を読んで雨や日照りを祈ったところで、仏前でお経を読んでいるだけでは、雨の一粒も降ることはありません。ぜひとも神降しをして祈ることです。

これで神が尊く、仏が卑しいことはお分かりになるでしょう。特に仏道がよくないと思われる点は、男女の道を絶っていることです。魚や虫から鳥、獣に至るまで、この道のないものはありません。それなのに世の人々が皆仏道の通りにしてしまったら、人が絶えてしまいます。ですから仏道は、人を増やそうとしておられる神の御心に反するものです。だから坊主たちも顔付きはこのように筋の通らぬ逆道です。仏道だけは立派ですが、その中身を見れば、男色女犯を犯さず肉も魚も食べずにいる者は、百人に一人もいません。

仏道を逆道であるというと腹を立てる人もあるでしょうが、神国の道が既に立てられているところに横合いから入って来た道ですから、やはり仏道は邪道であり魔道です。だからどうであろうと私は、十四、五回も気高い人間に生まれてきて、仏道がすべて亡び、神道のみになるのを見てみたいと心から願っているのです。十四、五回も生まれてくるとすれば、千年ぐらいは経ちます。その間には仏道も亡びることでしょうから」

○寅吉がこのように言うので、私はこう批判した。

「神が尊く仏が卑しいという理由も、もっともな考えに聞こえる。また仏道にあって男女の道を絶っているのは本来の道ではないということも、もっともに思われる。しかしそれならば、山人とはいえおまえの師匠も同じ人間であるのに、なぜ男女の交わりをしないのか。それでは仏道を用いているようなものではないか。また十四、五回も生まれてくる間には仏法も亡びそうなものだということも、私には理解しがたい。そのように自由に生まれ変われるものではないだろう」

寅吉「私の師匠をはじめ、山人に男女の交わりがないのは、山人のしきたりです。男女の交わりをなすと、自在の術を得ることができず、長生きもできないがゆえに、絶つのであると言う人もあります。きっとそのためなのでしょう。人でありながら人の道を絶つのも、山人となった因縁であろうと思われますが、いずれにせよ山人は、日々に大地が豊かになり、人が増えるようにと、神前で鈴を振って祈っています。このことを考えれば、山人が男女の交わりを絶つのは、仏法によることではなく、何か他の深い理由があってのことであると思われます。

ところで十四、五回生まれ変わることも、その生涯の一念を貫き通して、生を引き寄せることによるのです。仏法の現在の様子からすれば、決して滅びることがないように見えますが、天地自然の道ではなく人の作った道である限り、いずれは滅びる時節が来るものであると聞きました」

○問「瘧《おこり》神、疫病神、貧乏神、疱瘡神、首絞神、火事などというようなさまざまなものがあり、世の人々に災いをもたらしている。これらはどのようにしてできたものか、師匠から聞いたことはないか」

寅吉「それらはすべて人の霊からできたものです。この世に人としているときに、心の修め方の善くない者たちがそれらの群れに入るという話です。妖魔は言うまでもなく、そのような鬼物どものすべてが、世の人々を一人でも多く己の群れに引き入れ、同類を増やそうと、それぞれに片時も間を置かず、うかがっているのです。

このことから言っても、人はわずかであっても曲がった気持ちを持ってはならないのです。たとえ徳行を積んだ善人であっても、邪な曲がった気持ちを一瞬でも持てば、日々の徳行は水泡に帰してしまって、その悪念は消えることなく、やがて妖魔に引き込まれる縁になるという話です。そう思うと気の毒でならないのが、極楽へ行こう行こうと思っている人々です。死んでみると極楽などはなく、うろたえてしまい、そのうちに悪魔やその他の妖物に目をくらまされて、心ならずもその仲間に引き入れられてしまうのです。本当に哀れな話です」

○またある人が、こう訊ねた。

「おまえは神道を尊び、仏道を卑しく邪なものであると言うが、神はそれほども仏を嫌っておられないようで、仏道はこのように世に広まっているし、僧の仕えていない神社というのもまれである。あまつさえ神の本地は仏であるという説もあり、神前でお経を読み上げ、護摩を焚くことなども、神はそのままに許容されている。これをどう思うか」

寅吉「確かにおっしゃるとおり、現状を見れば、神々は仏道をそれほど嫌っておられないように見え、あまりに御心が善すぎるようで、歯がゆく思われます。どうして激しくお怒りになり、仏道の穢れをお退けになられないのかと、腹立たしくなります。しかしよくよく考えてみれば、神はおおらかにあられまして、少しも構うことなく、ただただ御自身の持前の功のみを成して、鎮座しておられるのであろうと思います」

○ある日私の家に人々が集まり、あれこれといろんな話をしているうちに、ある博識ぶった人の噂話になった。その人は、神道は非常に小さな道であると言うが、それほどでもない学識をとても優れているかのように自慢するとは、慢心している男に違いないなどと、あれこれ言い合っていたときのことである。

寅吉「総じて学問は、魔道に引き込まれることであり、まずはよろしからぬものです。というのも、本当は学問をすることほど善いことはないのですが、道の真実の至極に至るまで、学べる人がいないからです。大抵は中途半端に学問をし、書物をたくさん知っていることを鼻にかけて書物を知らない人を見下し、神などは存在しないとか、仙人や天狗はいない、不思議なことはない、そのような道理はありえないなどと言い、我意を張ることになります。これらは皆、中途半端に学問を頼む高慢さで、心の狭さから来ることです。書物に記されてあることでも、実際に見てみれば違っていることはいくらでもあります。

一般に高慢な人は心が狭く、ついには悪魔や天狗に引き込まれて責めさいなまれることになる人です。あちらで聞いた話ですが、何とかいう名の大きな鳥が、自分ほど大きなものはないだろうと思って出かけ、飛びくたびれて下に見えた穴に入り、翼を休めようとしたところ、その穴がくしゃみをし、誰だ、おれの鼻に入って休む奴は、と言われ、肝をつぶしたということです。

人間ほど貴いものはありません。人間より下のものを見れば、少しずつ卑しく劣っているものが段をなして順にあり、どれほどの階層があるのか、計り知れません。それは顕微鏡でものを見ても分かるでしょう。蝿は小さな生き物であると思っていると、その蝿に羽虫がたかっています。とすればその羽虫に、さらに小さな羽虫がたかっているかもしれません。

同じように人間より上の尊く優れたものが、また階層をなして何百と、限りなくあるはずで、この天地も何もかもが、名前も知らぬ神の腹の中にあるのかもしれません。人の腹の中にもいろいろな虫がいることを考えてみればいいでしょう。高慢なことは、せめて大空の果てがどこであるのかという程度のことは知っており、そして自由に行き来できるぐらいの器量がなくては、言えないものです。

何にせよ、慢心や高慢ほどよろしからぬことはありません。それは魔道に引き入れられる縁になります。だから顔のきれいな人や諸芸の達人、大金持ちなども皆、慢心や驕りがあるゆえに、多くは魔道に入ってしまいます。また坊主は、大抵卑しい身分の出でありながら高位の者となり、人々に敬われるものですから、皆驕り高ぶる心ができ、大抵は魔道に入ってしまいます。わけても金持ちが、際限なく欲深く蓄財するだけで、世のために金を使おうとしないことを、殊のほか神は憎まれていると聞きました。金持ちが自分のところに金を集めてしまうものですから、貧乏人が多くなってしまいます。世の人々が各自それぞれに、暑すぎもせず寒すぎもせず、ただ食べて着て住むことができる程度に金を持ち、欲深くしなければ、世の中は平和に行くものなのです。

金持ちは金をしこたま貯め込み、これはおれのものだと思っているようですが、よくよく考えてみれば、自分のものなどは何一つなく、何もかもすべて天下様のものなのです。金銀も天下様の使われる世の宝であり、食べ物や着物は天下様の地にできたものです。家もまた天下様の地にあります。身体でさえ、天下様の地に生まれた天下様の人であってみれば、自分の身体であるとはいえません。金銀その他、何をたくさん持っていたところで、死ぬときに持って死ぬことはできません。それなのにこのようなことを何一つわきまえず、考えもなしに欲を深くし、物持ち金持ちになりたがる人は、死んでもその心が消えることはなく、人のものを集めて欲しがる鬼物になるということです。これはもう魔道に陥っているのです」

神童憑談略記

この一巻は、神童寅吉に関する事実の略記である。寅吉の物語の記録としては、先生の草稿がある。しかし先生は思うところがあると言われて、草稿のままに止めて公開されず、誰にもお見せになることがなかったが、この度先生のお許しを得て、私はその記録を見せていただいた。というのも、私は、本来お上に仕える身ではあるが、まだこれといった勤めもないので、先生の年来の教え子として、殊のほかの先生の厚遇をよいことに、毎日先生のもとに参上し、朝から晩まであれこれ学んでいるからである。

また私は、寅吉の話を直接に聞き、その日頃の行いをも間近に見ていた者である。学びの手引きとなったことも多くあり、このままにしておくのも惜しく、また同じく学に志す者たちに知らせたいと思うこともある。それで先生の記録を見せていただいたのを機に、まずは神童寅吉に関する事実の概略をいささか書き記したものが、この一巻である。なお詳細に関しては、先生の記された記録が世に現れるのを待ち、先生の記録を読んでいただきたい。

竹内孫市健雄記

文政三年庚辰《かのえたつ》の年の十月一日、午後四時頃であったか、屋代翁が先生の所に不意にやって来られて、先生にこう言われた。

「山崎美成の所に、久しく神誘いを受けてその従者となっていた童子が、この九月の初めから来ており、天狗から習い受けたという呪禁や占いなどをしているが、霊験あらたかである。またあれこれと話すあちらの世界のことを聞くと、あなたが以前から考えておられた説と符合するところが多い。わしは今から美成の所へ行き、その童子に会っていろいろと質問してみようと思っている。よければご同行されませんか」

先生は、以前からいつもそのような人物に直接会い、問いただすことができればと思っておられたことがあれこれとあり、とても喜ばれた。それではと、取るものも取りあえず、屋代翁について出かけられた。

その途中で、先生はこう訊ねられた。

「天狗に誘われた者は、その言行が曖昧で確かではなく、特にあちらの世界のことについては秘密にして、はっきりとは言わないものですが、その童子はどうですか」

「世に知られている天狗に誘われた者の多くはそのようですが、その子は、何でも包み隠さず話すということだ。別の所で天狗に誘われた者も、隠すことなく話していたと聞いた。昔は、あちらの世界のことが世間に洩れることを避けていたようであるが、近頃はあちらの世界のことをそれほど隠さなくなったように思われる。いろいろと質問して、忘れず書き留めなさるとよい」

屋代翁は繰り返し言われ、先生も同意された。そして先生はまた心の中で思われた。こちらの世でも昔は全く秘密にされていた書物や物事の多くが、今では公開されている。そしてなかなか知ることのできなかった神世の道のこまごまとしたことも、次々と明らかになってきた。また諸外国の考えや事物、器具なども、年とともに世に知られるようになってきている。これらのことも考えてみれば、これもすべて神の御心で、隠されていた天狗界のことまでもが、この世に明らかに知りえる機運が巡ってきた、ということではなかろうか。先生があれこれと思いを巡らしているうちに、程なく美成の家に行き着いた。

＊――美成は長崎屋新兵衛という薬屋で、家は江戸の下谷長者町という一画にあり、先生の今の家のある湯島天神の男坂下からは十町ほど離れている。屋代翁の家と美成の家とでは、五町ほど離れている。

幸い主人の美成は在宅であった。美成がその童子を呼び出し、屋代翁と先生に引き合わせた。しかしその童子はお二人の顔をつくづくとながめるだけで、お辞儀をしようともしなかった。屋代翁も先生も、「始めまして」と挨拶されたが、それに答えることもできなかった。それでそばにいた美成が、「お二方にお辞儀をしなさい」と言うと、その童子は何ともぎこちなくお辞儀をした。そしてなおまた先生の顔をためつすがめつ見て、「あなたは、厚く神を信じておられる方のように見えます」と言った。先生は驚いて、「神を信じることは善いことか悪いことか」と訊ねた。するとその童子は、「とてもよいことです」と答えた。

憎気のない普通の子供で、歳は十五であると言ったが、十三歳ぐらいに見えた。眼は人相家が下三白と言う眼で、常人より大きく、眼に光があって非凡に見えた。脈をとり、また腹部を見てみたところ、腹は堅く引き締まっていた。脈は身体の主要三箇所のうち手首の脈が大変細く、六、七歳の子供の脈のようであった。

江戸の根津七軒町にいた越中屋与総次郎という者の次男で、名を寅吉という。父の与総次郎は煙草を売っていたが、今から三年ほど前に亡くなり、その後は十八歳になる兄の庄吉がほそぼそと商いをして、母と幼い兄弟を養っているという。

*——神童の親や兄のことは、後で先生が母親と兄にあれこれ質問して分かったことである。母親が言うには、寅吉は文化三年寅年の十二月晦日に生まれ、生まれた年も日も寅であったので、寅吉と名付けたという。寅吉は五、六歳の頃から、何か事件が起きる前に、今夜はこういうことがある、明日はこういうことがあると言い当てることがあり、変わった子だと思っていたという話であった。

さて先生に、天狗に誘われたきっかけを訊ねられると、神童は次のように答えた。

文化九年、七歳のときに、ふと卜筮のことを学びたいと思った。同所茅町の境稲荷の前に住んでいた貞意という易者が、当時その占いがよく当たり、はやっていた。それで貞意に、弟子入りして学びたいと頼んだ。しかし貞意は子供だと思ってからかったのか、七日間、手灯をともす行を勤めた後でやって来れば、教えてやろうと言った。親にも話さず、その夜からこっそりと手灯の行を始め、七日間勤めあげて、貞意の所に行った。けれども貞意は笑っただけで、教えてはくれなかった。私は未練を残したまま日を送っていた。

*——この易者は後に上方方面に行ったという。

そんなある日、東叡山の前の五篠天神のあたりで遊んでいたとき、五十歳くらいの薬売りの老人がいた。直径三、四寸ほどの壺から薬を取り出しては売っていたが、日暮れになり、その老人は前に並べていたものを、小つづらから敷物まで全部、その壺の中に難なく入れてしまった。そして自分もその中に入ろうとした。どうして小壺の中に入ることができるのだろうと、じっと見ていると、片足を入れたと見えるや全身が入ってしまった。そしてその壺は大空に飛び上って、どことへもなく飛んで行ってしまった。

私は不思議でたまらず、後日また同じ場所に行き、日暮れになるまで見ていたが、この前と全く同じであった。その後もまた行って見ていると、その老人が、「おまえも壺に入れ」と言った。何とも気味悪く思って断ると、老人は傍らで売っていた作り菓子などを買ってくれ、そして「卜筮を知りたければ、この壺に入ってわしと一緒に来るといい」と誘ってきた。それで私は行ってみようという気になった。そして壺の中に入ったように思うと、日もまだ暮れ終わらないうちに、とある山の嶺に来ていた。その山は常陸国の南台丈という山であった。

＊――この山は加婆山と我国山との間にあり、獅子ヵ鼻岩という岩の突き出た山である。

しかしまだ幼い頃のことであり、私は夜になるとしきりに両親が恋しく、声をあげて泣いた。それで老人は、「それなら家に帰してあげよう。しかし決してこのことを人に話すな。人に話さずに、毎日五條天神の前においで。そうすればわしが送り迎えして、卜筮を習わせてあげるから」と言い、家まで大空を飛んで連れて帰ってくれた。それから今日まで、私は老人との約束を守り、父母にもこのことを話さずにきた。

さて次の日、約束通り五條天神の前に行くと、その老人が来ており、私を背負って山に連れて行った。このようにして過ごす日が長く続いたが、いつも広小路の江口という薬店の子と遊びに行くというふりをして、家を出ていた。往来していた山は、初めはずっと南台丈であったが、いつのまにか同じ常陸国の岩間山になっていた。

そこで私は、かねてからの念願であったから、「卜筮を教えてください」と言った。すると「それはとても簡単なことだが、易卜は好ましくない技であるから、まずは他のことから学べ」と言われ、祈祷の仕方や符字の記し方、呪禁そのほか幣の切り方、文字などを教えられた。

毎日あの老人に送り迎えしてもらってのことであったが、私はこのことを、両親をはじめ誰にも以前は話さなかった。それに私の家は貧しかったから、私のことにそれほどかまうこともなく、世話をかけず遊びに出ることを結構なことに思い、何も訊ねなかった。こうして私が山と家を行き来していたのは、十一歳の年の十月までのことであった。十二、三歳の年にはそういうことはなく、ただ時々老人が現われて、いろいろなことを教えていくだけであった。

ところで父の与総次郎は、私が十一歳の年の八月から病気で寝ついていた。この父の病中に老人がやって来て、「しばらく寺へ行き、経文をも覚えろ」と命じた。それで「出家したい」と父母に願い出ると、下谷池之端の正慶寺という禅宗のお寺に出された。この寺から戻った後、次に同所の覚姓寺という日蓮宗の寺にも出され、その後また宗源寺という日蓮宗の寺に行き、その寺で私は出家した。

しかし文政二年五月二十五日に、師匠に連れられて再び常陸国の岩間山に行った。そしていろんな行を行い、また師匠に連れられて空中を飛行し、遠い唐《から》の国にまで行き、やがて師匠から、高山平馬《へいま》と名付けられ、平馬の二字の書判も授けられた。そして去年の秋の八月に、一度家に帰ってから、また師匠について東海道を行き、江ノ島、鎌倉などを見て回った後、伊勢大神宮を拝み、そのほか諸国各地を見て、今年の三月二十八日に家に帰ってきたのであった。

以上が神童の話であると、先生は語られた。

さて、その後また先生が、「岩間山という山は、常陸国の何郡にある山か」と訊ねられたところ、神童は次のように答えた。

「筑波山から北へ四里ほど離れた所で、峰には愛宕《あたご》神社があり、足尾山、加婆山、吾国山などの山並につながる笠間の近所です。龍神山という山もありますが、この山は師匠が雨乞いをする場所です。

岩間山に十三天狗、筑波山に三十六天狗、加婆山に四十八天狗、日光山には数万の天狗がいるといいます。岩間山は、もとは十二天狗でした。ところが四、五十年ほど前、筑波山の麓の狢打村に、長楽寺という真言僧がいたのです。長楽寺はいつも空に向かい、仏道のことを考えていましたが、ある日釈迦如来が迎えにきて、招きました。長楽寺は真の仏と思ってついて行ったのですが、釈迦如来に化けて来ていたのは岩間山の天狗で、長楽寺をその仲間に加え、それからは十三天狗になったということです。師匠はこの十三天狗には属さず、名を杉山ソウショウといいます」

また先生が、「十三天狗たちのことを、こちらで天狗と呼んだりすると、腹を立てないだろうか。もしかしてあちらでは、何か別の呼び方があるのではないか」と訊ねられた。神童はこう答えた。

「天狗と言われても、腹を立てることはありません。それは人間界において人のことを人間と呼ぶのと同じことです。すべて世の人は、人間界以外のものを、仙人は無論、悪魔や天狗その他のさまざまな怪しげなものの類まで、すべて皆天狗と言っています。だからそのままにしているのです。

しかしあちらでは天狗とは言いません。山人と言います。といっても十三天狗の中で、真の山人はわずか四人です。後は鷲《わし》や鳶《とび》やその他のものが化身した天狗で、これが本物の天狗です。狐・熊・猿・狼・鷲・鳶・雁、そのほか何であっても、年を経れば天狗になります。

けれども私の師匠は、何らそのような類のものではありません。どこの何という人かは知りませんが、もとは大変高貴な身分の方であり、また山人の中でも上位にいる方ですから、名も杉山ソウショウ、ワケモチノ命と言われます。ただし山人は普通の山人であっても上位の山人になると、誰も皆己の魂を祭り、ワケモチノ命と名が付きます。例えば杉山ソウシヨウであれば、杉山ソウショウワケモチノ命といい、長楽寺であれば、長楽寺ワケモチノ命というわけです。

ところで山人は上位の山人になると、各自が自分の魂を幣に留めて日々に拝み祭ります。その幣の切り方は普通の幣と何も変わりありません。ただ中心に玉を掛けます。それが魂の印であるということです。何の玉かは知りませんが、瑠璃《るり》色の玉を百十二粒、数珠のようにつなぎ、その他に親玉が二つあります。紐は白い絹の打紐で、先が房になったものです」

＊――魂を祭るにあたって玉をかけることは、古道の主旨にかなうもので、大変尊いことに思われる。

さらにまた先生が、「おまえの師匠が、龍神山で雨乞いをするというのは、理解しがたい。あちらの世界では、田畑を作るということもないだろうから、長雨の苦労も日照りの苦労もどちらもなかろうと思う。どのような心づもりで雨乞いをするのか」と言われた。すると神童は、侮蔑の笑いを浮かべて言った。

「そのような根拠のないことを考えるのが、人間の心というものです。神は言うまでもなく、山人であっても、世の中が悪くてよいわけはありません。それゆえあちらの世界にあっても、人間界についての祈りが肝要なのです」

さて十月十二日、美成に連れられて、神童が先生の家にやって来た。ちょうどそのとき幕府御用鉄砲鍛冶《かじ》職の国友能当《くにともよしまさ》が来ていた。能当が「山にも鉄砲はあるか」と訊ねた。「鉄砲もあります。また火を使わず、空気で打つ鉄砲もあります」と、神童が答えた。

能当は大変驚き、「それは空気銃というものだ。人間界にも、あることはあるが、もとは西洋で作られたもので、少しも役に立たない。それで私があれこれと考えて製作してみたが、山のそれはどのようなものか」と訊ねた。

神童は、これこれしかじかのもので、などと口で説明したが、能当はなお納得できない様子で、その後も度々質問し、また図などを書かせ、いろいろと工夫して、ついにその図面を作り上げた。そして能当は、「これは私の作ったものよりも、はるかに優れている。なかなか人智のおよぶものではない」と深く感心していた。

＊――この空気銃については、先生の記録にその図まで記されており、大変詳しくうかがえる。

この後でまた、神童を先生の家に招いたことがあった。そのとき井戸十三郎の屋敷と思われるが、隣の家の、俗に言うはご猟のしかけに、何という鳥であるのか、小鳥がかかっていた。それを見て神童が、「これは面白い。鳥もちから放して、鳥を逃がしてやろう。茶碗にきれいな水を入れて、持ってきてください」と言った。

皆は寄り集まり、「たとえ神童であっても、それは無理なことではなかろうか」などとささやきあったが、そうとはいえ神童が要求するので、水を与えた。すると神童は呪文を唱え、その水を鳥にそそぐまねをし、息を吹きかけたりして、「この息があそこに届けば、この鳥はしだいに鳥もちから放れて飛んでいくでしょう」と言った。

先生をはじめ誰も信じられない思いでいたが、まさにその言葉通り、やがて鳥は上の枝から垂れ下がって中程の枝にかかり、そしてさらにまた下の枝に離れ落ち、それから羽づくろいをして飛び去っていった。これは私が目の当たりに見たことであり、決して作り話ではない。

さてそれから□月□日に、再びまた先生の家に神童を招き、山で楽器として用いるという笛を作らせていたところ、突然美成のもとから迎えの者が来て、神童は笛を完成させることなく帰ってしまった。

この後のこと、神童が先生の家の門の前を飛ぶように走っていったと人から教えられ、私はすぐに走り出し、追いかけて捕まえた。そして無理にでも先生の家に抱え入れようとしたが、神童は「急ぎの用があって親許へ行く途中ですから、立ち寄ることはできません」と言って抗った。それで私は、「それはどのような用事か。私が行ってその用事を果たしてきてあげるから、とにかくまず入りなさい」と言い、「おまえが気に入っていつも吹いている、先生秘蔵の石笛《いわぶえ》という石の笛を吹かせてあげよう」と言ったが、それでも神童は耳を貸さなかった。ただ「明日には山へ発とうと思っています。それには山で授かった書付を持って行かねばなりません。だからとにかく家に取りに行かねばならないのです」と言った。

神童のその様子はふだんと異なり、狂人のようで、どうしようもなかった。しかしそうはいっても、ここで逃すのはとても惜しく、「それなら私も一緒に行こう」と言って、同じ門下生の守屋丹下〔稲雄〕という者と二人で、神童について親の家まで行った。神童は家に着くと、何も言わずにさっと中に入り、その書付といまひとつのものと、ただ二つだけをみすぼらしい箱の中から取り出した。そして私にその書付を見せたので、開いて見たところ、次のように記されていた。

書付〔欠〕

この書付の高山白石丈之進という者は、神童の師匠の弟で、やはり山人であると、神童は言った。この書付の写しは先生のもとにある。

さて神童は、母親が何くれと言うのも聞き入れず、そのままた走り出し、美成のところへ行こうとした。それで私は、あれこれ言って神童をなだめすかし、先生の家に連れて行った。先生は、「明日、山へ行ってしまえば、次はいつ来られるのか分からない。そうすると例の作りかけの笛も無駄になってしまい、とても残念だ。どうか今日一日とどまって作り上げ、それから出発することとしてくれないか」と、強いて頼んだ。

「それでは作り上げてから行きましょう」と、神童はしぶしぶ承諾し、ようやく落ち着いた。そうしてその日のうちに笛は出来上がった。

＊――つごう二管で、その長さは、一管が一丈、いま一管は九尺である。一丈の笛には穴がいくつかあり、吹き手が一人、調をなす者が四人である。九尺の笛も穴がいくつかあり、吹き手は二人、調をなす者は三人である。これも先生の記録に詳しく記されている。この笛の吹き方や、また山人の舞のことなどをつぶさに話し、私にもその舞い方をひととおり教えてくれた。

その翌日、神童に餞別の品など与え、美成のもとへ送り帰したが、程なく神童が旅支度をしてやって来た。「今から山へ発ちます」と言う。しかし美成のもとからは、送っていく者もついていなかった。

先生は前に、神童が、「私はまだ自在の術も未熟であり、師匠に連れられてでなければ、飛行することはできません。一人で行くときには、普通の人と同じように歩いて行きます」と話していたのを聞いておられた。それで先生は、折よく来合わせていた下総国笹川村須波神社の神主で、門下生の五十嵐対馬という者に、近いうちに国へ帰るということであったので、こう言われた。

「まだやり残していることもあるとは思うが、それはまた来たときにすることにして、今回は寅吉を連れて明日出発しなさい。笹川まで連れて行き、その間に聞きたいことがあればよく訊ねるといい。そして筑波へ送ってやってくれ」

対馬は承諾し、すぐに用意を整えた。こうして翌日、神童は対馬に連れられて旅立っていった。

先生は、神童が旅立つにあたり、かねてから考えておられた『神世文字の考』と、以前に著述された『霊の真柱《たまのみはしら》』の書と、これらの書に記した考えにもし過誤があればその理由を具体的に教えていただきたい、と丁寧に記した手紙を添え、「これをおまえの師匠であられる杉山老翁に、手渡してもらいたい」と、神童に言い含めて預けられた。そしてまた神童には、別れを惜しんで歌を詠み、次のように書き付けて与えられた。

車屋寅吉、今の名は白石平馬が、神の道の修行に山に入るにあたり、詠んで贈る

御　名

「寅吉が山にし入らば幽世の、知らえね道を誰にか問はむ。
「幾度《いくたび》も千里の山よありがよひ、事教へてよ寅吉の子や。
「神習う人の万齢《よろづよ》いのりたべと、山人たちに言伝をせよ。
「万齢を祈り給はむ礼代は、我身のほどに月ごとにせむ。
「神の道にをしくこそあれさもなくは、さしも命の惜けくもなし。

文政三庚辰《かのえたつ》年十月十七日

ところがこの日からあまり間もない□月□日の深夜四時頃、誰やら激しく先生の家の門をたたく者があった。先生は、どこからか使者が来たのであろうと思い、使用人にその用件を訊ねさせた。すると「寅吉です」と答えたので、使用人は大変驚き、先生に伝えた。

先生もまた大変驚かれ、「誰に連れられて帰ってきたのか」と訊ねられた。山から送られてきたということであった。「何事があってまた、こんな思いがけないことをするのか」と、先生がさらに訊ねられると、神童はこう答えた。

「私がまだ笹川の何某の所にいる間に、師匠の弟の高山白石丈之進がやって来て、『杉山老翁は、今年、讃岐国の金毘羅神社の御当番に当たられ、そちらへ行かれた。それで今年の山の行は休みになった。だからひとまず帰りなさい』と言われました」

＊——このことは、山に向かう前から、今年は師匠が讃岐の金毘羅神社の御当番に当たられて、讃岐に行かれたかもしれない。もしそうなれば、山の行は必ず休みになりますから、また帰ってきますと、神童はそう言って出かけたのだが、その通りになった。

「それで丈之進に、先生から預かった書物と手紙とを取り出して見せました。ただ頷いていましたが、『神世文字の考』を一通り見渡してこう言われました。『これは大変よく集めたものだ。しかしこの中には、これこれの異体字の中の三字が抜けている。篤胤の持っている本にはあるが、ここには抜けている。また、おまえは長笛を作ったときに、その吹き方と舞い方なども教えていたが、私が隠れて見ていたところ、皆少しずつ違っていた。また火龍《かりよう》という笛もある。ついでに

その笛も作ってきなさい』。そしてその笛の作り方やまた吹き方、舞い方などを詳しく教えてもらいました」

それから神童は、抜け落ちているという字を、話の山人に教えられたままであると言って、三字とも書いた。先生がご覧になったところ、まさにその通りであった。先生の持っておられる本は再稿で誤りのないものであったが、神童には初稿本を渡されていたので、脱字があったのであった。その後、神童は、笛の吹き方や舞い方などを改めて教え、また火龍という笛も作った。

＊――この笛は普通の笛とは違い、俗に言う水鉄砲のようなものであり、突いて鳴らす笛である。これも先生の記録に詳しく記されている。しかしこの笛はうまくは作れなかった。それで笛師の獅子田某を呼び、その作り方を詳しく話して製作を依頼したが、「これは普通の笛とは違い、衝笛なので、舌の造り具合がとてもむずかしい。近々日光の方から舌のことに詳しい者が来るので、彼がやって来たら、試しにまず作ってみましょう」ということで、まだ出来上がっていない。

さてその翌日の朝早く、先生は屋代翁の所に行かれた。そして右に記した前夜の出来事などを詳しく話し、「寅吉にはまだ訊ねたいことも数多くあり、今日からは私の家に滞在させたいと思っているのですが、何か不都合なことはないでしょうか。よく事情を考慮していただけませんか」と頼んだ。

屋代翁もまずは喜ばれ、また奇異なことにも思われて、こう言われた。「何の差し障りもありますまい。ともかくあなたの望むままに滞在させて、問いただしておきたいことは、詳しく問いただしておかれるとよい」。それではということで、それからは、神童を先生の家に滞在させ、さまざまなことを訊ねたが、神童の答えは、すべて理にかなっていると思われる答えばかりであった。

その中でも最たるものは、次のように訊ねたときの神童の答えである。

「日光山には数万の天狗がいるといい、その数は数えきれない。そしてその中には、古から現代に至るまでの、今は亡き英雄豪傑たちの魂が、死解仙《しかせん》となってたくさんおり、生前は諸侯の配下の武士であっても、死解仙になると、ことごとく皆東照宮の御前に伺候しているという。ではこのように、諸侯諸士の霊が、数多く日光山へ召置かれているのは、いかなる理由からであろうか」

「そもそも天皇は、天下万国の君であられ、天神地祇の御祭を怠られることなく、大切に行っておられます。これは天の下をあまねく知ろしめされる重要な御業です。その御手になり代って、天神地祇の御祭を執り行い、天下万国安穏の政治に関わられることが、現在は将軍家の御仕事です。同じように幽界でも、専ら東照宮がその御仕事にお就きになられて、あまねく天下万国を治められています。それゆえ伊勢の両宮は言うまでもなく、諸国の各神社へ、日々に奉幣の御使者として遣わしめられるために、彼らを召置かれているのです。こうして東照宮は、朝廷にお仕えになっておられます。また朝廷は言うまでもなく、江戸、大阪、駿府、甲府の各城や上野増上寺、両山の御霊屋へも、この諸侯諸士を御番として遣わしています。ですからこの諸侯諸士の人々を、俗に言っているように日光の天狗と思うことは、とんでもない間違いです。以前にも話しましたように、本当の天狗というのは、鷲や狐などのさまざまのものが化身したものだからです」

　この答えなどは、まことに古道の本旨に不思議なまでかなっており、尊いとも恐ろしいとも、いわく言いがたい意見である。というのも、「天皇は天下万国の君であられ、天神地祇の御祭を怠られることなく、大切に行っておられます。これは天の下をあまねく知ろしめされる重要な御業です」という意見は、古の言い伝えに、「大国御《おおくにみ》魂《たま》神が神代に、『天照大御神は天の原をことごとくお治めになり、皇美麻《すめみま》命は葦原の中つ国の八十魂の神を専らお治めになられ、私は大地《おおとこ》の官《つかさ》を自ら治めよう』と申された」とみえる趣旨にかなっているからである。

　また「東照神祖の命が、諸侯諸士を率いて、朝廷にお仕え申しあげている」ということも、幽世を知ろしめす大国主の神が、諸々の神々を率いて、現世をお守りになられるという理に、相応じているからである。このことからしても、我らの古道の貴いことを知ることができよう。

＊――大国御魂神と称するは、出雲国の大社に鎮座する大国主神の荒御魂神である。皇美麻命と称されるは、すなわち天皇のことである。八十魂神とは、諸々の神々の総称であり、八十魂神を専らお治めになるとは、天皇は天下万国の大王《おおきみ》であられますから、あまねく天下の民に災いがないようにするために、神祇を崇敬することがその主《むね》たる御業である、と申されたということである。神を斎《いつ》き祭ることを、昔は治めると言ったのである。

また神童はこのようにも言った。

「今の世には、外国の道がとてもはやっており、神の道が廃れ、諸国の諸神社も衰え、なかには退転してしまったものもあります。そしてそれを再興しようとする者もいません。幽界から見れば、これはいずれ世の中に大きな災いを引きおこすことになる、明白な原因ということになります。けれども、神はなお世の人々をお憐れみになり、日照りのときには雨をお降らせになり、長雨のときには風を起こされて雲や霧をお吹き払いになられます。火にも水にも、また野にも山にも幸あるようにして、万民を撫育《ぶいく》しておられるのです。これは神のいわゆるお役目であり、必ずこのようになされなくては済まないことであるからです。

風火金水土の五つは言うまでもなく、山や海や田畑に生まれるものであっても、すべて皆神が支配しておられるところのものであり、神の御徳によってそれぞれそのものの用をなしているです。にもかかわらず人間はそうとは知らず、火も水も、また野や山も、もともと自然にそのようにあるもののように思い込み、神をおろそかにして軽んじています。このことは、返す返すも恐れ多いことです。

このような連中を、私の師匠の杉山老翁は、とても忌み嫌っておられます。とはいえこれもまた深い理由のあることであると、取りあえずは許容しておられますが、最後には神罰を被るものであることに、疑いの余地はありません。もっともその神罰は、その人だけが被るのではなく、天下全体が被ることになりますから、天下全体の災いとなります。ですからよく神々を崇敬し奉って、このような災いを逃れるべきなのです。

なべて神々をよく崇敬し奉っているときには、天下が乱れるということもなく、いろいろな災害が起こることもなく、天下は安穏なのです。それなのに、天下の諸侯においてこの理をよく知る者はいません。これが外国の道のはやることになる理由です。嘆かわしい限りです。

そのゆえに先に話したように、東照宮が幽界にあられて、神祇を崇敬しておられるのです。これは天下泰平、将軍家御長久の祈りです。そうであるからこそ、将軍家の御代が古今に例のないほどに栄えており、万民も安心して暮らしているのです」

このように、我ら古道を学ぶ徒が話したり記したりするのではおそらく信じる人もあるまいと思われるほど、高尚な話ばかりであった。

＊――この神童の話は、すべて古道に関わることばかりであり、それで世間の人々の噂を考えて、先生は、この神童の意見をまだ人に話されていない。というのも神童のこれらの意見が、先生の著作の『古史伝』に既に詳しく記されているところであり、それゆえ神童の話は、自分の学説を正当化するための作り話であろうと、人に疑われかねないと、深く憂慮されておられるからである。

ところでまた神童は、あちらの世界の神事や楽事の式について詳しく語り（その式のことは言うまでもなく、使用する器や着用する服のことに至るまで、先生の記録には詳しく記されている）、卜についてはよくその未熟さを諭し、呪禁を行ってはよくその霊験を現した。またあちらで用いている薬のことも話し、神童自身が作った膏薬もある（この薬のことも先生の記録に詳しく、また神童自身が作った膏薬は先生の家にある）。また文字のことは、これは屋代翁も詳しく知っておられることであるが、神童は、あちらの神界の文字は言うまでもなく、神世文字その他、こちらの世で用いられている文字、さらにはその異体字に至るまで、運筆自在であり、凡人の及ぶところではない（文字のことについてもまた神童の意見があるが、それも先生の記録に詳しく記されているので、ここには載せない）。

　さてこの年の三月一日、先生は板倉阿《あ》波守《わのかみ》殿の御家中ゆえ、式日の礼を申しあげるために、桜田の屋敷へ出かけられていた。この留守中のことである。神童が「ちょっと用があって、上野の山まで行きたいのです」と言った。先生の奥様が、「今日は先生も留守だから、急ぎの用でなければ明日にしなさい。どうしても今日行かなければならないということであれば、先生が帰ってこられるまでに、急いで行って帰ってきなさい」と言われて、神童を行かせた。しかし一人で行かせたことが不安になられたのか、神童が出て行くやいなや私に、「早く行って、見てきてください」と言われた。急いで門の外に出てみると、神童は早くも飛ぶように走って広小路の方へ曲がろうとしていた。神童に追いつこうと、私は取るものも取りあえず広小路の一角へと走り、見渡してみたが、既にどちらの方角へ行ったのか見えなかった。

　私はやむなく息もつかずに走って行き、上野の黒門へ駆け込んでふと見ると、向こうから神童が、何か怖気づいたような様子で、顔色を変えて走って来た。神童は私の顔を見てちょっとほほえんだが、そのまま何も言わずにすれ違い、黒門を出ていこうとした。私が後からついて出ると、神童はかつて仁王門があったと言われるあたりまで行って黒門の方を振り返り、三度ほど腰をかがめて拝んでいる様子であった。それからそこに立ち止まり、追いかけてきた私を見て、もう一度ほほえみ、私と一緒に帰ろうとした。私は「どこへ行ったのか」と訊ねた。

「寒松院の原まで行きました」

「師匠の老翁がみえられたのか」

　神童はただ鼻先で笑っただけで、私の質問には答えなかった。そこで「もう用事は済んだのか」と訊ねた。

「完全には果たせなかったのですが、とにかく今日は帰りましょう」

「それならもう一度行ってきちんと用事を済ませてきなさい。もし帰りが遅くなり、先生がもうお帰りでお叱りになったとしても、私がとりなしてあげるから」

私はそう勧めたが、「また後で行きます」という返事であった。

「それならまた後で行けばよいが、きちんと用事は済ませなさい。こちらの先生がどう叱られようと、あちらの師匠の命じられる用の方が大切だ。またこちらの先生も、あちらの師匠が命じられた用であるといえば、どうしてお叱りになることがあろう」

「今日でなくともよいのです。明日でもかまいません」

「ではまた寒松院の原へ行くのか」と訊ねると、「そうではありません」と答えただけで、行先は言わなかった。しかしそうこう言っている間も、神童は何度となく振り返り、上野の方に目をやった。そして帰ってきたが、神童は先生の家の門の前で、なお大空をあちこち何か探してでもいるかのように見回し、門の中に入ったのは、それからであった。

神童はそのまま先生の奥様のおられるそばに行き、何も言わずにしばらくいたが、つと立ちあがって二階へ上っていった。それで私が家を出てからのことを奥様に話していると、そこへ最近越谷から先生の所に来ていた善之助という子供が、「寅吉が火の見櫓に上り、手をかざして上野の方をながめています」と言いにやって来た。その間に神童はもう下りてきていたが、なお一言ものを言わなかった。しばらくして私に、「お話ししたいことがありますので、こちらへ来てください」と、私をいつも勉強している所へ連れて行き、そしてこう言った。

「今、師匠がみえられ、今月の十五日になるまでに、私に百日間のテツパンという行を始めよと命じられました。この行は、一日に米一合ずつの飯を食べる行で、他には唐辛子《とうがらし》を一つと、塩を少々なめるだけです。その他のものは何一つ食べることはできず、しかも火は別に起こし、飯も塩も皆土器で食べます。衣服は夏であろうと今着ているものを脱ぐことなく、髪はよく洗って束ねます。夜は畳の上で寝ることを禁じられており、板の上に荒薦《あらごも》を敷いてその上に寝ます。寝間着を着ることも許されません。ただし非常に寒い夜などの場合は、代わりに荒薦をはおります」

「その行は何のためにする行であるのか」

「世の中に大きな災いが起きそうですから、それを除くために、神界において私の師匠をはじめ他の山人たちも、皆そろって一斉に行う行です。私などがこの行をするのは、師匠の行の手助けとしてです。私に言いつけられた百日間というのは、私ら弟子の中でも最も軽いもので、私の友人の左司馬などは、今年一年間と言われたそうです。こういうことですから、とにかく早く始めたいと思うのですが、先生（これは平田先生のことである）はお許しくださるでしょうか。もしお許しがなければ、無理に行わなくてもよい、こちらの先生の言うようにせよと、師匠は言われました。どうすればよいでしょうか」

神童のこの話を聞き、私は、「それならば何も心配することはない。先生がお帰りになられたら、その通り話せばよい。必ず許してくださる。もしお許しにならなければ、私からもお願い申し上げて、きっと行えるようにしてあげよう」と言った。すると神童は大変うれしそうに笑って喜んだ。

そこで私はまず先生の奥様に、事の次第を申し上げようと、神童を連れて行き、こういう話ですと申し上げた。奥様はただただ驚かれて、「先生がお帰りになったら、そのように申しましょう」と言われた。神童はそれを聞いて気持ちも落ち着いてきたのであろう、ようやくいつものようになり、そしてこう言った。

「先程上野に行ったとき、師匠が言われるには、おまえがここに来ることを心配して後から人がやって来ているから、早く帰りなさい、とのことでした。それで急いで帰ってきたのです」

これを聞き、奥様をはじめ皆、ただただ恐れ入ってしまった。神童は次いでまた、私に向かって言った。

「今朝早くに行きますという、かねてからの約束でした。しかし今朝は先生が桜田へ行かれましたので、いつもなら昼前にお帰りになられますから、お帰りになってから行ってもさほど遅くはなるまいと思い、行く時間を変えたのです。ところがいつもと違い、昼を過ぎてもお帰りになられません。それで奥様の言われることも聞かずに無理に行ったのですが、それでも少し遅くなってしまいました」

「それならおまえの師匠の山人は、先にその約束を言いつけて行かれたのか。一体いつの間に来られたのだ」

私はこう訊ねたが、神童は鼻で笑っただけで答えなかった。

このようなことがあってその日の夕方、先生が帰ってこられ、奥様が事情を話されると、先生は大変喜ばれて、神童に言われた。

「それは大変よいことだ。世の災いを払うためとあれば、わしも一緒に行いたいぐらいのものだが、凡人の目には余計なことをするとしか思えず、きっと家の者が止めさせるに違いない。それぐらいならかえってしない方がましであろう。それはそれとして、明後日は三日だから節句だ。節句の祝いのついでにたくさん食べ物を振舞い、そして翌日の四日から始めさせることにしよう。よく行を勧めて、怠らないようにせよ」

神童も先生の言葉を聞き、大変喜んだ。

この明くる日、私は神童に「おまえは昨日、何か用があり、今日はどこかに行くと言っていたのではなかったか。早く行ってくるとよい」と言ったが、神童は「もう行かなくてよいのです」と言って、ついに行かなかった。

さて三日の日、神童にまず髪を洗わせ、それからあれこれと行の用意をさせ、また日頃の好物のものを食べさせた。そして四日の日から行を始めさせた。ただ米一合の飯を塩をなめながら食べるだけであったが、別に特別な様子もなく、ふだんと変わりはなかった。

ところが五日の日の夕方、午後四時過ぎ頃であったと思う。神童はいつものように遊んでいたはずであったが、先に話した善之助という子供が、「神童があそこに倒れて、寝言のようなことを言っています」と、私の所に言いにきた。

私が急いでその場に行ってみると、神童はよく眠っているような様子であったが、顔色は異常で、手足も冷たかった。そして何やらつぶやいていた。よく聞いていると、「それは左司馬が」とか（左司馬というのは神童の幽界における友人である）、また「それは山に帰って」とか言っているようであった。神童はなお何かつぶやいていたが、それ以上は聞きとれず、何と言っているのか、私には分からなかった。

この日は運の悪いことに、先生は伴信友《ばんのぶとも》という同学の者の所に出かけられて、まだ帰っておられず、それで家の者たちがより集まって、こうすればよいとか、ああすればよいとか、驚き騒いだ。私が「これはきっと神懸りに違いないから、驚くことはない」と言うと、ちょうど来合わせていた新吉という同門の者も、「これは間違いなく神懸りです。このままそっとしておくのがよい」と言った。しかし家の者は、なおもああだこうだと、声高に騒いでいた。

そうこうしているうちに、あたかも神童自身がしゃべるかのように、神童の口から「寅吉を人の来ない所に連れて行ってくれ」という声が聞こえた。新吉が、「やはり神懸りです。私が抱いて連れて行ってよろしいでしょうか。どういたしましょう」と言った。すると神童の口を通して神が、「そうしてくれ」と言われた。それで新吉が神童をかかえあげ、神童の行の期間の寝所と決めていた板の間に運び、荒薦を敷き、周りに屏風を立てて寝かせようとした。

すると「起こしておいてくれ」と、神が言われた。それで言われるままにしたところ、「竹内孫市という人に、水を飲ませていただきたい」と言われた。私は畏まって水を清めて差し上げた。全部お飲みになられ、この後も何度か私に水をこわれた。そして「他の人は皆退いて、ここにはあなただけ残るように」との仰せがあった。それで私一人が屏風の中に入り、畏まって控えると、こう言われた。

「この度、寅吉の行にあたりいろいろと世話をしてくれたこと、またここに長らく滞在させて世話をしてくれていることなど、まことにかたじけなく、その礼をいおうと思いやって来たのである。本当なら姿を現して礼を言うべきであるが、それはできぬ掟であるから、寅吉の心《シン》を抜き、乗り移って礼を申し上げる。他には礼のしようもないので、災難除けの御札を書いて差し上げよう。先生はもうお帰りになったか」

「まだ帰宅してはおりません。先程迎えの者を遣わしましたが、もう一度迎えの者を遣わして、このことを話させます」

私は謹んで申し上げた。

「では迎えの者を遣わしてください。しかしやむを得ない用事があるということであれば、お帰りになるには及ばない。また居られるときに参ろう」

「それほど重要なこともございませんから、すぐに迎えの者を出します」

私が畏まって申し上げると、神は言われた。

「それではついでに、屋代大郎殿も呼んでください。寅吉のことに関しては、この方にも大変世話になっているから、お礼に御札を差し上げたい」

私は承ったとおりに、先生の奥様に申し上げた。奥様は、急ぎ先生の迎えには新吉を、屋代翁のもとへは、上杉六郎という同門の塾生を迎えに出した。そのとき神が、「今の迎えの者を呼び戻してくれないか」と言われたので、急いで呼び戻し、その旨を申し上げると、「先に話したように礼をしたいので、御札を書いて差し上げたいということを伝えるように」と言われた。それでそのように申し上げよと言って、改めて遣わした。

「さて、御札を何枚ほど書いて差し上げようか」

神が言われたので、「家の者の人数分ほどいただきたいと思います」と、私は畏まって申し上げた。神は頷かれて、こう言われた。

「では先生が帰られたら、その後で書いて差し上げよう。まずはいったん戻り、先生の帰られる頃に、また来ることにしよう」

「どのようにでも御心のままになさってください」

私がそう申し上げると、神童がいきなり倒れ、私の膝の上に頭をもたせかけた。手足は大変冷たく、顔色は青ざめ、がたがたと震えだした。私は神童を袖でおおって抱き、暖めようとすると、また神が言われた。

「先程までは先生が帰られた後でまた来ようと思っていたが、今は考えを変えた。帰らずに待つことにする。あなたも寅吉の世話をよくしてくれているようだ。姿を現して礼を言うべきであるが、それは決してしてはならぬ掟であるから、寅吉の心を抜き、乗り移って礼を申し上げる」

私はとても恐縮してしまい、「これはもう何とも恐れ多い仰せでございます。私などの場合は、これというほどの世話をしたという覚えもありません。ただ朝夕のことだけですから、礼を言うと言われましては、申し上げるべき言葉もなく、ただただ恐れ多いことでございます」と申し上げた。すると神がこう言われた。

「いやいや、本当によく世話をしてくれている。その礼に、何事であれ望みのことがあれば言いなさい、かなえてあげよう」

それで私は、「これはまた、ありがたいお言葉をいただきました。お言葉に甘え、お願い申し上げたいことといえば、道の奥義を極めて、先生の手助けができるようになりたい、ということでございます」と申し上げた。「たやすいことである」と、神は言われ、それからいろいろと貴い話をしてくだざった。

ところでその話をする度に、寅吉の心を抜いて乗り移られていたから、寅吉の身体はかなり冷たくなってしまった。「布団を敷いて寝かせていただけないか」と、神が言われた。先生の奥様が、「それでは畳の上に布団を敷き、寝間着を着せて寝かせますが、そうすると行に差し障りはないのかどうか、申し上げてみなさい」と言われた。私がそのことを神に申し上げると、神は頷かれ、「非常に冷たくなってしまったから、火を入れて暖めていただけないか」と言われた。

それでまず火を入れて暖め、畳の上に布団を敷き、屏風を立て巡らせた。そして寝かせるために、私は神童をひき起こしかけた。先生の奥様が、「私が手伝って連れて行ってよいものかどうか、申し上げてみてください」と言われた。私がそのことを申し上げると、「では手伝ってください」とのことであった。お許しがあったので、奥様と私と二人で神童を抱え上げ、布団の上に寝かせようとすると、「うつぶせに寝かせてください」と言われた。それで私の膝を枕がわりにさせて、うつぶせに寝かせた。それから先程と同じように私一人が、屏風を立て巡らした中で神童のそばにつき、皆は出ていった。

さてそうこうしているうちに日も暮れてしまい、奥様が私に夕食を食べるように言われた。私は「後でいただきます」と申し上げたが、奥様は繰り返し夕食を食べるように言われた。それを神がお聞きになり、「ではここにもって来てもらって、ここで食べなさい」と言われた。私はありがたく思い、「それではお許しを願い、ここで食べさせていただきます」と申し上げ、神童の頭を膝にのせたまま食べ始めた。

「それでは食べにくいでしょう。私が代わりに枕になっていましょう」と、奥様が言われた。私は遠慮したが、奥様は、なおも重ねてそう言われた。「では代わってやってください」と神が言われたので、奥様は私と交代された。そしてそれから奥様は、「このようにお願い申し上げるのも恐れ多いことに存じますが、やはりお伺いしたいことがあります」と、お話しかけになられた。

「それはどのようなことか」と神が聞かれた。奥様は、恐る恐る言われた。

「寅吉のこの度の行のことですが、一日に米一合の食事ということでは、傍目に見ていてもかわいそうでございます。ですから少しでもその助けになるようにと、大角をはじめ竹内孫市、上杉六郎など三人が、食事の度に御飯を一椀ずつ減らしております。私も一椀ずつ減らして手助けをいたしますので、また明日からは、この四人の減らした分の食事を寅吉に食べさせる、というわけにはまいりませんでしょうか」

神はいささか同意しかねるようなご様子ではあったが、やがてこうお答えになった。

「では、一人につき米を一握り、あわせて四度つかみ取った分、増やして食べさせなさい。しかし寅吉は決して承服しないであろうから、私が許したということを言い聞かせて、食べさせなさい」

奥様は大層かしこまれて、「真にありがたく、もったいないことに存じます。この上は、いまひとつ香のものを添えることもお許しいただけますよう、お願い申し上げます」と言われた。それほどに言うならばと、神はそれもお許しになった。奥様のお喜びようはひとしおであった。

その間に、私は食事を終えた。そしてちょうど屋代翁が見えられたので、これまでのことを申し上げ、それからまた奥様に代わり、私の膝を枕にさせた。神童は起き上がろうとしたが起き上がれず、そのままの格好で屋代翁に、「心を抜いているので身体がとても弱っており、起き上がることもできませんが、お許しいただきたい」と口にした。屋代翁は、「寅吉、どうしたのだ」と言いながら脈をとり、しばらく見ておられた。後に屋代翁が先生に話されたところによると、脈は弱くて分からなかったということである。

神は屋代翁にも、寅吉のことについていろいろと気をつかっていただき、かたじけなく思っていると、そしてその礼に御札を差し上げるつもりであると言われた。しかしその後は何を話されることもなかった。やがて先生のお帰りを待ちかねられたご様子で、屋代翁に「とにかく御札を書いて差し上げよう」と言われた。

それで必要な紙や硯、机などを清めてとりそろえ、筆は屋代翁の持っておられたものを差し出した。先生が帰ってこられたのは、こうしてまさに御札をお書きになろうとされていたときであった。

先生がお帰りになられたことを申し上げると、神童はむっくりと起き上がり、机に寄りかかって、何度も倒れそうになった。私は慌てて後ろから抱きかかえた。先生は、後で遣わした迎えの者とは出会われなかったそうで、その後の事情は何もご存じなかった。居合わせた者たちからこれまでの出来事をあれこれと聞き、驚かれもし、また喜ばれもした。そして先生はすぐに禊をし、衣服をあらためられてから、神の御前に出られ、額をつけて拝んで言われた。〔欠〕

先生の言葉に応えて、神が座敷に上がられた。神童は机に寄りかかったまま、よく寝入っているかのようであった。神の言われた通りに、先生が神童に酒を吹きかけられ、そして一口飲ませられた。神童はびっくりしたような様子であったが、そのまま机をずらしてきちんと寝かせた。しばらくすると神童はむっくりと起き上がり、枕元を見回して、不思議でたまらないという様子であった。

先生や屋代翁がいろいろとなだめて、神童をもう一度寝かしつけようとしたが、神童は何とも怪訝そうに、何事があったのかと訊ねた。先生が話して聞かされると、驚いたそぶりもなかった。人々が「さぞ腹が減ったろう、さあ食べなさい」などとしきりに勧めたが、別に欲しがりもせず、しばらくはともかくも怪訝そうであった。しかしやがて「ではいただきましょう」と言って、昼間の食べ残しを食べ終えると、それからはもうふだんと変わりはなかった。

ところで神が座敷に上がられたとき、座敷の軒かそのあたりで、ずしりという音がした。といっても、その場に居合わせた人々の中で、その音を聞いたのは私だけであり、他に聞いた者はいなかった。しかしそこから少し離れた所におられた先生のお姑が、その音を聞かれたという。もっともそのときは別に気にもとめず、ただ大きな音がすると思っただけではあったがと、後になって話されたのであった。その夜は風がいつもより強く、雨戸に吹きつけていたから、きっとその音であろうと言う者もあったが、私の聞いた音は、風の音と聞き違いようのないものであった。

この神懸りの間の神の御言葉は、世に言う切り口上で、例えば御自身のことは「私」、相手をさされるときは「あなた」、先生のことは「先生」と言われた。すべてこのように大変謙虚な物言いであった。

そしてまた同じ月の十二日のことである。

例の善之助という子供が、私にこう言いに来たことがあった。

「神童が火の見櫓に上って、誰かと話をしている様子ですが、神童以外には誰の姿も見えません。私がそこへ行くと、ちょっとここで用があるから、向うへ行ってください、と神童が言いました。その様子は何だか変な感じでした」

私も不思議に思い、善之助に「まだ神童は火の見櫓にいるのか」と聞いた。いるということであったので、私は急いで火の見櫓まで走っていった。そして物陰からそっとのぞいてみると、確かに火の見櫓の上に神童がいた。唇を動かし、人と話している様子ではあったが、神童の他には誰の姿も見えなかった。しかし神童はしきりと返事をし、少しく畏まっている様子であった。

これはまた神がおいでになっておられるのだと思い、私は地に平伏して拝んだ。そして私は拝みながら、私がこのように拝み申し上げていることを、神はよく御存知であろうから、早くもお帰りになられてしまうかもしれないと思い、頭を上げて拝み申し上げると、もう神童の姿さえ見えなかった。これはどうなったのかと思い、さらに隙間から頭をさし出して眺めてみると、神童は火の見櫓の下り口の所で西の方を向き、大空を見渡していた。

私はこのことを先生に申し上げようと思い、急いで家の中に入ると、神童も火の見櫓から下りて来て、そのまま便所に入っていった。私は先生の所へ行き、見てきたことを申し上げると、先生もまた不思議がられた。そこへ神童がやって来て、先生にこう言った。

「明日は私の師匠である老翁の誕生日なので、山ではその御祭を行います。私もまたその御祭をしたいと思うのですが、お許しいただけませんか」

先生はお喜びになり、「全く問題はない。だから山で行うように、御祭をしなさい」と言われた。神童はとても嬉しそうに、「では必要なものを取りそろえていただけませんか。私が料理をしてお供えします」と言った。

先生も喜びのあまり、「費用は惜しまないから、必要なものを思うままに取りそろえて、ちゃんと料理をし、心を込めて御祭をしなさい」と言われ、それからこう訊ねられた。

「それは以前から思っていたことか。それともこの度言いつけられたことなのか」

「以前から、明日は御祭をしたいと思っておりました」

「それは嘘であろう。今おまえの師匠が来られて、お言いつけになったのであろう」

先生が言われたが、神童はただ笑みを浮かべて、「そうではありません」と否定した。それで私が傍から口をはさみ、「今さっきおまえが火の見櫓で誰かと話をしているのを、私は見ていたのだ。きっとそのときに言いつけられたに違いない」と言った。

神童は「それは嘘です」と、ただそう言うだけで、本当のことを明かさなかった。しかし先生に繰り返し訊ねられ、神童もついに隠しきれず、「その通りです」と言った。それで先生が、「ではまた老翁が来られたのか」と訊ねられた。「いえ、使いの者です。そして言いつけられました」と神童は答えた。

続けて先生が、「師匠の使いには誰が来られたのか。左司馬が来たのか」と質問されると、そうだと答えた。「どこへ来たのか」と質問されると、神童は先生の書斎の庭の向こうの空を指さし、「あのあたりへ来ましたので、二階の火の見櫓に上って話をしました」と答えた。そして神童は次のように言った。

「左司馬が言うには、明日、おまえが御祭を行えば、それを受けるために師匠が来られるのが当然のことではあるが、明日はおまえも知っているように、山でもいろいろなことがあり、大変忙しい。それで師匠はこちらには見えられないが、代わりの者が来るはずである。だから誰であっても、願い事があればそのことを書いて神前に置くように、とのことでした」

それから神童は、私に向かってこう言った。

「明日の御祭には、献上するいろいろなものを自分で求めて調え、また自分で作って奉るというのが、山で決まっているしきたりです。だから必要なものを自分で求めて調え、料理したいと思います。しかし私一人ではものの値段も分からず、また味付けもいろいろありますから、どうか私について買い物に行き、必要なものをそろえ、またその料理の手伝いもしていただけませんか」

私は承知し、それから神童と一緒にあちらこちら走り回って必要なものを求め、あれこれと集めた。そして準備の手伝いなどをしたが、深夜一時過ぎ頃には、おおかた終わった。残りは翌日十三日の朝早くから始め、正午頃には、料理は言うまでもなく、神床の飾りつけなども含めて、すべての準備を終えた。

その神床の様式は、まずは古式のようで、真菰《まこも》を敷いて御座を設け、樫《かし》の木（これは樫の木でなくてもよく、賢木《さかき》の類であれば何の木でもよい。ただし松や杉のような葉の木ではよくないということであった）を根のまま掘り起こし、白和幣《しろにぎて》をかけて左右にたてて神籬《ひもろぎ》とし、神童が自分で切った幣帛《へいはく》を、御霊《ごりょう》の本体としている。

奉納の供物は、まず緑豆《やえなり》の飯・洗米・神酒・水・鰭広物《はたのひろもの》・鰭狭物《はたのさもの》・鳥である。

＊――鳥は青木五郎治という者が献上してくれた生きたままの小鴨である。神童に、料理して奉納するのか、生きたまま奉納するのかと聞いたところ、生きたまま方がわけてもよいのですと言って、大層喜んだ。神事が終わった後で、この鳥が再び人に捕まることがないよう、禁呪をしてから放してやろうと、神童は言い、そして加持をして、秋元家の家臣の河野大助という者に頼み、不忍弁天の池に放してやった。

これらのものの他に、神童が料理した供物として、まず鰹節の田楽という名のものがある。これは鰹節をよく茹でて柔らかくし、二分ばかりの厚さに輪切りにして少し火で焼き、白砂糖と山椒《さんしょう》（実でも芽でもよい）とをすりまぜた味噌であえたものである。これがこの御祭の供物の中でも、特に優れたものであるということであった。

また長芋を生のまますりおろし、その中に一箸《はし》ほどの塩と白砂糖と山椒（実でも芽でもよい）とを少しずつ混ぜ合わせて、二寸四方に切った浅草海苔《のり》に包み、干瓢《かんぴょう》（芋がらでもよい）で結んで、油で揚げたものがあった。また塩と白砂糖を入れて煮立てた酒で長芋を煮て、薄く輪切りにし、その上に干し柿を小さく切って一つずつのせ、葛の粉を煮たもので包んで、油で揚げたものもあった。

また慈姑《くわい》を同じように料理したものと、先に述べた酒で煮た長芋を火で焼いたもの、それからまた慈姑を茹でてよくすりつぶし、先に述べた酒を入れ、次に鶏卵を入れ、そして水で溶いた葛の粉を入れて、玉子焼きのように焼いたものがあった。以上の品が奉納したものである。

＊――これらのものは、直会《なおらい》〔祭の後に催す宴会〕のときに人々に分け与えられたが、その味は普通のものとは異なり、まさに神界の妙味であると、人々は大層感じいった。

ところでこれらのものは皆作り終えてから、神童自身が大小二本の幣帛を切り、用意した供物を一つ一つ皆祓い、そして奉納したのであった。その仕方は、こちらの世で行う奉納の儀式とは随分異なっていた。後でよく聞いてみると、これは剣術の手法であるということであった。

そして奉納が終わると、神童は集まった人々に拝むようにと言って、皆に拝ませた。それが終わると、人々から願いごとを書き付けた紙を受けとり、そのための儀式を行って神床に奉った。それから神童が自分で作った供物をおろし、古式にならって神器に盛ったまま、直会の式を行った。式の様子は省略するが、この式が終わった後、供物は人々に分け与えられた。これらのことをすべて神童が執り行ったのであった。

さて直会の式が終わってから、神童自身が神楽の舞を舞った。まず幣帛と鈴を取っての舞からはじまり、次いで鈴と扇を取り、またその次には鈴と榊《さかき》を取り、そして次には弓を取っての舞であった。この弓取りの舞は、あちらの世界の蟇目《ひきめ》の法であるということであった。

それから次々と俳優《わざおぎ》を三番舞った。その様子は何から何まで尋常ではなく、神懸りして神が舞っておられるのであろうとしか思えなかった。

＊——実際このときの舞は、神懸りして神が舞っておられたのであろうと思う理由は、翌日の十四日の夜、今夜は昨夜よりももっとうまく舞ってみせようと、昼頃から稽古をして、神童は舞を舞ってみせたが、昨夜の舞とは似ても似つかず、何とも劣ってみえたことである。本当に不思議なことではなかろうか。

この俳優は、長袴をはき、能の三番叟のような足拍子をふんでいたが、拍子は完璧であり、少しもずさんなところはなく、その道に通じている人々は誰もかも感心することしきりであった。

＊——これ以前に先生が、神界にはきっと古来の神楽や、また俳優などもあるはずであると思うが、おまえは知らないかと、しばしば訊ねられていたが、神童は、そういうことはないでしょうと言っていた。しかしやはり今日になって、このように舞ってみせたのであった。舞は全部で数十番ありますが、私が覚えているのはそのうちの□番ぐらいですと、神童は話していた。

この俳優の相手をしたのは、鉄砲鍛冶職の国友能当と、医師の浅野世寛とであった。

さて神楽が終わってから、神送りの式があった。これは神童がその幣帛をとり、再び奉納のようなことをして、御燈を消したのであった。そして神童が、「今神がお帰りになられますので、雨戸を開けてください」と言った。人々が雨戸を開けると、続けて神童が、「神が今お発ちになりましたので、必ず大きな風が吹くでしょう」と言ったが、はたしてその通りであった。

こうして神送りが済むと、神童は願いごとを書き付けた紙を人々に返した。この御祭は、午後一時頃から始まり、その日の夜八時頃につつがなくすべて終わった。御祭の始めから終わりまで、すべてが見事に整っており、少年のすることとはとても思えなかった。

この御祭に列席した人々は、まず屋代翁、先生の家の地主であり御勘定方の小島祐助、その子息の秦次郎、酒井若狭殿家来の伴州五郎、秋元但馬殿家来の河野大助、板倉阿波守殿家来の青木五郎次、鉄砲鍛冶職の国友藤兵衛、医師の佐藤松庵と浅野世寛、それから町人の多田屋新兵衛、佃屋伝次郎、高橋安右衛門の他、越後国小関村から塾にきていた上杉六郎という者と私であった。

この他にもいろいろと書きたいことは多くあるが、今しばらくは言わないでおく。

文政四巳年四月

七生舞の記

○問「ある船人から、次のような話を聞いたことがある。

海上で停泊していたあるときのことである。一町ほど南の方にも、同じように停泊している船があった。夜更けにその船の方から、琴や笛、簫《しょう》、鉦《かね》などで合奏する、何とも不思議な音楽が聞こえてきた。船中にあっては珍しいことだと思ったが、あちらの船に音楽をたしなむ人が乗りあわせており、演奏しているのだろうと思った。

それで翌朝、帆を揚げるときに、その船の人に声をかけ、昨夜の音楽は大変すばらしかったが、音楽の専門家の人たちが乗りあわせてでもいるのですかと、訊ねた。するとその船の者たちが不思議がり、わしらの船でも、すばらしい音色の音楽がそちらの船の方から聞こえてきたので、今聞いてみようと思っていた矢先であったのに、そちらの方から聞かれてしまったと、答えたのであった。実際その船の中を見渡しても、普通の船人ばかりで、音楽をたしなんでいそうな者は一人もいなかった。互いに奇異な思いを抱きながらも、そのときは別れた。しかしその後もまた、同じ出来事を体験した。

またある人の話では、山でもそのような音楽を聞いたことがあるという。その様子は海上の場合と同じであった。このような音楽を、世間では天狗《てんぐ》囃子《ばやし》と言っているようだが、天狗だけではなく、神仙にもこのような仕業があるのではないかという疑念を、これまでも抱いてきた。このような音楽にふけっているのを、見たことはないか」

寅吉「それはきっと、七しょうの舞とも、御柱《おはしら》の舞ともいう舞曲の演奏を聞いたのでしょう。その舞曲であれば、何度か見たこともあります」

○問「七しょうの舞とは、どのように書くのか。また使用する楽器は何であるのか。またそのときに和する歌はどのようなものか」

寅吉「七しょうとは、一二三の七の字と、生という字に何か扁の付いた字であったように記憶しています。楽器は短笛が五管、一丈の笛と九尺の笛がそれぞれ一管、リンの琴が一挺、カリョウの笛が五管、浮鉦《うきがね》が二つで、全部で六種類の楽器を使用します。和する歌は五十音ですが、声を長く引いて唱えます。

＊――七しょうのしょうの字ははっきりとは分からないが、寅吉の言うままに、差し当たり七生舞と書いておくことにする。

○問「まず五管の短笛の形は、どのような形か」
寅吉「短笛は五管とも同じ作りのものです。節と節の間隔が長い女竹を選んで、歌口〔口を当てて吹く部分〕とあわせて九つの穴を図〔欠〕のように作ります。笛は図〔欠〕のように持ち、五十音の歌に合わせて、図〔欠〕に記したようにして吹きます」
○問「一丈の長笛の作り方と、またその吹き方はどうか」
寅吉「これも女竹を用います。根元から先までの太さが同じで、節と節の間隔の長い女竹を選び、節を抜いて作ります。歌口は一つで、小穴が全部で五十六あります。図〔欠〕のように作ってから、中に生蝋を流し、図〔欠〕のような玉紐を付けて高い木につりさげ、五人の人が図〔欠〕のように立って吹きます。中央の一人は、五管の短笛を吹く場合と同じように、八つの穴を開閉して、五十音を吹きます。その左右に二人ずつ立っている人たちが、左右の四十八の穴を両手の指で開閉します。この一丈の長笛の吹き方は、図には表しにくいものですから、演奏の仕方を習ってから口頭で申し上げます」
○問「九尺の長笛の作り方、吹き方はどうか」
寅吉「これも一丈の長笛と同じように、竹の節を抜いて作ります。これは歌口が二つで、小穴が合計四十八あります。図〔欠〕のように作ってから生蝋を流します。この笛も五人がかりで演奏するものですが、円形に座って吹きます。二人は息を吹き入れるだけで、穴の開閉をすることはありません。中央と左右に座った三人が、両手の指で穴の開閉をします。これも図には表しにくいものですので、演奏の仕方を習ってから口頭で申し上げます」
○問「リンの琴の形、そしてまたその奏で方はどうか」
寅吉「この琴をキンの琴とも言いますが、リンの琴というのが本当の名であるということです。どのような漢字を当てて書くのかは知りません。

　この琴は、図〔欠〕のような形のもので、木をくりぬき、底に板を打ち付け、表に二ケ所、八の字形の穴をあけてあります。真鍮の針金を張って弦にしますが、一、二、三の順のように次第に太いものを一本ずつ張って八弦かけ、弦を通す穴ごとに鉄のしととめを入れます。また弦の下の部分に、それぞれ図〔欠〕のような小穴をつけ、底板の下には図〔欠〕のような搾木《しめぎ》をさします。そして左手に鎖で作った手袋のようなものをかけ、右手は、指三本に図〔欠〕のような鉄で作った爪をはめて、二人で向かい会い、左手は普通の琴を弾く場合と同じように使い、笛にあわせて奏でます。ときには八の字形の穴を左手でふさぐこともありますが、私はその奏法を知りません。

琴柱〔琴の胴の上に立てて弦をささえ、動かして音調を調える用具〕も、図〔欠〕のように女竹で作ります。上手な者は足の低い方から弾き上げ、下手な者は足の高い方から弾き下げます。とても大きな音のするものです。針金の弦ですから、鎖で作った手袋のようなものをかけていなければ、手に怪我をしてしまいます」

○問「カリョウの笛の形、またその鳴らし方はどうか。またカリョウとは漢字でどのように書くのか」

寅吉「この笛は吹き鳴らすものではありません。図〔欠〕のような形のものですが、左手で筒を持ち、四つの穴を四本の指で開閉しながら、右手に持った柄で突いて鳴らすのです。だからこの笛のことを、また突笛とも言います。中に笛が十二本組み合わされており、筒先の穴の内側と柄の先の部分には、雷獣の皮が着けられています。何のためのものであるのか、私は知りません。

この笛は、五人が並んで座り、他の楽器との合奏に用いますが、突くときには穴をふさぎ、引くときには穴を開けているように思います。それでも音程はよく合っているように聞こえました。しかし一管だけでは音程を保てるようには思えません。カリョウと、どのような字で書くのか、私は知りません。

＊――この笛の字もはっきりしないのだが、寅吉の発音は、クワとカとが聞き分けにくく、屋代翁と相談して、差し当たり迦陵の字を当てておく。出羽国山形のさる大家の家来、須賀氏は、このような工芸を得意とする人であったから、須賀氏に寅吉の言う通りに伝え、一管作らせた。

○問「浮鉦の形はどのようか、またその鳴らし方はどのようにするのか」

寅吉「浮鉦は、木をくりぬいて火桶のように作ります。内部に、三つの突起があります。この突起は蓋をかけるためのものです。蓋の尖っている部分は金属です。音を良くするための工夫であるということです。中に水を入れて蓋をし、図

〔欠〕のような打棒で打ちます。しかしこの浮鉦は、笛や琴と合奏するためのものではありません。舞人が舞台に登場したり舞台から退場するときや、あるいは一周するごとの合間に打つものです」

○問「その舞楽を行うとき、どのような装束を身に着けているのか。全員が同じものを着るのか、それとも一人一人異なるのか」

寅吉「舞人も楽人も、全員が皆同じ装束ですが、何という装束であるのかは知りません。上の服は緑色で、雲の模様がついていました。図〔欠〕のように後でしばるものです。下には白地のものを身に着け、その下はふだんと同じ婆《ばあ》が懐《ふところ》〔上の二之巻参照〕の服を着て、あられ地の白い袴をはきます。そして鳥兜《とりかぶと》〔鳳凰《ほうおう》の頭をかたどった舞楽の伶人《れいじん》がかぶる兜〕に似ていますがやはり異なる、図〔欠〕のような冠をかぶり、わらじを履きます。何にせよ舞人、楽人ともに皆同じ服装です」

○問「わらじの形はどのようか、またどのようにして作るのか」

寅吉「わらじは、藤と葦《よし》を用いて、アンペラ〔筵《むしろ》〕のように編んで図〔欠〕のように作り、引っ掛けるようにしたものです」

○問「これらの楽器の演奏に合わせて舞うときには、どのように構えるのか。またその舞い方はどうか。舞人は何人であるのか」

寅吉「舞人は五十音にあわせて五十人です。海でも山でも広い場所で演じますが、まずその中央に、一尺四方位の角柱に削った檜か杉の木を突き立てます。柱の高さは目の高さぐらいで、頭部には穴をくりぬいてあります。そして柱の四つの面に東西南北を記し、頭から一尺ほど下に、数枚の木札を通した麻の紐を巻き付けてあります。この中央に突き立てた柱を、御柱と言います。この柱の周りにゆとりをもって舞人が立ち、その中に楽人が並べるように、相撲の土俵のような輪を書き、南東、南西、北西、北東の四隅に印をつけ、楽人の座るところには菅の円座を敷きます。

舞人と楽人あわせて七十四人の者は、その場所の東側で待機し、支度を整えます。まず楽人二十四人が、順序正しくその場に進み、一人一人柱に向かって一礼し、各自その座につきます。そして相貌を正し気を静めてから、浮鉦の楽人二人が、合図の浮鉦を打ち鳴らします。その合図とともに五十人の舞人が一斉に立ち、順序正しくその場に進み出ます。先頭の二人が輪の中に入り、柱の東西につきます。残りの四十八人の舞人は、東から順に北、西、南と、四隅を境にして各方位のところに十二人ずつ並んで立ちます。五十人の舞人は皆手をへそのところに当て、全員が柱に向かって一礼します。そして楽人が浮鉦を打ち鳴らし終わると、舞い始めます」
○問「そのように並んで、どのように舞うのか」
寅吉「浮鉦が鳴りやむと、五十人の舞人は手をへそに当てて立ったまま柱に拝礼します。それから全員が振り向いて斜めに立ち、笛吹の楽人が一斉にアーーと吹き出す音とともに、東の先頭に立っている人が、まず甲音でアーーと発声します。そのときに、柱の東西に立っている二人の舞人が左の手足を出します。これが舞い始めです。それを見て、周りに立っている四十八人が、一斉に左の手足を出します。

＊――いつも踏み出した左右の足にしたがって手を出すことは、以下同様である。ところで柱の東西に立つ二人は、舞人の中でも特に上手な者を選び、手の舞、足の踏み方ともにすべてそろうようにして柱のあたりを小さく回り、もし四十八人の中で舞踏を間違える人がいれば、二人の舞踏を見て直すことになり、全員の指標となる大切な役目であるということである。

続いて笛がイーーと吹くと、二番目に立っている人が、また笛の音とともに、イーーと乙音で唱え、そのときに一斉に右の足を出します。

＊――すべて甲音と乙音とを交互に出すということも、始めから終わりまで一貫した決まりである。笛に声をあわせることも以下同様である。さて五十人で五十音を一声ずつ唱えるのであるが、心の中では五十音を皆唱えながら回るのでなければ、舞踏は間違ってしまうものである。

三番目に立っている人がウーーと唱えるときに、一斉に右の足を引き、四番目に立っている人がエーーと唱えるときに、一斉にまた右の足を出し、五番目に立っている人がオーーと唱えるときに、一斉に左の足を出します。（左右の足で三歩進んでいる）

六番目に立っている人がカーーと唱えるときに、左の足を引き、七番目に立っている人がキーーと唱えるときに、また左足を出します。八番目に立っている人がクーーと唱えるときに、また左足を引き、九番目に立っている人がケーーと唱えるときに、また左足を出し、十番目に立っている人がコーーと唱えるときに、一斉に右足を出します。（右足を一歩進めた）

以下同じようにして、十一番目に立っている人がサーーと唱えるときに、右足を引き、十二番目に立っている人がシーーと唱えるときに、また右足を出します。十三番目に立っている人がスーーと唱えるときに、右足を引き、十四番目に立っている人が、セーーと唱えるときに、また右足を出し、十

五番目に立っている人がソーーと唱えるときに、一斉に左足を出します。（左足を一歩進めた）

十六番目に立っている人がターーと唱えるときに、左足を引き、十七番目に立っている人がチーーと唱えるときに、また左足を出します。十八番目に立っている人がツーーと唱えるときに、また左足を引き、十九番目に立っている人がテーーと唱えるときに、また左足を出し、二十番目に立っている人がトーーと唱えるときに、一斉に右足を出します。（右足を一歩進めた）

二十一番目に立っている人がナーーと唱えるときに、右足を引き、二十二番目に立っている人がニーーと唱えるときに、また右足を出します。二十三番目に立っている人がヌーーと唱えるときに、また右足を引き、二十四番目に立っている人がネーーと唱えるときに、また右足を出し、二十五番目に立っている人がノーーと唱えるときに、一斉に左足を出します。（左足を一歩進めた）

二十六番目に立っている人がハーーと唱えるときに、左足を引き、二十七番目に立っている人がヒーーと唱えるときに、また左足を出します。二十八番目に立っている人がフーーと唱えるときに、また左足を引き、二十九番目に立っている人がヘーーと唱えるときに、また左足を出し、三十番目に立っている人がホーーと唱えるときに、一斉に右足を出します。（右足を一歩進めた）

三十一番目に立っている人がマーーと唱えるときに、右足を引き、三十二番目に立っている人がミーーと唱えるときに、また右足を出します。三十三番目に立っている人がムーーと唱えるときに、また右足を引き、三十四番目に立っている人がメーーと唱えるときに、また右足を出し、三十五番目に立っている人がモーーと唱えるときに、一斉に左足を出します。（左足を一歩進めた）

三十六番目に立っている人がヤーーと唱えるときに、左足を引き、三十七番目に立っている人がイーーと唱えるときに、また左足を出します。三十八番目に立っている人がユーーと唱えるときに、また左足を引き、三十九番目に立っている人がエーーと唱えるときに、また左足を出し、四十番目に立っている人がヨーーと唱えるときに、一斉に右足を出します。（右足を一歩進めた）

四十一番目に立っている人がラーーと唱えるときに、右足を引き、四十二番目に立っている人がリーーと唱えるときに、また右足を出します。四十三番目に立っている人がルーーと唱えるときに、また右足を引き、四十四番目に立っている人がレーーと唱えるときに、また右足を出し、四十五番目に立

っている人がローーと唱えるときに、一斉に左足を出します。（左足を一歩進めた）

四十六番目に立っている人が、ワーーと唱えるときに、左足を引き、四十七番目に立っている人がヰーーと唱えるときに、また左足を出します。四十八番目に立っている人がウーーと唱えるときに、また左足を引き、四十九番目は、柱の西に立っている人がヱーーと唱え、そのときにまた左足を出して、五十番目は、柱の東に立っている舞人がヲーーと唱え、そのとき一斉に右足を出します。（右足を一歩進めた）

ここまでですべて合わせると、十二歩進んでいますから、東の先頭に立っていた人は、南の先頭のところに、南の先頭に立っていた人は西の先頭のところに、西の先頭に立っていた人は北の先頭のところに、北の先頭に立っていた人は、東の先頭のところに来ます。これを一行と言います。一行が終わる度に楽器の演奏を皆止めて、柱のそばにいる舞人が、一行の回数を記す木札をかぞえいれます。一周する度にこのようにします。このときも舞い始めの場合と同じように、全員が柱に向かって立ち、両手をへそのところに当てて拝礼をし、浮鉦の楽人が、浮鉦を打ち鳴らします。

浮鉦が鳴りやむと、笛吹の楽人が一斉にアーーと吹き出します。笛の音とともに、東の先頭に来ていた人がアーーと唱え、柱の東西に立っている二人の舞人が左の手足を出すのを見て、周りに立っている四十八人が、一斉に振り向き、左の手足を出します。そして今述べた始めの一行の場合と全く同じように、次々に唱えていきます。手の舞や足の踏み方も全く同じです。都合五十回、このようにして回っていき、五十人の人々が皆五十音をすべて唱えるわけです。十回目ごとに柱のそばにいる二人が、白い紙を柱の頭に穿った穴に入れますが、何のための行為であるのかは知りません。

さて五十回目には最初に東の先頭にいた人は南の頭にきていますが、このときにやはり舞い始めと同じように、柱に向かって立ち、日輪の印というように、両手の指を合わせて丸くし、そして楽器にあわせて五十人が一斉にアーーと唱えます。次にイーーと唱えるときにつっぷし、五十音の一音を唱えるごとに立ちます。立つときには合わせている手を上に向け、つっぷすときには下に向けます。これもまた五十音を五十回唱えることになります。一回ごとに浮鉦を鳴らし、回数を記す木札をかぞえいれます。十回目に白い紙を柱の穴に入れることも先の場合と同じです。

こうして五十回終わると、それで楽器の演奏は皆終わりますが、浮鉦だけは全員が退場するまで鳴らしています。退場は、東の先頭に立っている人を先頭に、順序正しく退場していき、柱のそばにいた二人の舞人が最後に退場します。それから楽人がやはりまた順序正しく退場していきます。なお細いことは、その場に臨まなければ思い出しにくく、おおよそのところだけを申し上げる次第です。

○問「この舞楽は、気晴らしにするものかと思っていたが、その様子はとても厳かで敬虔なもののように聞こえる。一体何のために行うのか」

寅吉「この舞楽は、天神地祇が大変お喜びになる舞楽であり、これを行うときには神祇の感応があります。そしてちょうど反対に、妖魔の類は殊のほか忌み嫌います。それゆえ神祇をなぐさめて感応を受けたいと思うときとか、また山人たちの住む山々の妖気を払い清めたいと思うときに行います。音楽の道理を極めた舞楽ですから、妖魔も邪心をひるがえして善心にかわると聞きました。

山で行うと、楽の音の響きがこだまして興趣に富み、鳥や獣もこの音楽を好み、寄り集ってきて聞きます。また海で行うと、広い海面に響きわたり、殊のほか音色はすばらしく、魚も群がり寄り、なかでも鰯のような小魚は、青く白く光る丸い一塊になって寄ってきます」

○問「山でこの舞楽を行う理由は分かったが、海でも行うということがまだ理解できない。何のために海で行うのか」

寅吉「海で行うのが何のためであるのか、私も知りません。海神への手向けということを考えると、そこの海での豊かな漁獲を祈ってのことかもしれません」

○問「海原でこの舞楽を行うときには、柱は立てないのか。木にかける一丈の長笛は用いないのか。また山人たちは水面に立って行うのか、どうするのか」

寅吉「人々は海面にも立ちますし、あるいは空中に立っても行います。また海上であろうと空中であろうと、柱も立てます。長笛もどのようにするのか、空中に吊るすこともありますし、また碇を下ろした船の帆柱に吊るして置くこともあります。その傍らで行うのですが、船に乗っている人には、遠くの方からのように聞こえるのです。すべてが人間の考えることと、大きく相違しているのです」

○問「この舞楽をおまえに習ってまねたとすると、山人たちが怒って祟《たた》ったりすることはないだろうか」

寅吉「私の師匠の山人は温和な方です。人間のためになり、役に立つことであれば、本当の信仰心をもって訊ねる人には、私が見聞きして覚えていることはそのままに伝えなさいと、下山の命を受けたときにも言われました。ですからお怒りになられることはありません。妖魔の嫌う音楽ですから、できれば人間にも行ってほしいものです。しかし簡単に習得することはできないでしょう。とりわけ楽器の演奏法は、私もよくは知りませんし、どうしようもありません」

○問「舞人の五十人と楽人の二十四人、合わせて七十四人の人々は、すべて師匠の分身であるのか。それとも他の山の山人たちに声をかけて呼び集めるのか。また一同の装束や楽器などはどのようにして用意するのか」

寅吉「舞人楽人ともに、師匠の分身ではありません。呼び掛けるのかどうするのかは知りませんが、他の山々から、皆それぞれ装束と楽器を持って寄り集まってくるのです」

篤胤評語

寅吉は、山にあっては、師匠の山人から高山嘉津間《かつま》と呼ばれているという。山人とは仙の和語である。古い神楽歌や万葉集などに、そうよまれている。寅吉の師匠などは、自ら山人と称しているという。古語が残っているのである。そもそも仙人が中国にのみおり、この国にはいないと思うのは、見聞の狭い人の考えである。皇国にも古より多くの仙人がいたことは、古書に数限りなくうかがえる。神仙もいれば仏仙もいる。そしてまたその中に、現身のものと尸解のものがいる。その区別についてはここでは省略する。

＊――中国の書の類にも、仙人には天仙と地仙と尸解仙との三種があると記されている。皇国の仙人にもこの区別がある。

世に天狗の仕業と言われるものに、右に挙げた山人たちの仕業であるものも多い。あちらこちらの海や山などで、何も見えないのに、妙《たえ》なる音楽が聞こえてくることがある。これを世の人は天狗囃子と言い、中古でもそのように言っていたようである。例えば『空穂物語《うつほ》』〔『宇津保物語』〕の俊蔭《としかげ》の巻に、「はるか彼方の山で、誰であろうか、管弦の遊びをしている。きっと天狗が奏でているに違いない」という記述がある。これは作り話であるが、その当時既にそういうことがあったからこそ、このように書かれているのである。

また神社で音楽が聞こえたということが、『日本紀略』に記されている。「天延二年〔九七四〕五月七日、近江国からの解状《げじょう》〔公文書の様式の一。報告書〕に、兵主《ひょうす》、三上《みかみ》の両神社で、去る三月より太鼓を打つこと、ならびに鉦の音、経日絶えずという」

また鴨長明の『発心集』にも次のような記述がある。

奈良の松室という所の僧に仕えている童子がいた。その童子は、仙人になって立ち去るにあたり、師の僧に、「三月十八日に、竹生島に仙人が集まり、楽を奏でます。私も琵琶を弾かねばなりませんので、お貸しください」と言って、琵琶を借りていった。それで師の僧は、三月十七日に竹生島へ詣でてみたところ、十八日の明け方、目が覚めると、どこからともなくえも言えぬ楽の音が聞こえてきた。雲に響き風に乗り、並の音楽とはとても思えず、あまりの素晴らしさに、涙をこぼしながら聞きいっていた。そのうちに聞こえてくる楽の音が次第に近付いてき、楽の音が止んだと思うと、垂木に物を置く音がした。夜が明けてから見てみると、童子が借りていった自分の琵琶であった。不思議なことに思い、師の僧はその琵琶を竹生島に奉納した。芳しい香りが深く染み込み、年月を経ても失われることなく、この琵琶は今でも竹生島に残されている。そうである以上いい加減な話ではないと思われる。

＊――――『発心集』の本文をかなり切りつめて引用したので、詳しくは原文を見てもらいたい。この話はまた『三国伝記』にも載せられている。

また最近の書物であるが、『諸国里人談』という書に、次のような話が載せられている。享保《きょうほう》の初め頃、武蔵国と相模国の国境にある信濃《しなの》坂で、夜ごとに囃子物の音がした。笛や鼓などの音と四、五人の声であり、その中の一人は老人の声であった。近在の江戸などからも、多くの人が聞きに行った。

楽の音は十町四方に響き、初めはどこからするのかその場所も分からなかったが、次第に近くで聞きつけていくと、場所はその村の産土神《うぶすながみ》の森の中であった。時には篝火《かがりび》を焚くこともあり、翌日見てみると、青松葉の枝の燃えさしが境内に残っていた。またあるときは、長さ一尺ほどで節をこめて切った大きな青竹が、森の中に捨ててあった。これはきっとその鼓ではあるまいかと、里人は言いあった。ただ囃子の音がするだけで、何の災いも引き起こさなかったが、月が変わっても止まず、夏の頃から秋、さらに冬にかけてまで続いた。次第次第に聞こえてくる日が間遠になり、三日、五日の間隔から、その後は七日、十日と間隔があくようになっていった。初めの頃は聞く人も多く、何とも思わなかったが、日が経つにつれて自然と怖ろしくなり、翌年の春の頃には、里人も囃子のある夜は門戸を閉ざして外出せず、物音も高く立てないようになった。しかし春の終わり頃には、いつとはなく囃子は止んでしまったと。

また駿河国の府中の人、新庄仁左衛門道雄の話では、阿部郡の龍爪山という山に、龍爪権現という神の祠があり、その山奥で、時々囃子を聞く人がいるとのことであった。楽器は鈴や太鼓、銅羅《どら》、笛などであり、時には三味線のような音のする楽器が交じることもあるという。また同郡の三輪の里、下村の山に福生大明神という神社があり、その森でも時々音楽が奏でられることがあるという。ある男がその音楽を聞き、その後その場所で、革を一重張った太鼓のようなものを拾ったことがあるという話であった。

これらのことを考え合わせると、こちらの世では途絶えてしまっているさまざまな音楽も、仙境には伝承されていること、またあちらの世界では、あちらで作られた音楽は言うまでもなく、こちらの今の世の音楽も習得していると思われる。なお七生舞のことについて、いろいろと考察しえたこともあるが、七生舞のことは別に詳しく記したので、ここでは省略する。

文政五年二月一日　　　　名

また追って記す

去年の八月二十八日のことであった。土佐国の殿人である谷丹作正兄という人がやって来た。寅吉の師匠の山人が、常陸国の岩間山にも住むことがあるという話を聞き、師匠の山人のことを聞くために、訪ねてきたのであった。

「私の父は好井といいます。私は今年三十五歳になりますが、私が二十歳ぐらいのときに父は隠居しました。父は催《さい》馬楽《ばら》〔古代歌謡の一種〕の其駒、伊勢の海、田中の井戸、席田などの秘曲を知っていましたが、私や人にこう話していました。

『これらの秘曲は、若い頃、鞍間《くらま》山にいた米叟上人という有徳の僧と偶然知り合い、そして教わったものである。教わった後で、これらは宮中の秘事ではないかと気付き、秘事である曲をこのように教わり、それを伝える家々からとがめられることはないでしょうかと、上人に訊ねた。上人は、もしとがめる人があれば、私に習ったと答えるとよい。私に訊ねる人があれば、私は常陸国の岩間山で異人に出会い、そのときに異人から教わったのだから、そうありのままに答えるつもりでいる、と言われた。そして上人は、岩間山の異人のことをいろいろと話してくれたが、飯を供えると、姿形の見えないときであっても、供えた飯がなくなってしまうこともあったということであった。だから岩間山には仙人が住んでおり、上代の音楽をも今に伝えているのだろうと思う』

父のこの話を、長年ずっと不審に思っていたのですが、寅吉という子供の仕えていた仙人が岩間山にも住むことがある、という話を聞きました。それで詳しい話をお聞きしたいのです」

私が寅吉の代わりにまず岩間山のこと話して聞かせ、それから寅吉を呼び出した。そして寅吉に、「催馬楽という音曲を聞いたことがあるか」と訊ねた。寅吉は、「そのような曲の名は知らない」と言った。そこで寅吉に、其駒と席田の文句を言って聞かせ、「このような文句の曲を聞いたことはないか」と訊ねた。すると寅吉は、「そういう文句の曲であれば聞いたことがあるように思う」と言った。それを聞き、谷氏は、米叟の話は本当のことであったのだと、喜んで帰っていった。

これ以前の去年の三月十三日、山では今日は例年、師匠の誕生を祝う日であるということで、その祭を催した。そのとき寅吉は、「山の神楽を見覚えたまま舞います」と言って、山の神楽を七、八番ほど舞った。その日二十人ほどの人々が集まっていたが、その中には謡曲に詳しい人も四、五人いた。誰もかも寅吉の神楽を見て驚いてしまい、中にはこの舞の古雅なるさまを見れば、三番叟の舞などは、ものの数ではないと言う人もいた。このときのことも山人の神楽のことも、なお詳しく記すべきではあるが、話が長くなるのでここでは省略する。いずれにせよあれこれと考えあわせて、仙境にはいろいろな音楽があるということを理解すべきである。

二月十五日

鋏胤《かねたね》評語

浪花〔大阪〕の人松村完平が、その頃やって来ていた。完平が寅吉のことを見聞きして、少しく書き記した一書がある。完平のその書に、屋代輪池翁が、次のような端書きをよせている。

「寅吉は、岩間山で白石丈之進という者の子となり、白石平馬と名乗っていた。十月十七日に出立して山に入り、十一月三日の暁にここに帰ってきた。そしてこの度嘉津間と改名したという。三文字の名となったのは、階級が上がったからであるとのことである。よってこの一書を『嘉津間《かつま》答問《とうもん》』と題する」

また完平は、自らその書の後に、次のように書き添えている。

「記し終わったこの書を、私は先生にお見せした。先生が寅吉に読んで聞かせられたところ、寅吉は、『私の話したことを誤たず、よく書き取られています。しかし私は、話したことを書物にして人に見せるような、そんな位にある者ではありません。ですからこの書は反故《ほご》にしていただけませんか』と言って、取り上げようとした。それで私は、

『それならば人には見せない。私一人の心得として隠しておこう』と言って、傍からこの書を取り、懐にしまった。これもやはりまた、とても気高い心の現れであると思う」

この聞書きに記されていることは、既にこれまでの各条に記されていることであるから、ここでは省略することにした。

仙境異聞　図版

〔図1〕

三枚挿す
柊《ひいらぎ》か黄楊《つげ》か、
分からない

〔図2〕

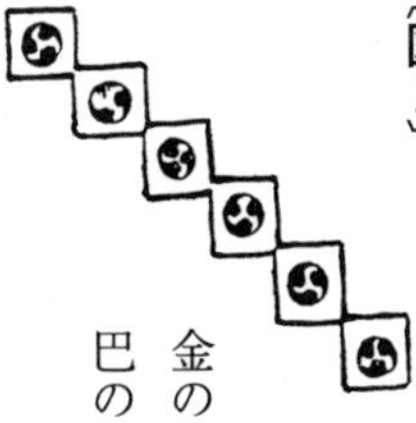

金の笄である
巴の紋がある

〔図3〕

鉄を食う物の図

〔図4〕

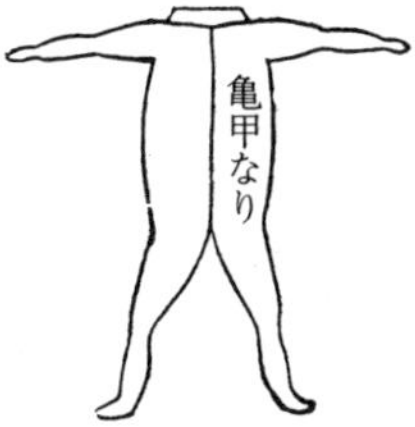

メリヤスのように婆が懐で
亀甲に組んでいる
まず足を入れ次いで手を入れて
後から人に縫い合わさせる

〔図5〕

水を清める道具の図

赤い絹糸で編む

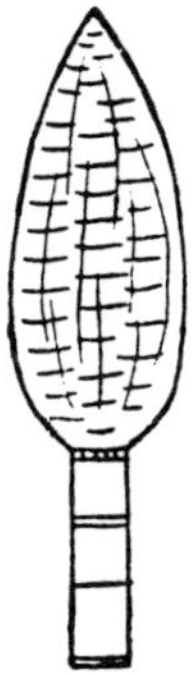

〔図6〕

冠り物の図

〔図7〕

千山鯉の図

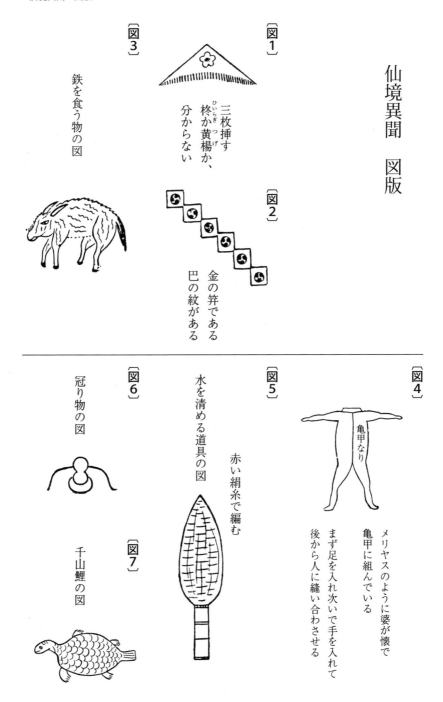

〔図8〕

笏図

紺青塗り
反りがある
箸入れでもある
丸龍の紋あり
ここに自分の紋を付ける

〔図9〕

割をさの図

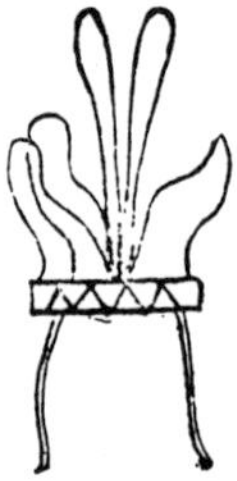

〔図10〕

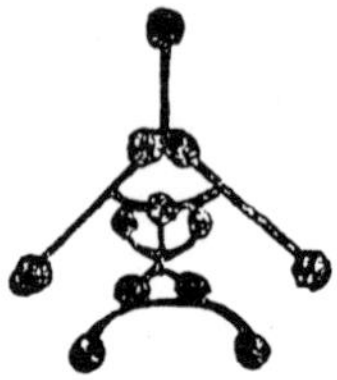

〔図11〕

〔図12〕

〔図13〕

十二弦琴の図

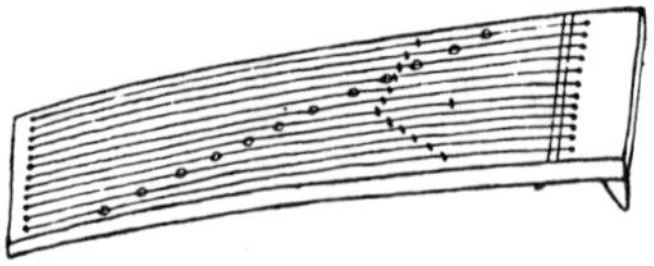
上
下
少し狭い

弦は真鍮の針金で皆同じ太さであり、十二弦ある。
琴柱の糸道に真鍮をつける。
普通の琴の同じように削らず、下には息ぬけはない。
木は桐でも何でもよい。
長さは普通の琴ぐらいだが、巾は分からない。厚さも普通の琴ぐらいである。
譜も歌も分からない

〔図14〕

打ち鳴らしの図

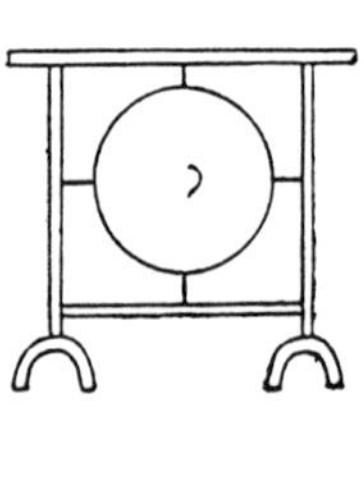

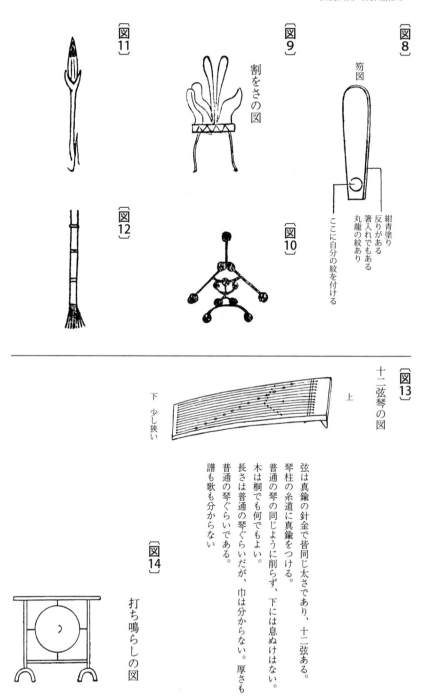

〔図15〕

〔図16〕

〔図17〕

〔図18〕

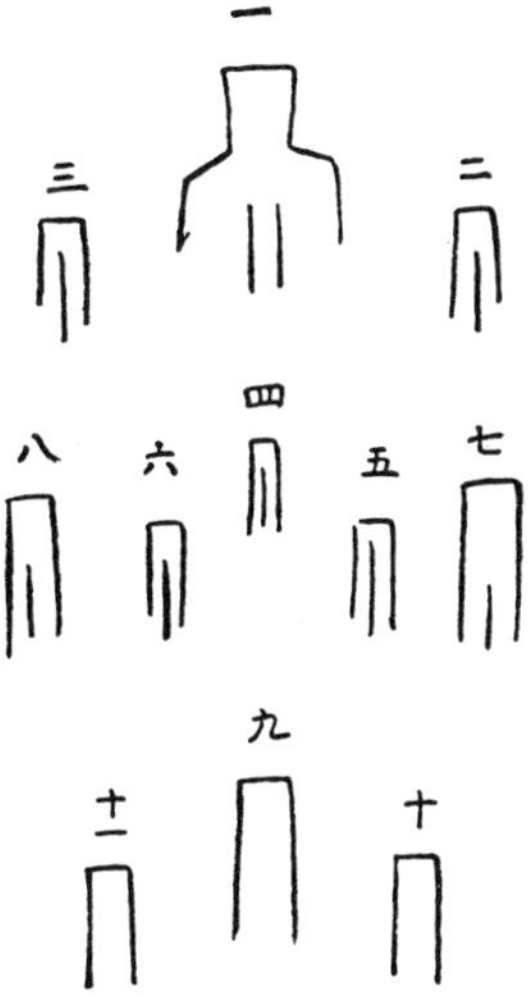

〔図19〕

〔図20〕

〔図21〕

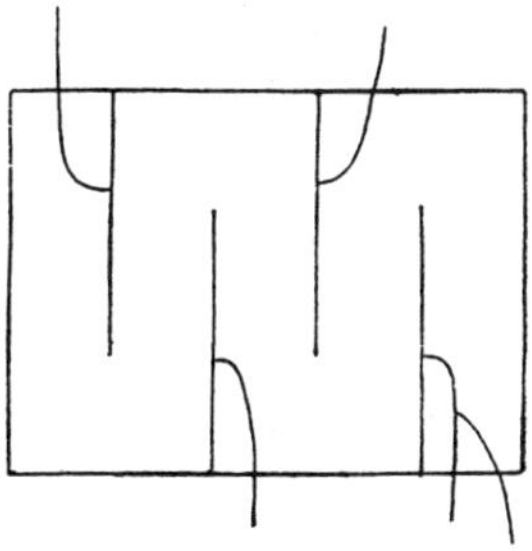

このあたりのところを力を入れて切ること。

〔図22〕

〔図23〕

高さ二尺ばかり

〔図24〕

上に言う剣の図である

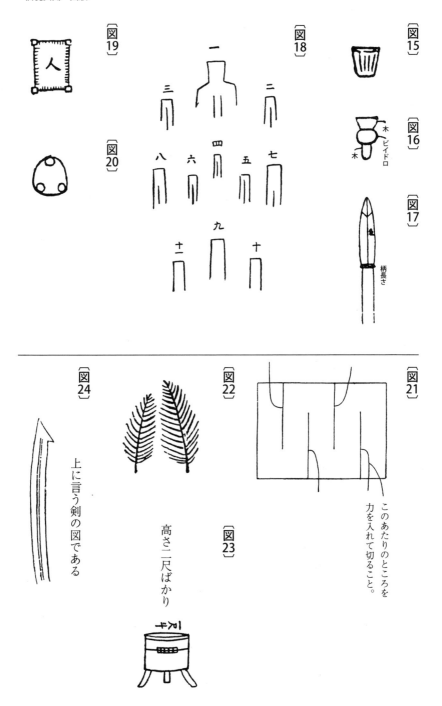

〔図25〕

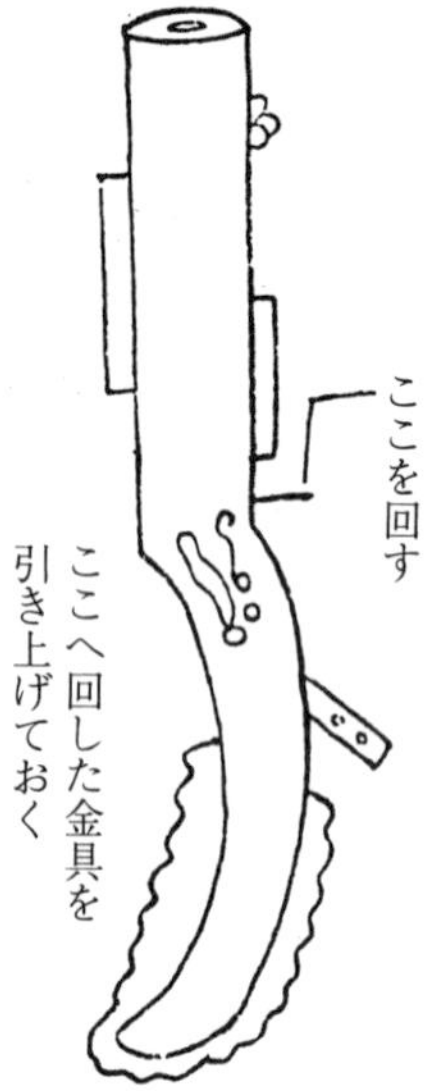

〔図26〕

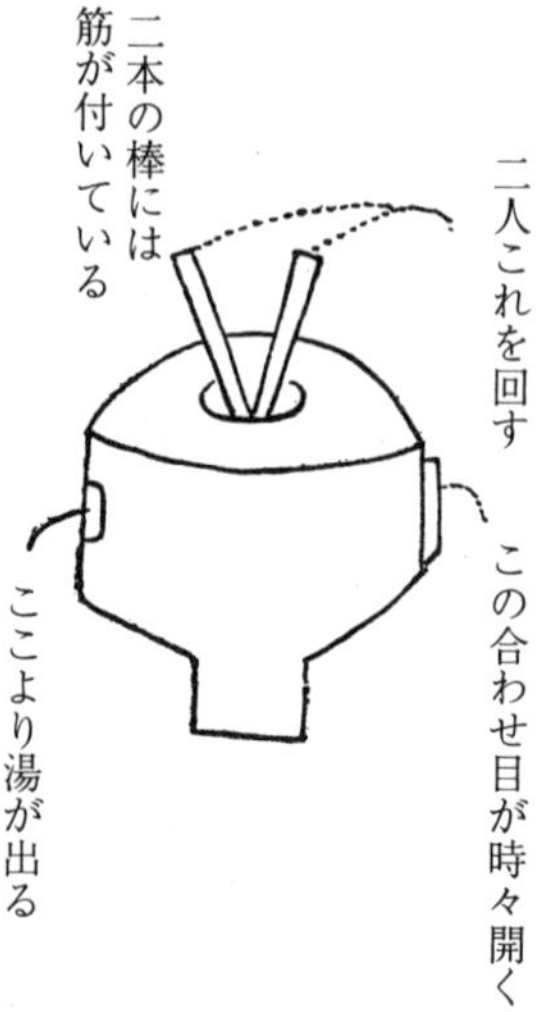

〔図27〕

羽団扇の下部には、矢の根のように刃を付け、これには木鞘をはめておく。

〔図28〕

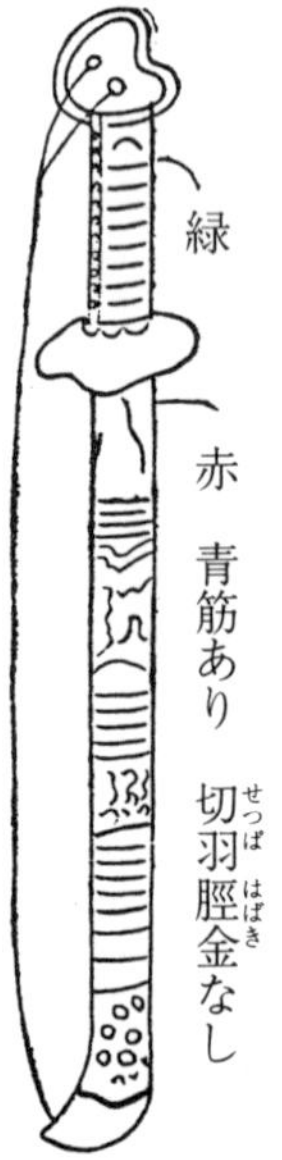

〔図29〕

バンクツという。これを履いて行をする。鉄で作る。鼻緒は普通の世の人のもののようである。

〔図30〕

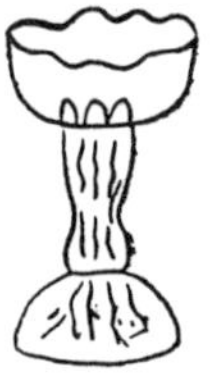

ショタンと言い、唐金で造る。香を焚き、常に用いるものである。

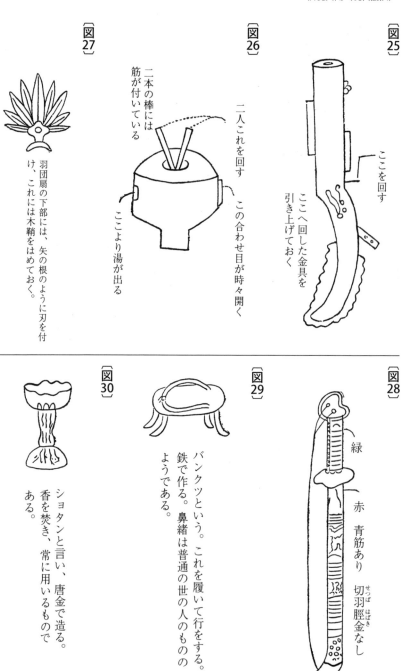

〔図31〕

面　背　雄

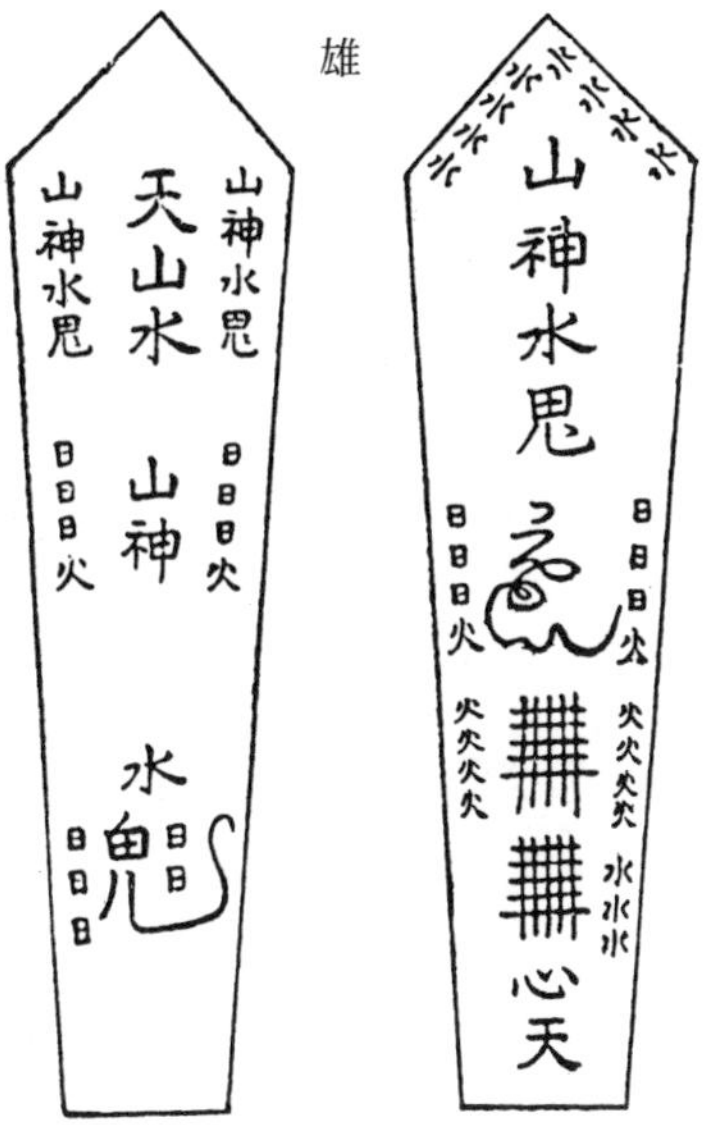

〔図32〕

面　背　雌

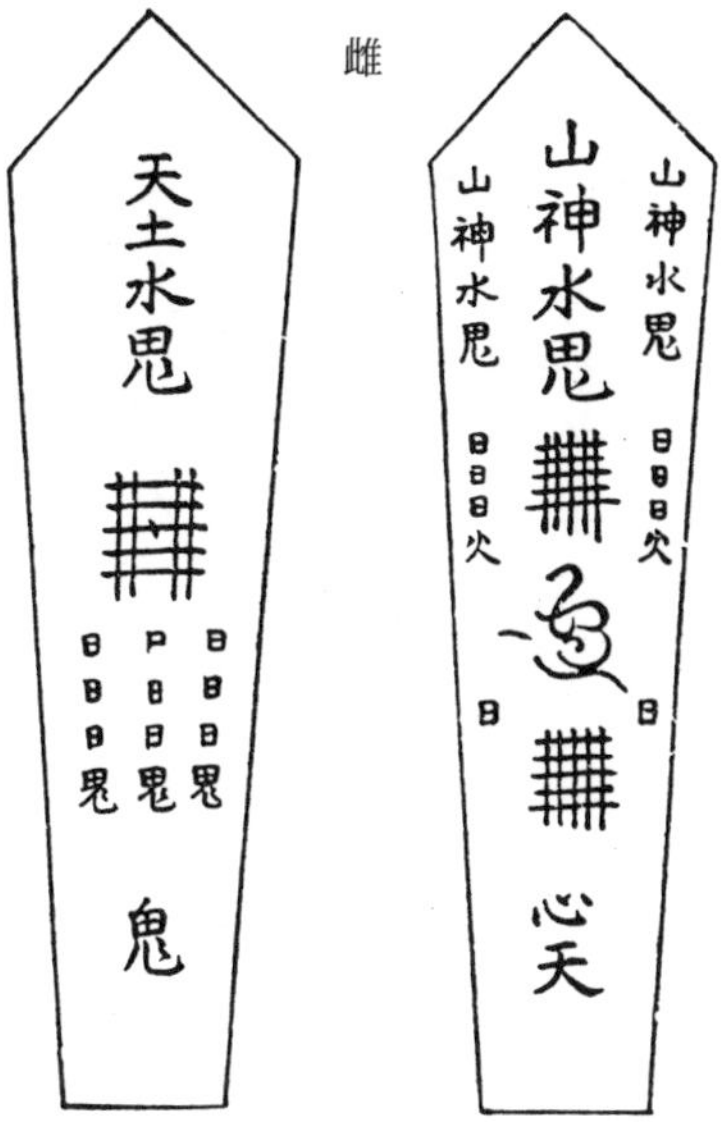

〔図33〕

下は寅吉の書判、平馬の二字を合わせたものである。

〔図34〕

〔図35〕

仙童寅吉の肖像

杉山僧正の肖像

〔図36〕

〔図37〕

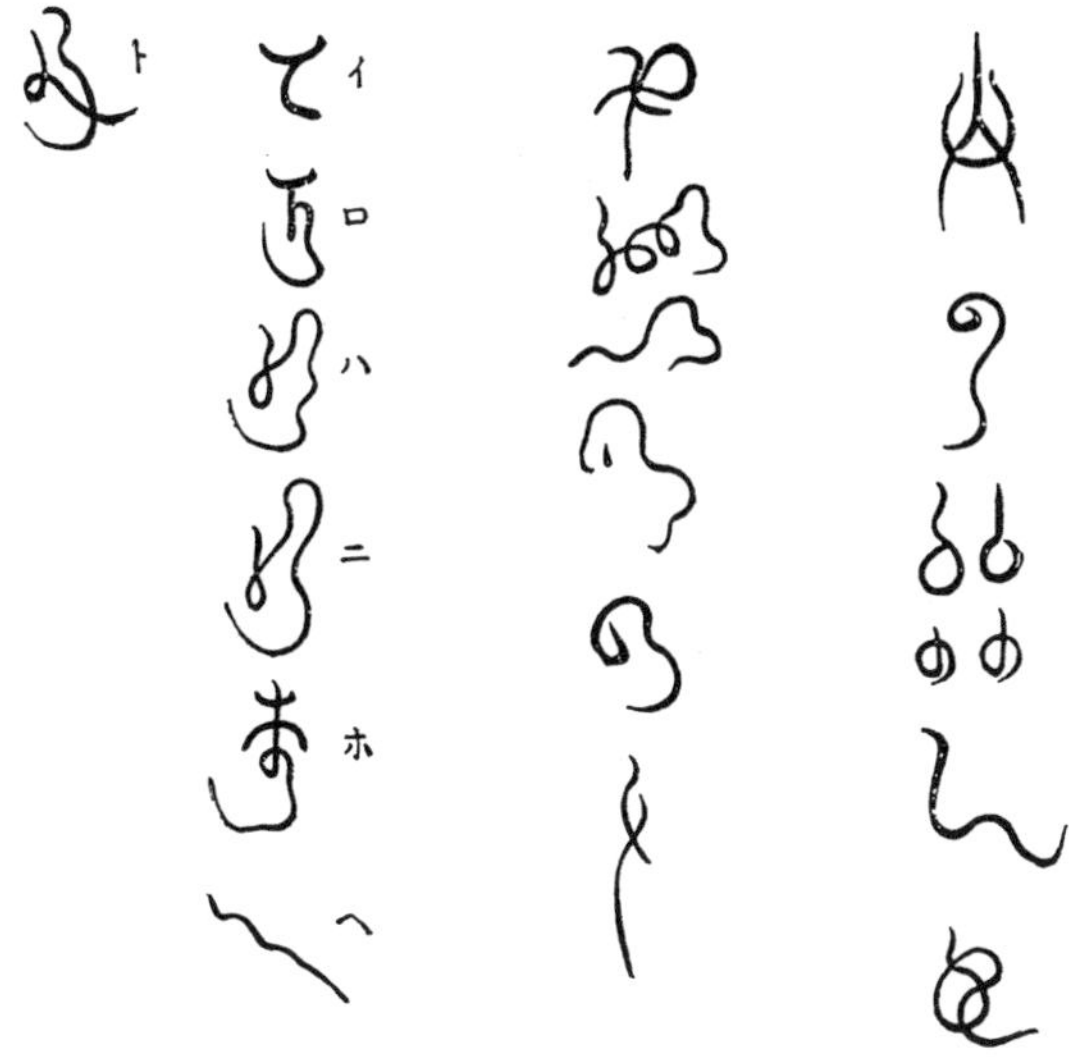

〔図38〕

〔図39〕

〔図40〕

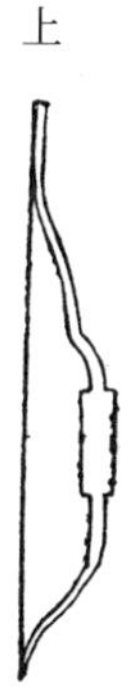

〔図41〕

頭に麻を挟む

〔図42〕

〔図43〕

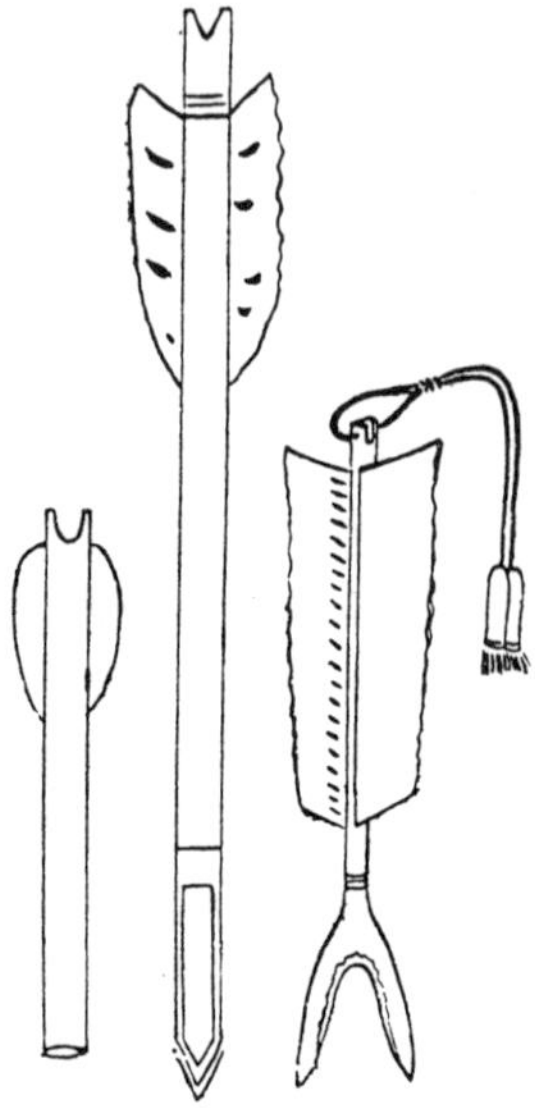

〔図44〕

大弓である（ぐんと鳴って飛ぶ。三羽）

通常の矢と同じくらいの長さ

これくらい
三羽が付いている小矢がある

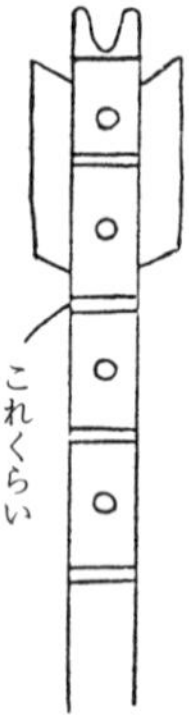

〔図45〕

二羽

四寸ばかり

管に針を入れて、目つぶしに用いる　管が先に出て、針は後から出るようになっているものである

あまり重くしてはならない

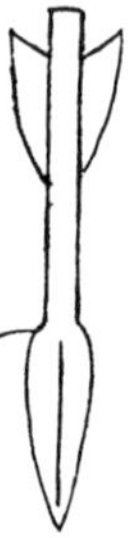

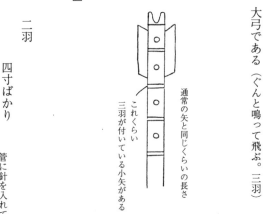

〔図46〕

へんどかん〔辺津鏡〕
はやちやらけん〔八握剣〕
くわへん玉〔死返玉〕
どうへん玉〔道返玉〕
はちひれい〔蜂比礼〕

かんどかん〔澳津鏡〕
いきみ玉〔生玉〕
くわつ玉〔足玉〕
じゃひれい〔蛇比礼〕
今一つあり〔品物比礼〕

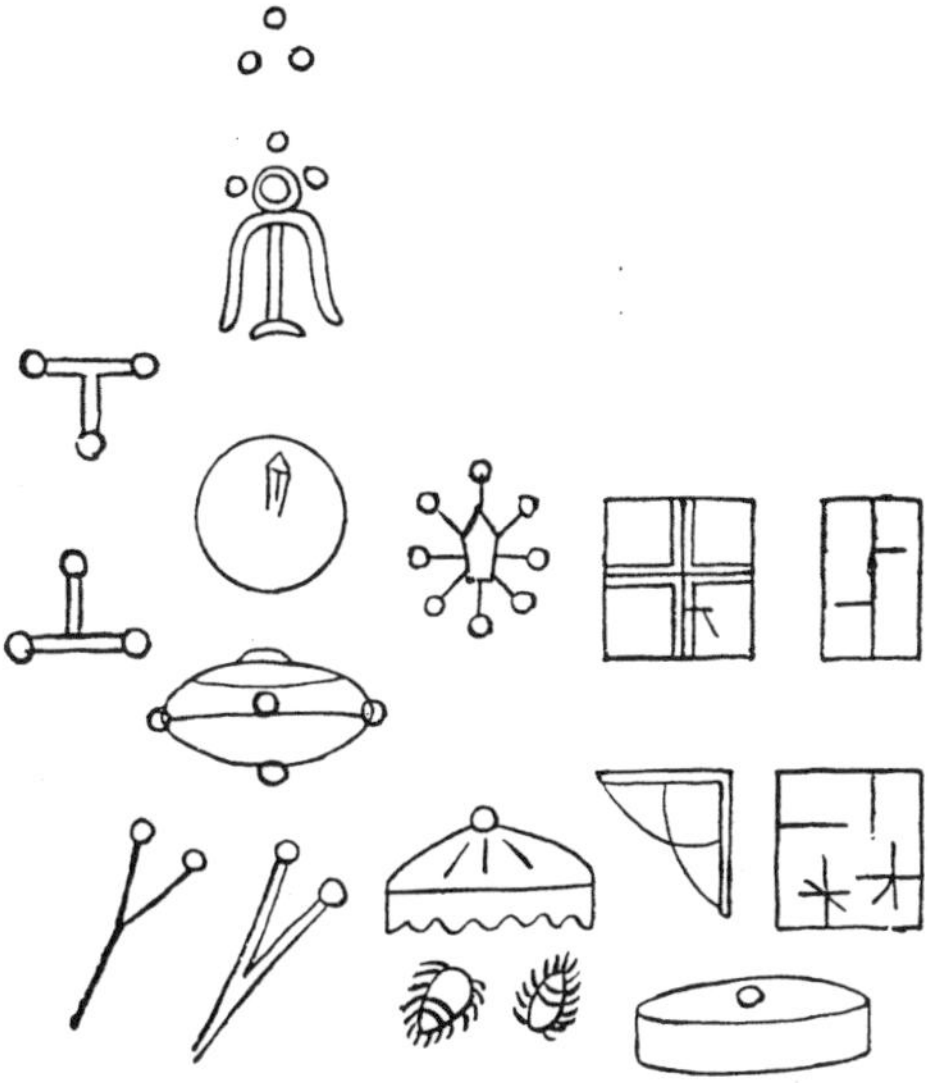

〔図47〕

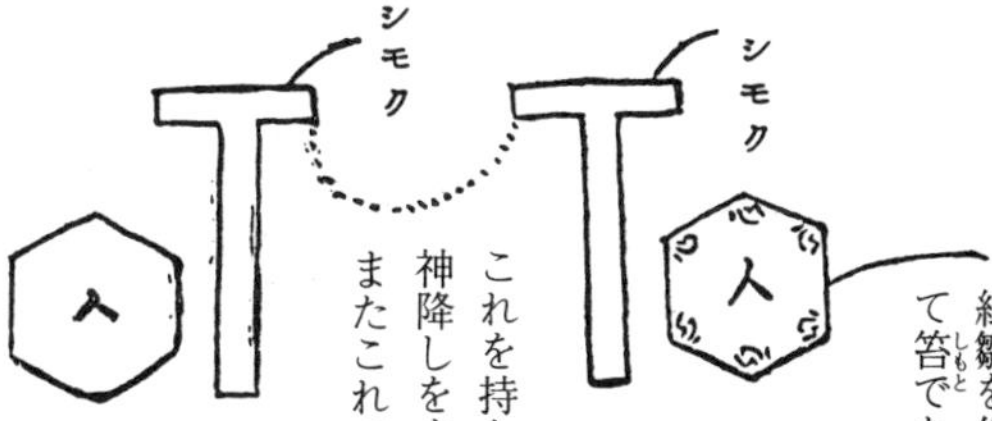

紙雛を作り憎い人の名を書き、この下に敷いて笞《しもと》でたたく

これを持たせておいて神降しをするまたこれで

〔図48〕

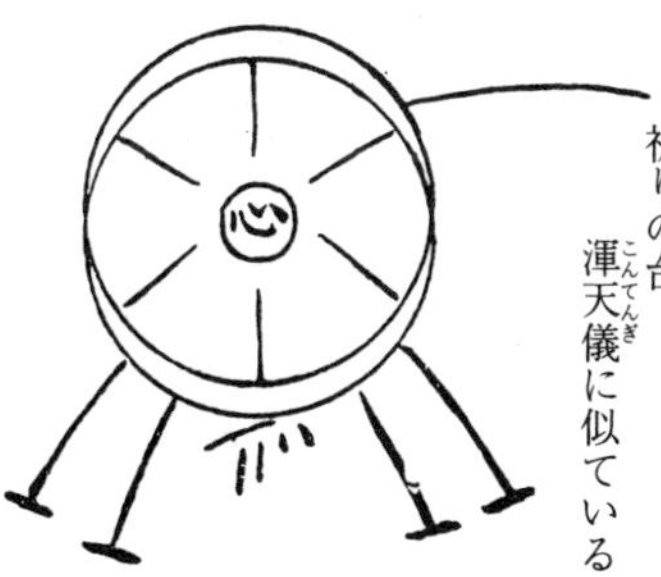

祈りの台
渾天儀《こんてんぎ》に似ている

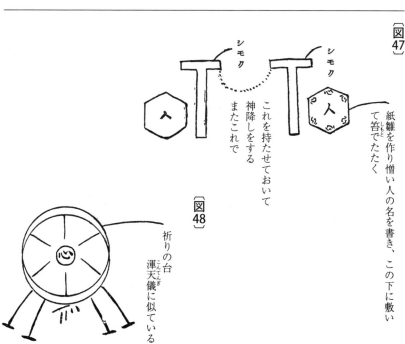

〔図49〕

蓑目にこれを用いる

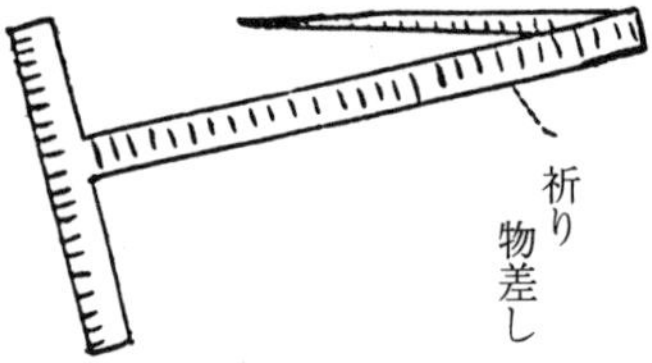

〔図50〕

祈りに使うオサ

〔図51〕

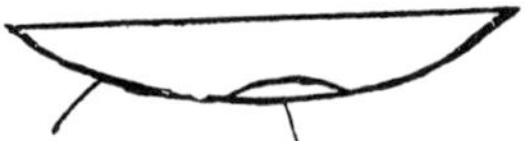
ここに糸を出す穴がある
ヒの図

解説
仙童寅吉から宮地水位へ

武田崇元

一

文政三年（一八二〇）、江戸に異界と人間界を往還するという謎の少年が現れた。最初にその少年すなわち天狗小僧寅吉を見つけたのは随筆家の山崎美成《よししげ》であった。名うての好事家でもあった美成は寅吉を自宅に寄食させていたが、それを知った屋代弘賢は平田篤胤を誘い、二人で山崎美成を訪問する。

寅吉は上野池之端江七軒町の零細商人越中屋与惣次郎の二男で、文化九年（一八一二）、七歳のときに、東叡山の麓にある五条天神界隈で丸薬売りの老人が直径四寸ほどの小さな壺の中に体ごと入り込み、いづこともなく飛び去る光景を目撃する。

その老人の正体は常陸国岩間山の異境に棲む杉山僧正《そうしょう》という山人（天狗）で、以来八年間、寅吉は杉山僧正に誘われるまま、江戸の町と幽界を往還しては武芸、書法、祈祷、禁厭、符呪、仙薬調剤など様々な修行に勤しむことになったという。

美成宅で十五歳の寅吉と対面した篤胤は、少年の冷静な語り口にその信憑性を確信する。しばらくは美成宅を訪問したり、自宅へ招いたりをくり返していたが、寅吉の意志もあり、まもなく篤胤は寅吉を美成から奪い取り、湯島神田明神下の自宅に八年ものあいだ寄寓させることになる。

聞き取り調査のために万全の体制が整えられた。篤胤本人はもちろんのこと、佐藤信淵、国友能当をはじめ多くの門人たちが、寅吉に対してさまざまな角度から微に入り細にわたる質問を浴びせる。それに対して寅吉は少しもひるむことなく冷静に淡々と答えていく。

その一連の内容は文政五年（一八二二）、『仙境異聞』としてまとめられた。そこに記された寅吉の応答はとても十五歳の少年とは思えぬほどの密度で、いささかのぶれもなく、強度のリアリティをもって迫ってくる。

その衝迫性は、寅吉が脱魂ではなく、生身の物理的な肉体のまま異界と往還した——少なくともそう主張したことによってもたらされるものであろう。それはさらに異界に棲息する山人の姿が、下界においては丸薬売り、「わいわい大王」、神札の配布者、売卜者などの下層土俗呪術者へと投射されることで強化され、聖賤が交錯する薄明の領域から名状しがたいリアリティを浮上させるのである。

二

霊魂の行方の探究は篤胤の学問上の最大の関心事だった。この問題は仏教の独占物であり、篤胤以前の国学や神道説では、ほとんど考察の対象外であった。篤胤が師とあおぐ本居宣長は、死ねば善人も悪人も汚く瀲んだ「黄泉の国」に行くとしたうえで、「安心なき安心」を説き、死後の世界についてなんらかの観念をもつことを抑制さえした。

ところが篤胤は、初の本格的著作『霊能真柱』において、顕界はアマテラスの子孫である天皇が、幽冥界はスサノオの子孫であるオオクニヌシが主宰するとし、死後の霊魂は、仏説の地獄・極楽でもなければ、宣長のいう黄泉国でもなく、オオクニヌシの支配する幽冥界に行き、そこで審判を受け、現世の縁者を守護しつつ鎮まってゆくと主張した。

この教説はのちに祭神論争として明治の神道界を揺るがせることになるが、平田篤胤がその探求にもっとも執念を燃やした寅吉が出入した世界は明らかに死後の世界ではなかった。それは天狗や神仙が棲息するアナザーワールドの物語であり、『霊能御柱』の世界観に収納できるものではなかった。しかし、このアナザーワールドは、篤胤のなかできわめて大きな比重をしめることになる。

『仙境異聞』が成った文政五年（一八二二）、篤胤は『毎朝神拝詞』を改訂し、礼拝の対象に「日々高津根王命」「天翔り国翔る諸々のシナ日本の山人たち」を加える。日々高津根王命は杉山僧正の秘せられた神名である。篤胤はその像を画人に描かせ「高根様御祭り」と称する祭祀まで制定した。問題は「天翔り国翔る諸々のシナ日本の山人たち」である。「山人」とはすなわち「仙」であり、寅吉の異界は中国の神仙界のイメージに重ねられてゆく。

実際、寅吉がもたらした異界のイメージは、記紀神話のみに依拠して整合化されるものではない。篤胤は急速に道教研究へと向かい、玄学すなわち神仙道が、古神道の秘教的核心に位置づけられるにいたるのである。

しかしそれはあくまで秘教であった。『霊能真柱』が平田派の堂々たる表の幽冥論であるとすれば、『仙境異聞』は裏の秘めやかな幽冥論であった。しかしそれは秘めやかではあるが、前者の世界観からはみ出し、場合によればそれを崩壊させかねないポテンシャルに満ちていた。

本人もそれを自覚していたのか、『神童憑談畧記』によれば、篤胤はその公開には消極的で草稿のままに留め置き、誰にも見せなかったという。実際には門弟たちの間で書写され転写され流通することになるのであるが、けっして上木されることはなかった。もちろん篤胤の意思以前に資金がなかったというのが実情である。篤胤の著述は百を超えるが、生前に刊行されたものは、細かいものを加えても全体の五分の一に満たない。

上木された書物の多くは没後に養嗣子の鉄胤が門人たちと協力して実現したものである。鉄胤は篤胤のような学力も想像力もなかったが優れたオルガナイザーだった。鉄胤は、篤胤の遺著の出版上木運動を広範囲に展開することで宣伝、資金獲得、門人の党的組織化を着々と進めた。

しかし『仙境異聞』は上木の対象外のままだった。そればかりか鉄胤は「容易く神の道を知らざる凡学の徒に示すべきものには非らず」として門外不出の書とした。

この措置はすでに写本や転写本が存在する以上、それほど意味があるものではなかったかもしれない。だが、おりしも幕末の尊攘運動の昂揚の中で門人は激増していた。そのような熱狂的な政治の季節の中で異界への願望は封印されるべき異物と認識されたことは間違いないだろう。

寅吉によって開かれた異界交通の系譜は、それ自体で完結するものではなかった。寅吉事件をかわきりに異界は何か不可知の意図をもったもの如く、次々と現界を侵犯しはじめる。

三

島田幸安は、和歌山の名もない町人の子として生まれ、家が貧しいために西安寺という浄土宗の寺に小僧奉公に出された。嘉永四年（一八五一）頃、夢のなかに白髪の老翁があらわれたので驚いて飛び起きると、夢の中の老人が枕辺に立っていた。老翁は、幸安を連れて空を飛び九州の阿蘇山に着くと、清浄利仙君と名乗る仙人に紹介した。

清浄利仙君は仁徳天皇の時代の人で、少彦名神の導きで仙界に入り、島田幸安と出会ったときにはすでに千五百歳であったという。

利仙君は、頭は惣髪で長く打ちたれ、黒い頭巾をかぶり、口髭は白く長くのびて、身には白装束をまとい、その上に赤い袍をはおり、手には赤白二色の鳥の羽をあわせた団扇をもち、つねにかたわらに三人の天狗をはべらせていた。

利仙君は、またときには黒い如意棒のようなものをもって、着座のときには笏のように構えていた。

利仙君には、妻があり、名を大女といって、同じ赤山仙界の別のところに御殿を構えていた。利仙君自身も板屋根で大竹を割って瓦のように葺いた館に棲んでいた。柱は松の木を四つ割にしたもので、地にはすべて瓦が敷き詰められていた。館には厩もあり、井戸もある。仙界の人も物を食べるので便をする。幸安は便所のなかを覗いてみたが、井戸のように深く底は暗くてどうなっているのかわからなかったが、どうやら便は途中で消えうせてなくなってしまうらしい。

このような館は仙界ならどこでもあるというわけではない。清浄利仙君は幸安を連れて、熊野の仙界を案内したが、そこには館はなく仙人たちは岩上に座っていた。

赤山の神仙界には、狼、熊、猪、猿、兎などもいたが、すべて人語を解した。太陽の出入りは見えるが、昼夜ともに明るくて光を必要としなかった。寝ることもない世界であったが、鶏のかわりに気支という蝉ほどの虫が羽を振って時を知らせたという。

なお、幸安は、仙界に行くときには、人間界の汚穢を除くために臓腑を清める薬を呑んだという。この薬は白色のなかに青みがかった粉末で、利仙君から拝領したものであった。幸安は赤山仙界で修行し、ついに仙人の末端に位置するようになる。仙術による薬の調合や霊的な治療法を学び、和歌山の城下町で「神力賭薬調合所」を開き、けっこう評判をよんだものらしい。

それを聞きつけたのが参沢宗哲という地元の国学者である。参沢宗哲は平田篤胤の門下であり、師匠が三十年まえに調べた寅吉事件のことも記憶にあったので、幸安の話を聞くや「これはとんだ拾いものをしたものだ」と思って、詳しい聞き書き『幽界物語』を残した。

島田幸安の仙界との交渉は嘉永年間にはじまるが、少し遅れて慶応三年（一八六七）には、尾張の沢井才一郎という少年が、秋葉山の天狗界に連れて行かれるという事件も起こっている。

しかし、こういった異界交通によってもたらされた情報系の究極に位置するのは『異境備忘録』である。筆者は、土佐潮江村の天満宮の神主・宮地堅磐。道号を水位という。

宮地家の遠祖は、土佐に配流された菅原道真の長子・高視に仕えた。道真が筑紫に没するや、松木春彦という仙人が道真が身に帯びた御鏡、御剣をもたらしたので、これを御神体として潮江天満宮を創建し、代々その宮の神官を勤めてきたと伝えられる。

宮地水位は嘉永五年十一月八日に生まれ、十歳の頃から神仙界に出入りするようになったというが、異界との交渉は父の宮地常磐の代からはじまっていた。

常磐は武術を好み、神官としての勤めはほどほどに、剣術、砲術、弓術等に打ち込み、どこでも「先生」とちやほやされていた。

ところが、三十六歳になったとき、砲術の師匠田所某に「貴殿は神主の家に生まれながら、神職としての仕事を放りだして、年来武術に精進してその奥義を究め、ことに砲術においてはその極地に達したのはまことにけっこうではあるが、自分の本来の職業に対して暗いのは生涯の恥辱であるし、それを怠っては神に対して不敬であろう。武術に対して粉骨砕身するように神にも奉仕しなさい」と言われた常磐は豁然《かつぜん》と決心して、その翌年の正月元旦から武術をやめて、毎夜午前零時から起き出て、雨であろうが雪であろうがいささかも休息することなく、地上に立ち天を拝し、神前に向かって祈念すること正午まで続き、夕は日暮れから午後八時頃まで同様の修行を行った。

のちに水位は「わが父の修行の有様を見るに、雪の夜などは庭前の石の上に座して祭服にふりかかる雪は氷となるも、手を組み空に向かって祈念すること数時間におよび、しかるのち家の神前においてひたすら礼拝すること十年であった」と述懐している。

このような修行の結果、常磐はついに大山祇命にまみえ、天狗界のものを使うことが出来るようになった。そして、大山祇命の指示によって、土佐国吾河郡安居村の手箱山という峻険な山を開き、大山祇命を鎮祭し、登拝のために大鎖三十六尋を設置した。

水位によれば、手箱山には山人（天狗）が棲み、夜ともなると山上の南の方から得体の知れない話声などが聞こえてくるという。またこの山の天狗は一年ごとに交替して伊賀国に行くともいう。

水位は、十歳の頃に、父に脱魂法を施され、霊体となって手箱山に使いにやられるうちに、大山祇命の取り持ちで、神仙界を主宰する少彦名神にまみえ、それからは物理的肉体のまま異界と往復するようになった。

水位の異境における師は川丹先生であった。川丹先生は正式には玄丹大霊寿真人という。もともとは朝鮮の神仙界で高い位にあった仙人で、明治元年で二千十六歳になる勘定であるが、容貌は三十四、五歳にしか見えなかった。

川丹先生に導かれ水位は方々の異界を訪ねる。『異境備忘録』は、その題名のとおり、水位が書き残した異界探訪のメモなのである。

同書によれば、われわれが棲む世界と平行して、多くの異世界が存在する。地上、地下、海中などのいたるところに仙界、山人界、天狗界、海神界、仏仙界などが開けている。こういう異界は、われわれの世界とまったく断絶して存在するのではなく、どこかに接点があって重なりあうような形で開けているものらしい。それは天狗が棲むとされる特定の山であったり、神社であったりする。そして、たとえば一間四方しかないような山奥の祠でも、われわれの目には見えないけれど、そこに重なって存在する異界においてはきわめて広大な社殿であったりするという。

水位によれば、異界は日本だけではなく外国にもある。ヨーロッパには「フラテリー」という異境が存在し、「ゲートルサンダマリア」という神が支配している。

このような異界には、現界と同じように山もあれば川もあり、宮殿、神社、民家などさまざまな建築物があり、社会組織が存在する。そして、このようなさまざまな異界の主宰神が参勤する大都が別にあって、これを神集岳神界という。

また別に万霊岳神界があって、すべての異界の運営に関する大評定が行われる。しばしば論争になり、闘争になることもあるという。そういう争いが現実界に反映すると戦乱が起こると『異境備忘録』には記されている。

神集岳神界や万霊岳神界には、歴史上の有名人も棲み、さまざまな役職についている。神集岳神界には神仙界の刑法所があって、菅原道真と武内宿禰がこれを掌っている。また万霊岳神界では日本武尊、楠正成、豊臣秀吉などが右察官という役職にあり、仏仙界と争いが起こると神兵を繰り出すという。

神仙界と仏仙界の争闘はしばしば起こり、たいてい三夜くらいにわたって大きな川を隔てて戦われる。明治初年には、神仙界の軍隊が仏仙界のほとんどを占領して、これが現実界では廃仏毀釈となってあらわれたという。

天狗界はこれらの異界のなかでは比較的下位に位置する。天狗界は神武天皇の時代に筑紫に生まれた三人の行者が山に入り、身に翼をはやし、天日鷲命の命令を受けて開いたのが最初であるという。天狗には人間の化したものと、鷲などの化したものがある。鷲天狗は人化の天狗に頼んで毎年五月十五日に幣串を立て天狗界の守護神たる天日鷲命を祀るという。

人化の天狗は修行が進むと肉体は消滅して霊魂だけになるが、水位には霊魂だけの天狗もまだ肉体を残している天狗も同じように見えたという。

ここで奇怪なことに、先に述べた寅吉や島田幸安が登場する。水位によれば寅吉は二百歳の定期符を胸にぶら下げていたそうだ。天狗になると「太玄陽生延気定期下符」という肉体の寿命を記した霊符が発行されるのだが、寅吉は、修行の結果、肉体を錬形の法をもって錬り消して今は霊魂だけになっていると水位は報告する。これに対して島田幸安は、まだ肉体を持ったままであったという。

天狗の中には、定期をかけたみずからの肉体を深山の洞窟や木の室などのなかに留めたまま、霊魂だけになって世を渡り行くことができる者もいるが、一般的に肉体を持つ天狗は厳しい残酷な試練にあえぐことになるらしい。

水位は記す。「天狗の行というのは、実に苦しき行にして、その縁に引かされて行く者すら死するよりも苦しく思うものにて、熱湯行、断食行、寒水行、火鉄行、立止行、捕木行、火上行、夜興行、当番行、雪中行、日光行などいふありて其行をする状を見れば身の毛もよだつなり」

そして、天狗界の奇術、霊術にあこがれ、天狗の修行をしようという者に対して、やめた方がいいと忠告する。天狗界は厳しい階級社会で、支配階級は僧正という称号をもっている。しかし、最初から僧正になるエリートは決まっているらしく、ふつうの人間が天狗界に入っても僧正になることはできず、苦行にあけくれ人間界をなつかしく思うことの方が多いというのだ。

もっとも、寅吉などは、杉山僧正という超エリートにスカウトされて天狗界に入ったので、かなり恵まれた立場にあったらしい。

明治十五年の六月に、杉山僧正が支配する異界で大規模なオフ会が開催された時には、寅吉は潮江村の水位宅まで迎えにきて、僧正から借りてきた羽団扇を得意そうに振って水位を案内している。

水位が異界と往来するようになったのは、十一歳の頃からで、明治二十年前後まで続いた。寅吉が岩間山の天狗界に出入りしたのは文政年間であるから、少なくとも五十年以上の歳月をへて、水位が会見し、その後の消息が現界に伝えられたことになる。

宮地水位の『異境備忘録』においては、こうして先行する異界交通者である寅吉や島田幸安といった人々、あるいはかれらを導いたという杉山僧正や清浄利仙君などが入れ子構造のように組みこまれている。

一般的に霊界とか神界といった場合に、ふつうに想定されるのは物質性からの乖離である。そこに参入するときには、霊媒は物質的肉体を現界にとどめたまま、霊魂や意識のみでアクセスすることになる。しかし、寅吉や水位の異界交渉には物質性からの乖離はない。物質的肉体を持ったまま、現界と異界・幽界を往来する。そこでは、現界と幽界は連続体的構造として認識され、平田篤胤までもが仙界に位階をもつ現幽連続体上の存在として立ち現れてくる。

このような現・幽の連続体的構造ゆえに、しばしば異界の「物質」が現界へと招来される。そもそも『異境備忘録』には、水位みずからが見聞したことや師仙の川丹先生から聴いたことに加え、異界の図書館の書物に記された情報も含まれているという。これはまたその逆も可能であることを意味する。平田篤胤は寅吉に自著の『霊能真柱』を託して「常陸国岩間山幽界」へ献呈しているのである。

異界からの物質として、現界に招来されるものはさまざまである。島田幸安は異界から貰ってきた薬種を調合して医業を開業したが、宮地水位がもたらしたものの中にはもっと重秘とされるものもある。しかし異界の高位なる存在者からの厳口令によって、そのような物質の存在はもとより個々の情報すらが「幽真界の秘事」としてその公表はきびしく制限される。

水位の父の常磐は、仙界から伝授された海上歩行の術を、タブーを破って弟子たちに得意気に喋ったために、明治三年に中風を発し、言葉もとめられ、手足の自由も失い、一言半句も言うことができなくなったと伝えられる。

そもそも水位の『異境備忘録』ですら発表を前提として記されたものではない。それは参沢宗哲の『幽界物語』とあわせて八幡書店から公刊されるまでよほどの関係者でないと閲覧すらできなかったのである。

『仙境異聞』にはじまり『幽界物語』を経て『異境備忘録』に至る秘められた異界情報は、その衝迫的なリアリティによっていまなお我々を魅了してやまない。本書を契機にその豊穣な世界に触れていただければと思う。

本書は『平田篤胤全集』第八巻（内外書籍、昭和八年）所収の『仙境異聞』『神童憑談畧記』『七生舞の記』の現代語訳である。『神童憑談畧記』は篤胤門下の竹内孫一が実見した寅吉の様子や談話の略記、『七生舞の記』は寅吉が異界において実見した山人の舞について、その所作、装束、員数、演舞に伴う五管の短筒、一丈の長笛、リンの琴、伽棱の笛、浮鉦等の製作法並びに奏法に至るまで詳細を究め語ったところを篤胤みずから記録したものである。

現代語訳《げんだいごやく》 仙境異聞《せんきょういぶん》
付・神童憑談略記 七生舞の記

2018年6月28日　初版発行

著　　者　平田篤胤
解　　説　武田崇元
現代語訳　山本　博
発　　行　八幡書店
東京都品川区平塚2-1-16 KKビル5F
TEL：03-3785-0881　FAX：03-3785-0882
印　　刷　平文社
製　　本　難波製本

装　　幀　勝木雄二

ISBN978-4-89350-803-4 C0014 ¥1800E

※本書は1997年4月30日に八幡書店より刊行された『完訳 仙境異聞』の現代語訳の部分を抽出し再編したものです。